Basics Strafrecht

Hemmer/Wüst/Berberich

Vorwort

Basics mit der hemmer-Methode

Wer in vier Jahren sein Studium abschließen will, kann sich einen Irrtum in Bezug auf Stoffauswahl und -aneignung nicht leisten. Hoffen Sie nicht auf leichte Rezepte und den einfachen Rechtsprechungsfall. Hüten Sie sich vor Übervereinfachung beim Lernen. Stellen Sie deswegen frühzeitig die Weichen richtig.

Die „Basics" schaffen Voraussetzungen für das Verstehen der Juristerei, ermöglichen Ihnen Verständnis für klausurtypische Probleme und sind Ihnen in der Klausur eine **Anwendungshilfe**, die Sie mit den üblichen juristischen Denkmustern von Klausurerstellern vertraut machen. Wissen wird konsequent unter Anwendungsgesichtspunkten erworben.

Die **hemmer-Methode** vermittelt Ihnen die **erste richtige Einordnung** und das **Problembewusstsein**, welches Sie brauchen, um an einer Klausur bzw. dem Ersteller nicht vorbeizuschreiben. Häufig ist dem Studierenden nicht klar, warum er schlechte Klausuren schreibt. Wir geben Ihnen **gezielte Tipps**! Vertrauen Sie auf unsere **Expertenkniffe**.

Durch die ständige Diskussion mit unseren Kursteilnehmerinnen und Kursteilnehmern ist uns als erfahrenen Repetitoren klar geworden, welche **Probleme** die Studierenden haben, ihr **Wissen anzuwenden**. Wir haben aber auch von unseren Kursteilnehmerinnen und Kursteilnehmern profitiert und von ihnen erfahren, welche **Argumentationsketten** in der Prüfung zum Erfolg geführt haben.

Die **hemmer-Methode** gibt **jahrelange Erfahrung** weiter, erspart Ihnen viele schmerzliche Irrtümer, setzt richtungsweisende Maßstäbe und begleitet Sie als **Gebrauchsanweisung** in Ihrer Ausbildung:

1. Grundwissen:

Die **Grundwissenskripten** sind für die Studierenden in den ersten Semestern gedacht. In den Theoriebänden Grundwissen werden leicht verständlich und kurz die wichtigsten Rechtsinstitute vorgestellt und das notwendige Grundwissen vermittelt. Die Skripten werden durch den jeweiligen Band unserer **Reihe „Die wichtigsten Fälle“** ergänzt.

2. Basics:

Das Grundwerk für Studium und Examen. Es schafft schnell **Einordnungswissen** und mittels der hemmer-Methode richtiges Problembewusstsein für Klausur und Hausarbeit. Wichtig ist, **wann und wie** Wissen in der Klausur angewendet wird.

3. Skriptenreihe:

Vertiefendes Prüfungswissen: Über 1.000 Klausuren wurden auf ihre „essentials" abgeklopft.

Anwendungsorientiert werden die für die Prüfung nötigen Zusammenhänge umfassend aufgezeigt und wiederkehrende Argumentationsketten eingeübt.

Gleichzeitig wird durch die **hemmer-Methode** auf **anspruchsvollem Niveau** vermittelt, nach welchen Kriterien Prüfungsfälle beurteilt werden. Mit dem Verstehen wächst die Zustimmung zu Ihrem Studium. Spaß und Motivation beim Lernen entstehen erst durch Verständnis.

Lernen Sie, durch Verstehen am juristischen Sprachspiel teilzunehmen. Wir schaffen den „background“, mit dem Sie die innere Struktur von Klausur und Hausarbeit erkennen: **„Problem erkannt, Gefahr gebannt“**. Profitieren Sie von unserem **strategischen Wissen**. Wir werden Sie mit unserem know-how auf das Anforderungsprofil einstimmen, das Sie in Klausur und Hausarbeit erwartet.

Die Theoriebände Grundwissen, die Basics, die Skriptenreihe und der Hauptkurs sind als **modernes, offenes und flexibles Lernsystem** aufeinander abgestimmt und ergänzen sich ideal. Die **studentenfreundliche Preisgestaltung** ermöglicht den **Erwerb als Gesamtwerk**.

4. Hauptkurs:

Schulung am examenstypischen Fall mit der Assoziationsmethode. Trainieren Sie unter professioneller Anleitung, was Sie im Examen erwartet und wie Sie bestmöglich mit dem Examensfall umgehen.

Nur wer die Dramaturgie eines Falles verstanden hat, ist in Klausur und Hausarbeit auf der sicheren Seite! Häufig hören wir von unseren Kursteilnehmenden: **„Erst jetzt hat Jura richtig Spaß gemacht“**.

Die Ergebnisse unserer Kursteilnehmerinnen und Kursteilnehmer geben uns Recht. Maßstab ist der Erfolg. Die Examensergebnisse zeigen, dass unsere Kursteilnehmenden überdurchschnittlich abschneiden.

Die Examensergebnisse unserer Kursteilnehmerinnen und Kursteilnehmer können auch Ansporn für Sie sein, intelligent zu lernen: Wer nur auf vier Punkte lernt, landet leicht bei drei.

Lassen Sie sich aber nicht von diesen Supernoten verschrecken, sehen Sie dieses Niveau als Ansporn für Ihre Ausbildung.

Wir hoffen, mit unserem Gesamtangebot bei der Konkretisierung des Rechts mitzuwirken und wünschen Ihnen **viel Spaß beim Durcharbeiten** unserer Skripten.

Wir würden uns freuen, mit Ihnen in unserem Hauptkurs und mit der **hemmer-Methode** gemeinsam Verständnis an der Juristerei zu trainieren. Nur wer erlernt, was ihn im Examen erwartet, lernt richtig!

So leicht ist es, uns kennenzulernen: Probehören ist jederzeit in den jeweiligen Kursorten möglich.

Karl-Edmund Hemmer & Achim Wüst

BASICS STRAFRECHT

Hemmer/Wüst/Berberich

Hemmer/Wüst Verlagsgesellschaft

Hemmer/Wüst/Berberich, Basics Strafrecht

ISBN 978-3-86193-930-6

8. Auflage 2020

gedruckt auf chlorfrei gebleichtem Papier
von Schleunungdruck GmbH, Marktheidenfeld

Inhaltsverzeichnis .... Die Zahlen beziehen sich auf die Seiten des Skripts.

EINLEITUNG ... 1

§ 1 STRAFRECHTLICHE KLAUSURENTECHNIK ... 3

A. Definitionen und Meinungsstreitigkeiten ... 3

I. Unvoreingenommene Subsumtion ... 4

II. Ausarbeitung der Klausur ... 7

B. Gutachtenstil/Urteilsstil ... 8

I. Subsumtionstechnik ... 8

II. „Mischen“ der Stilarten ... 9

III. Faustregeln zur Wahl der Stilarten ... 10

C. Vorgehen in der Klausurbearbeitung ... 13

D. Allgemeine Aufbauhinweise ... 14

I. Aufteilung in Tatkomplexe ... 14

II. Prüfungsreihenfolge der Delikte ... 15

§ 2 DAS VORSÄTZLICHE BEGEHUNGSDELIKT ... 18

A. Tatbestandsmäßigkeit ... 20

I. Objektiver Tatbestand ... 20

1. Handlungsqualität ... 20
2. Kausalität ... 20
   a) Überblick ... 20
   b) Äquivalenz- oder Bedingungstheorie ... 21
   c) Atypische Kausalverläufe ... 21
   d) Sonderfälle der Kausalität ... 22
      aa) Alternative Kausalität oder Doppelkausalität ... 22
      bb) Kumulative Kausalität ... 23
      cc) Überholende Kausalität ... 23
      dd) Hypothetische Kausalität ... 24
3. Lehre von der objektiven Zurechnung ... 24
4. Tatbestandsausschließendes Einverständnis ... 27

II. Subjektiver Tatbestand ... 28

1. Vorsatz ... 28
   a) Wissen: intellektuelles/kognitives Element ... 28
      aa) Gegenstand des Vorsatzes ... 29
      bb) Wichtige Irrtumsfälle ... 30
   b) Wollen – voluntatives Element ... 32
      aa) Dolus directus 1. Grades – Absicht ... 33
      bb) Dolus directus 2. Grades – direkter Vorsatz / Wissentlichkeit ... 33
      cc) Dolus eventualis – Eventualvorsatz / bedingter Vorsatz ... 34
   c) Maßgeblicher Zeitpunkt ... 35

2. Besondere subjektive Tatbestandsmerkmale 35

III. Objektive Bedingungen der Strafbarkeit 36

B. Rechtswidrigkeit 37

I. Rechtswidrigkeitsprüfung in der Klausur 37

II. Überblick über die Rechtfertigungsgründe 39

III. Wichtige Rechtfertigungsgründe im Einzelnen 42

1. Notwehr, § 32 StGB 42
a) Notwehrlage 43
b) Notwehrhandlung 44

2. Rechtfertigender Notstand, § 34 StGB, §§ 228, 904 BGB 47
a) Notstandslage 48
b) Notstandshandlung 49
c) Besondere Notstände 51

3. Festnahmerecht nach § 127 I StPO 52
a) Auf frischer Tat betroffen oder verfolgt 52
b) Fluchtverdacht oder Identität des Täters nicht feststellbar 53

4. Einwilligung und mutmaßliche Einwilligung 53
a) Einwilligung 54
b) Mutmaßliche Einwilligung 55

5. Rechtfertigende Pflichtenkollision 55

6. Züchtigungsrecht 56

C. Schuld 56

I. Die Prüfung der Schuld in der Klausur 56

II. Überblick über die Probleme bei der Schuld 57

III. Probleme im Bereich der Schuld im Einzelnen 58

1. Schuldfähigkeit 58

2. Entschuldigender Notstand, § 35 StGB 63

3. Notwehrexzess, § 33 StGB 64

4. Verbotsirrtum, § 17 StGB 66

5. Erlaubnis- und Erlaubnistatbestandsirrtum 67
a) Erlaubnisirrtum 68
b) Erlaubnistatbestandsirrtum 68
c) Doppelirrtum 69

§ 3 BETEILIGUNG MEHRERER 71

A. Beteiligungsformen 72

I. Täterschaft und Teilnahme 72

1. Übersicht 72

2. Abgrenzung: Täterschaft und Teilnahme 73
a) Sonder-, Pflicht- und Amtsdelikte 73
b) Delikte mit überschießender Innentendenz 74

3. Allgemeindelikte 75

II. Erscheinungsformen der Täterschaft 76
1. Mittelbare Täterschaft, § 25 I Alt. 2 StGB 76
a) Voraussetzungen 76
b) Fallgruppen des Strafbarkeitsmangels 77
aa) Subjektiver Tatbestand 78
bb) Schuld 78
c) Fallgruppen des „Täters hinter dem Täter“ 78
aa) Der „Schreibtischtäter“ 79
bb) Die Irrtumsfälle 79
cc) Der vermeidbare Verbotsirrtum 79
2. Mittäterschaft, § 25 II StGB 80
a) Begriff 80
b) Aufbau 82

III. Teilnahme, §§ 26, 27 StGB 82
1. Teilnahmeformen und Strafgrund 82
2. Teilnahmehandlungen 84
3. Subjektiver Tatbestand 85

B. Strafbarkeitsunterschiede zwischen den einzelnen Tatbeteiligten 87

§ 4 DER VERSUCH 91

A. Einführung 91

B. Prüfungsschema zum Versuch 94

I. Vorprüfung 95
1. Keine Vollendung 95
2. Strafbarkeit des Versuchs 95

II. Tatentschluss 97

III. Unmittelbares Ansetzen 98

IV. Rechtswidrigkeit 101

V. Schuld 101

VI. Rücktritt, § 24 StGB 101
1. § 24 I StGB 101
2. § 24 II StGB 105

C. Regelung des § 30 StGB 107

I. § 30 I StGB 107

II. § 30 II StGB 107

III. § 31 StGB 107

§ 5 DAS VORSÄTZLICHE UNTERLASSUNGSDELIKT 108

A. Einführung 108

I. Allgemeines 108

II. Aufbauschema 108

B. Tatbestandsmäßigkeit **109**

I. Abgrenzung: Aktives Tun – Unterlassen 109

II. Erfolgseintritt und Nichtvornahme der objektiv erforderlichen und subjektiv möglichen Rettungshandlung 110

III. Garantenstellung 111

IV. Entsprechungsklausel 113

C. Pflichtenkollision **114**

D. Unzumutbarkeit normgemäßen Verhaltens **114**

§ 6 DAS FAHRLÄSSIGKEITSDELIKT **115**

A. Tatbestandsmäßigkeit **116**

I. Erfolgseintritt 116

II. Kausalität 117

III. Verletzung der objektiv gebotenen Sorgfalt 117

IV. Vorhersehbarkeit des Erfolgs und des Kausalverlaufs 118

V. Objektive Zurechnung 118

1. Pflichtwidrigkeitszusammenhang 119
2. Schutzzweck der Norm 119

B. Rechtswidrigkeit **120**

C. Schuld **121**

§ 7 KONKURRENZEN **122**

A. Einführung **122**

B. Handlungseinheit und Handlungsmehrheit **123**

I. Handlung im natürlichen Sinne 123

II. Rechtliche Handlungseinheit 123

1. Natürliche Handlungseinheit 123
2. Teilidentität von Ausführungshandlungen 124
3. Tatbestandliche Handlungseinheit 124

III. Fortgesetzte Tat 125

C. Gesetzeskonkurrenz **125**

I. Allgemeines 125

II. Voraussetzungen und Untergruppen 126

1. Bereich der Handlungseinheit 126
2. Bereich der Handlungsmehrheit 126
   a) Mitbestrafte Nachtat 126
   b) Mitbestrafte Vortat 127

D. Idealkonkurrenz **127**

E. Realkonkurrenz **127**

§ 8 STRAFTATEN GEGEN LEIB UND LEBEN **129**

A. Straftaten gegen das Leben **129**

I. Überblick 129

II. Unterscheidung zwischen tat- und täterbezogenen Mordmerkmalen 130

1. Tatbezogene Mordmerkmale 130
2. Täterbezogene Mordmerkmale 131

III. Aufbaufragen 134

1. Tatbezogene Mordmerkmale 134
2. Täterbezogene Mordmerkmale 135

IV. Suizid 136

B. Körperverletzungsdelikte **139**

I. Überblick 139

1. Grundtatbestand des § 223 I StGB 139
2. Unselbständige Abwandlungen 139
3. Verselbständigte Abwandlungen 141

II. Problem der ärztlichen Heilbehandlung 142

III. Verhältnis zu den Tötungsdelikten 143

§ 9 DIEBSTAHL UND UNTERSCHLAGUNG **144**

A. Diebstahl, §§ 242 ff. StGB **144**

I. Prüfungsschema 144

II. Tatbestandsmerkmale des § 242 I StGB 145

1. Objektiver Tatbestand 145
   a) Fremde bewegliche Sache 145
   b) Wegnahme 146
2. Subjektiver Tatbestand 148
   a) Vorsatz 148
   b) Absicht der rechtswidrigen Zueignung 148

III. Qualifikationen zu § 242 StGB 153

1. § 244 StGB 153
2. § 244a StGB 154

IV. Regelbeispiele des § 243 StGB 154

B. Unterschlagung, § 246 StGB **157**

I. Abgrenzung zum Diebstahl 157

II. Tatbestandsmerkmale des § 246 StGB 158

§ 10 RAUB UND RÄUBERISCHE ERPRESSUNG 161

A. Raub, § 249 StGB 161

I. Prüfungsschema zu § 249 I StGB 161

II. Tatbestandsmerkmale des § 249 I StGB 162

1. Objektiver Tatbestand 162
a) Qualifizierte Nötigung 162
aa) Gewalt gegen eine Person 162
bb) Drohung 162
b) Wegnahme einer fremden beweglichen Sache 163
c) Finale Verklammerung von Nötigung und Wegnahme 163
2. Subjektiver Tatbestand 164

B. Räuberischer Diebstahl, § 252 StGB 164

I. Objektiver Tatbestand 165
1. Vortat 165
2. Betroffensein auf frischer Tat 166
3. Qualifizierte Nötigungshandlung 166

II. Subjektiver Tatbestand 166

III. Konkurrenzen 167

C. Räuberische Erpressung, §§ 253, 255 StGB 167

D. Qualifikationstatbestände der §§ 250, 251 StGB 169

I. § 250 StGB (bzw. § 244 StGB) 170
1. § 250 I Nr. 1 lit. a StGB 170
2. § 250 I Nr. 1 lit. b StGB (bzw. § 244 I Nr. 1 lit. b StGB) 171
3. § 250 II Nr. 1 StGB 172
4. Sonstige Fälle 173

II. § 251 StGB 173

§ 11 BETRUG UND VERWANDTE DELIKTE 176

A. Betrug, § 263 StGB 176

I. Objektiver Tatbestand 177
1. Täuschung 177
2. Irrtum 177
3. Vermögensverfügung 178
a) Trickdiebstahl und Sachbetrug 179
b) Passieren der Kasse ohne zu bezahlen 179
c) Dreiecksbetrug und Diebstahl in mittelbarer Täterschaft 180
4. Vermögensschaden 182
a) Vermögensbegriff 182
b) Arten und Berechnung des Vermögensschadens 183

II. Subjektiver Tatbestand ... 186
1. Vorsatz ... 186
2. Bereicherungsabsicht ... 186
III. Strafzumessungsregeln und Qualifikationen ... 187
1. Besonders schwere Fälle des Betruges ... 187
2. Gewerbsmäßiger Bandenbetrug ... 188
B. Verwandte Delikte ... 188
I. Computerbetrug, § 263a StGB ... 188
II. Versicherungsmissbrauch, § 265 StGB ... 189

§ 12 STRASSENVERKEHRSDELIKTE ... 190

A. Überblick ... 190
B. Straßenverkehrsgefährdung, §§ 315b ff. StGB ... 190
I. Systematische Zusammenschau ... 190
II. Einzelprobleme ... 192
1. Gefährdung des Straßenverkehrs, § 315c StGB ... 192
2. Gefährliche Eingriffe in den Straßenverkehr, § 315b StGB ... 193
C. Unerlaubtes Entfernen vom Unfallort, § 142 StGB ... 193
I. Unfallbegriff ... 193
II. Täter des § 142 StGB kann nur ein Unfallbeteiligter sein ... 194
III. Systematischer Überblick ... 194

EINLEITUNG

Bedeutung im Staatsexamen

1 In jedem juristischen Staatsexamen ist die Bewältigung wenigstens einer Strafrechtsklausur gefordert. Doch auch schon vor dem Examen spielt die Strafrechtsklausur - etwa in den Zwischenprüfungen - eine wichtige Rolle.

Anders als in der Praxis besteht im Ersten Staatsexamen nicht die Aufgabe, den Sachverhalt zu ermitteln. Hauptaufgabe ist es vielmehr, den feststehenden Sachverhalt strafrechtlich zu würdigen.

feststehender Sachverhalt

Gerade Anfänger, oft aber auch Bearbeiter von Examensklausuren machen den Fehler, dass sie den Sachverhalt unzulässigerweise uminterpretieren. So werden dem Täter bisweilen Gedankengänge, Absichten und Motive unterstellt, für die sich im Sachverhalt keine ausreichenden Anhaltspunkte finden. Der Sachverhalt muss insoweit aber als feststehend und abschließend erachtet werden. Sollte dagegen einmal davon die Rede sein, dass der genaue Tathergang nicht mehr festgestellt werden kann, also verschiedene (näher bezeichnete) Alternativen als möglich erscheinen, so soll der Bearbeiter keinesfalls eigene Wahrscheinlichkeitserwägungen anstellen. Vielmehr ist eine derartige Fallgestaltung Hinweis darauf, dass der Bearbeiter die Grundsätze „in-dubio-pro-reo“, der Wahlfeststellung, etc.[1] prüfen soll.

hemmer-Methode: Beherzigen Sie diese sehr wichtigen Hinweise. Die strafrechtliche Klausur ist kein Krimi. Sie sollen keine detektivischen, sondern juristische Fähigkeiten unter Beweis stellen.
Allerdings kann es durchaus sein, dass Sie einen Sachverhalt, in dem nicht alles explizit erwähnt ist, *lebensnah* auslegen (müssen): Wird z.B. geschildert, dass der Täter im Supermarkt heimlich eine Sache einsteckt, so kann auch ohne nähere Hinweise davon ausgegangen werden, dass er hinsichtlich ihrer Fremdheit vorsätzlich handelt. Letztlich ist im Gutachten derselbe Maßstab zugrunde zu legen wie für eine Verurteilung: Sie müssen sich aufgrund des konkret beschriebenen Sachverhalts von einer bestimmten Strafbarkeit „überzeugen“ können (vgl. § 261 StPO). Ein „Für-Wahrscheinlich-Halten“ genügt nicht.

Häufig tendiert der Anfänger dazu, den Schwierigkeitsgrad der strafrechtlichen Klausur zu unterschätzen: Schnell hat man das Gefühl, Grundprobleme des Strafrechts verstanden zu haben. Andere Rechtsbereiche wie das Zivilrecht oder das Öffentliche Recht erscheinen am Anfang häufig viel schwieriger und undurchdringbarer. Umso größer ist das Erstaunen, wenn die Strafrechtsklausur in der Benotung schlechter ausfällt als erwartet.

---

[1] Vgl. dazu Berberich/Schmidt, Der Umgang mit Sachverhaltsungewissheiten, Life&Law 08/2009, 555 ff. sowie ausführlich Hemmer/Wüst, Strafrecht AT II, Rn. 408 ff. Unser Service-Angebot an Sie: kostenlos hemmer-club-Mitglied werden (www.hemmer-club.de) und Entscheidungen der Life&Law lesen und downloaden.

zwei Fähigkeiten notwendig

Die Divergenz von Erwartung und Ergebnis beruht nicht zuletzt darauf, dass das erfolgreiche Bestehen der Strafrechtsklausur sowohl in der Zwischenprüfung als auch im Examen *zweierlei* Fähigkeiten voraussetzt:

- Kenntnis typischer Problemfelder des StGB-AT/BT und
- Beherrschung der strafrechtlichen Klausurentechnik inklusive einer sauberen Subumstionstechnik.

Während die Kenntnis der wichtigsten Einzelprobleme vor allem durch Lesen von Skripten erlangt werden kann, erfolgt die Aneignung der Klausurentechnik am besten über die Lösung von Strafrechtsfällen.[2]

Gleichwohl gibt es eine Fülle von materiell-rechtlichen Problemen und Aufbaufragen, die man als die wesentlichen „Basics“ des Strafrechts bezeichnen kann. Die Auswahl und Eingrenzung ist insoweit zwar im Strafrecht schwieriger als im Zivilrecht oder im Öffentlichen Recht. Gleichwohl erscheint eine Darstellung der „Basics“ vor allem aus zwei Gründen sinnvoll:

Zum einen kann die komprimierte und um Anschaulichkeit bemühte Darstellung eines Grundgerüstes helfen, die Ausführungen in dicke(re)n Lehrbüchern und/oder Skripten oder in der Vorlesung von Anfang an besser zu verstehen. Zum anderen umschreiben die „Basics“ das Minimum an strafrechtlichen Kenntnissen, das schon deshalb gesichert vorhanden sein muss, weil Fehler in diesen Grundlagen (z.B. ein falscher Versuchsaufbau) als besonders schwerwiegend gewertet werden.

Vermittlung typischer Basics

Ziel des vorliegenden Skripts ist es, diese Basics von Grund auf darzulegen. Dem Anfänger dienen sie als Grundgerüst zum Erlernen des Stoffes, dem Fortgeschrittenen als Zusammenfassung und Lernzielkontrolle.

[2] Besonders sei insoweit auf die wichtigsten Fälle zum Strafrecht AT sowie BT I und II, erschienen im Hemmer/Wüst Verlag, verwiesen.

§ 1 STRAFRECHTLICHE KLAUSURENTECHNIK

Die Vorbereitung auf strafrechtliche Übungs- und Examensarbeiten sowie die strafrechtliche Klausurentechnik weisen viele Gemeinsamkeiten mit dem Vorgehen in den übrigen Rechtsgebieten auf. Kennzeichnend für das Strafrecht sind aber auch gewisse Eigenheiten, die man sich für eine erfolgreiche Vorbereitung und Klausurbearbeitung frühzeitig bewusst machen sollte. 2

hemmer-Methode: Natürlich gibt es keine Allheilmittel oder Geheimrezepte. Außerdem muss jeder auch seinen eigenen Weg in der Vorbereitung und seinen eigenen Stil in der Klausur finden. Lassen Sie sich aber gerade deshalb Ratschläge geben, die auf der aus vielen erfolgreichen Examensvorbereitungen und gemeisterten Klausuren gewonnenen Erfahrung basieren. Profitieren Sie bei der Suche nach dem für Sie besten Weg von der hemmer-Methode.
Die nachfolgenden Anleitungen dienen als Leitlinien, nicht als zwingende Regeln. Lesen Sie diese durch, versuchen Sie sie zu verstehen und v.a.: Üben Sie so früh wie möglich die Fallbearbeitung auf dem für Ihre nächste Prüfung einschlägigen Niveau. Ist das der kleine Strafrechtsschein, üben Sie mit entsprechenden Klausuren, ist es das Examen, trainieren Sie am großen Fall. Lernen Sie frühzeitig, die richtigen Schwerpunkte zu setzen.
Abschließend noch folgender Hinweis: Eine Anleitung zum Klausuraufbau kann ohne die juristische Terminologie nicht sinnvoll gegeben werden. Einem Anfänger sei deshalb empfohlen, dieses erste Kapitel ein weiteres Mal zu lesen, wenn er das Skript durchgearbeitet hat oder wenn die ersten Übungsklausuren anstehen und er einen gewissen Überblick über den Stoff hat.

A. Definitionen und Meinungsstreitigkeiten

Definitionen und Meinungsstreitigkeiten

Zu einer guten Klausurbearbeitung gehört die Definition der zweifelhaften Tatbestandsmerkmale. Diese Definitionen spielen im Strafrecht eine große Rolle. Denn im Strafrecht gilt, dass die mögliche Wortbedeutung die äußerste Grenze für eine Auslegung ist. Eine Analogie zu Lasten des möglichen Straftäters ist nicht möglich. Eine präzise Definition ist damit das „Werkzeug“ des Strafrechtlers und zwingend erforderlich, um in eine sachgerechte Subsumtion einzusteigen. Dabei gilt: Je problematischer die Subsumtion im Fall erscheint, desto genauer und sorgfältiger sollte im Vorfeld das problematische Tatbestandsmerkmal definiert werden. 3

Bezüglich der Meinungsstreitigkeiten gilt, dass Ihnen jedenfalls die wichtigsten bekannt sein müssen. Allerdings sind sowohl aus vorbereitungs- als auch aus klausurtechnischer Sicht bestimmte Einschränkungen zu machen. Darauf wird im Folgenden näher eingegangen.

I. Unvoreingenommene Subsumtion

in der Vorbereitung

Was die *Vorbereitung* angeht, hieße es, seinen Kopf als Festplatte zu missbrauchen, wenn man versuchte, sich Definitionen sämtlicher Delikte zu merken. So genügt gerade bei „exotischeren" Vorschriften i.d.R. eine unvoreingenommene Subsumtion unter die gesetzlichen Begrifflichkeiten den Anforderungen des Klausurerstellers, der schon froh ist, wenn die Vorschrift gefunden wird.

Bsp.: *Drei Strafgefangene überwältigen gewaltsam ihren Wärter und brechen anschließend aus dem Gefängnis aus. Neben den je nach näherem Sachverhalt einschlägigen §§ 223, 224, 240 StGB ist u.a. auch § 121 StGB (Gefangenenmeuterei) zu prüfen. Hier wird eine höchstrichterliche Definition des Tatbestandsmerkmals „Zusammenrotten" (räumliches Zusammentreten von mindestens zwei Gefangenen zu einem gemeinschaftlichen gewaltsamen Zweck)[3] nicht erwartet. Vielmehr kann hier das Tatbestandsmerkmal – nach dem Versuch einer kurzen eigenen Definition – ohne längere Ausführungen bejaht werden.*

Definitionen im Gesetz

Nicht vernachlässigen sollte man die im StGB zwar nicht allzu zahlreichen, aber durchaus vorhandenen Legaldefinitionen. Dabei handelt es sich um Begriffserklärungen, die das Gesetz selbst vornimmt. 4

Bsp.: *§ 264 VIII StGB (Subvention i.S.d. Subventionsbetruges, § 264 StGB), § 330d StGB (Begriffe aus dem Umweltstrafrecht in §§ 324 ff. StGB) und v.a. § 11 StGB (Personen- und Sachbegriffe im gesamten StGB) und § 12 StGB (Verbrechen und Vergehen).*

hemmer-Methode: Besonders die Legaldefinitionen des § 11 StGB, z.B. zu den Begriffen des Angehörigen und des Amtsträgers, können in der Klausur durchaus von Bedeutung sein. Entlasten Sie Ihr Gedächtnis und beweisen Sie außerdem sauberes juristisches Vorgehen, indem Sie Legaldefinitionen verwenden.

Definitionen in unbekannten Tatbeständen

Es gibt auch immer wieder Klausurkonstellationen, in denen bei einem weniger bekannten Tatbestand Probleme auftauchen. Dann kommt es in der Klausur entscheidend darauf an, eine dem Schutzzweck der Vorschrift entsprechende Definition selbst zu entwickeln bzw. die Vorschrift nach den bekannten Auslegungsmethoden auszulegen. 5

[3] Vgl. BGHSt 20, 305 = **juris**byhemmer; BGH, NJW 1954, 1694.

Meinungsstreitigkeiten

Ähnliches gilt auch für Meinungsstreitigkeiten: Selbstverständlich gibt es Standardprobleme, deren Kenntnis in der Klausur erwartet wird. 6

Beispiele aus dem Allgemeinen Teil sind die Abgrenzung von dolus eventualis und bewusster Fahrlässigkeit oder die Behandlung des fehlenden subjektiven Rechtfertigungselements, aus dem Besonderen Teil die Abgrenzung von Raub und räuberischer Erpressung.

hemmer-Methode: In der Klausur müssen natürlich nicht immer alle existierenden Meinungen mit den dazugehörigen Theorien wortlautgetreu aufgezählt werden. Oft ist die Unterscheidung zwischen den grundsätzlich unterschiedlichen Ansichten (z.B. Abgrenzung dolus eventualis – bewusste Fahrlässigkeit: „Ist ein voluntatives Element notwendig?“, siehe Rn. 68) entscheidend, während die Aufzählung verschiedener Spielarten dieser „Theorien-Hauptgruppen“ für die Bewertung weniger wichtig ist als die anschließende Subsumtion.

Entscheidend ist aber immer der Einzelfall: Enthält eine Klausur viele verschiedene Problemfelder, die bewältigt werden müssen, so reicht es aus, wenn – im Gutachtenstil – der „Sound“ getroffen wird. Eröffnet eine Klausur hingegen nur wenige Problemfelder, so sollten diese Theorienstreitigkeiten nach Möglichkeit ausführlicher, ggfs. sogar im Stil einer Hausarbeit gelöst werden.

Insoweit sollten Sie sich in der Klausursituation stets bewusst machen, was der Klausurersteller konkret von Ihnen erwartet. Anhand dessen können Sie die Schwerpunkte der Klausur herausarbeiten und entsprechend ihrer Wichtigkeit abhandeln. Insoweit ist es unabkömmlich, die Klausursituation zu trainieren, um so ein Gefühl für das richtige „Zeitmanagement“ zu bekommen.

Rechts-Links-Mitte-Argumentation

Meinungsstreitigkeiten zu seltener auftauchenden Tatbeständen oder kaum vertretene Mindermeinungen gehören dagegen selbst im Examen nicht zum erforderlichen Wissen. Häufig werden Sie bei der Prüfung des Tatbestands ohnehin auf das jeweilige Problem stoßen. 7

Wichtig ist dann die Fähigkeit, zwei grundsätzliche (möglicherweise extreme) Ansätze zu konstruieren und sich dann für einen dieser beiden (bzw. für einen vermittelnden) mit guter Begründung zu entscheiden.

hemmer-Methode: Diese sog. Rechts-Links-Mitte-Argumentation können Sie in allen Rechtsgebieten nutzen. Gegen die Extrempositionen lassen sich meist relativ leicht Einwände finden.

Durch das Suchen der „aristotelischen Mitte" zeichnen Sie nach, dass das Recht immer den gerechten Ausgleich eines Interessenkonflikts bezweckt. Zwar ist dieses Argumentationsmuster nicht immer sehr tiefgehend – insbesondere in Hausarbeiten muss deshalb die Gewichtung der einzelnen Positionen noch weiter herausgearbeitet werden –, in der Klausursituation am unbekannten Problem heben Sie sich damit aber i.d.R. von den meisten anderen Bearbeitern ab.

Gerade bei unbekannteren Vorschriften lässt sich gut mit dem Schutzzweck der Strafnorm und damit (wie auch in anderen Rechtsgebieten) teleologisch argumentieren:

Bsp.: *Antiquitätenhändler A hat seinen Laden in Brand gesetzt, um die Versicherungssumme zu kassieren. Auf Befragung der Polizei erwähnt er eine ihm leider nicht bekannte verdächtige Gestalt, die am Tatabend um sein Haus geschlichen sei.*

Bei der Prüfung, ob sich A (neben den möglicherweise verwirklichten §§ 263 I, III S. 2 Nr. 5, 265, 306, 306a, 306b II Nr. 2 Alt. 1 StGB) nach § 145d II Nr. 1 StGB strafbar gemacht hat, stellt sich die Frage, ob diese Vorschrift auch bei Täuschungen durch den Täter selbst anwendbar ist. Während der Wortlaut dies ohne weiteres zulässt und auch eine z.B. den §§ 257 III, 258 V StGB entsprechende Vorschrift fehlt, erscheint eine Bestrafung im Einzelfall jedoch unangemessen, wenn der Täter die Tat jedenfalls abstreiten und dabei sogar vor Gericht sanktionslos lügen darf. Die h.M.[4] hierzu mag zwar guten Kandidaten zum Ersten Examen bekannt sein, kann aber sicher nicht allgemein vorausgesetzt werden. Was aber von jedem Bearbeiter erwartet werden kann, ist eine Auslegung etwa in folgender Art:

„Im Gegensatz zu § 164 StGB, der gerade auch den Einzelnen gegen unbegründete Verfolgungsmaßnahmen schützen soll, ist Schutzzweck des § 145d StGB – was sich v.a. aus dem Wortlaut des § 145d I StGB ergibt – die Bewahrung der Rechtspflege vor ungerechtfertigter Inanspruchnahme. Jedenfalls bei Delikten, die von Amts wegen verfolgt werden und den Strafverfolgungsbehörden ohnehin bekannt geworden sind, ermitteln diese automatisch. Legt also der Täter nicht eine falsche Fährte in eine bestimmte Richtung, die zu einem Mehraufwand an Ermittlungen führt, sondern verweist er zusammen mit dem zulässigen Abstreiten der Tat auf einen „großen Unbekannten", wird dadurch der Ermittlungsaufwand nicht vergrößert. Wenn der täuschende Täter also nicht selbst die Initiative ergreift oder konkrete Ermittlungsmaßnahmen hervorruft, ist der Tatbestand des § 145d II Nr. 1 StGB folglich nicht erfüllt."

4 Vgl. zu diesem Problem Fischer, § 145d StGB, Rn. 9.

Faustregel

Als Faustregel kann demnach zweierlei zum Lernen von Definitionen und Meinungsstreitigkeiten festgehalten werden: 8

1) Detailwissen ist nützlich und wichtig. Für den Examenskandidaten im Normalfall lernökonomisch einzig durchführbar ist aber das Erlernen der grundlegenden Systematik und der wichtigsten allgemein gültigen Argumente sowie der Standardprobleme und der Übung am prüfungstypischen Fall.

2) Als Grundlage für das nötige Einzelwissen an Definitionen und Meinungsstreitigkeiten im Examen kann der Fundus gelten, den man sich – zumindest wenn man das Studium ernsthaft betreibt und auch das Strafrecht nicht vernachlässigt – in der „Scheinphase" angeeignet hat und der sich durch sein gehäuftes Vorkommen (in Klausurenkursen, Übungsklausuren in Ausbildungszeitschriften) als *existent* eingeprägt hat.

Weiß man also, dass es „da doch einen Streit/eine Definition gegeben hat", kann sich aber nicht mehr im Einzelnen erinnern, empfiehlt es sich, diese(n) (z.B. mit Hilfe der Skripten AT I, II und BT I, II und/oder eines Kommentars) vor dem Examen zu wiederholen.

II. Ausarbeitung der Klausur

Darstellung von Meinungsstreitigkeiten in der Klausur

Was die *Ausarbeitung* der Klausur angeht, gilt – neben den bereits genannten Gesichtspunkten – v.a. Folgendes: Weit weniger als gemeinhin von den Studenten angenommen, kommt es in Strafrechtsklausuren auf „den einen großen Meinungsstreit" an. Wichtig ist v.a. eine juristisch saubere und überzeugende Erfassung des gesamten Sachverhalts. 9

Soweit „klassische Streitigkeiten" auftauchen, müssen natürlich die wichtigsten Positionen genannt werden. Aber auch hier ist nicht so sehr die Kenntnis aller Untermeinungen von Bedeutung, als vielmehr eine begründete und nachvollziehbare Entscheidung für eine der Ansichten. Insbesondere der bloße Verweis auf eine (angeblich) herrschende Meinung ersetzt nicht die eigene Argumentation. Zwar gibt es Fälle, in denen Ansichten so einhellig abgelehnt werden, dass ihre Verwerfung keiner näheren Begründung bedarf. Doch sollte man sich dann fragen, ob Meinungen, die praktisch nicht mehr vertreten werden und eher von historischem Interesse sind, in der Klausur überhaupt noch erwähnt werden müssen.

Entscheidung von Theorienstreitigkeiten?

Eine weitere Frage ist, ob Theorienstreitigkeiten stets entschieden werden müssen. Hierbei ist zu differenzieren: Soweit sich beim konkreten Problem nach den verschiedenen Ansichten unterschiedliche Ergebnisse ergeben, ist der Streit selbstverständlich zu entscheiden. Soweit sich kein Unterschied ergibt, wird es teilweise für zulässig erachtet, den Streit offen zu lassen. 10

Um aber entscheiden zu können, *ob* sich ein Unterschied ergibt, müssen freilich erst die Konsequenzen der jeweiligen Auffassung für den Fall dargestellt werden. Auch bei einem Offenlassen des Streits wird i.d.R. außerdem empfohlen, vorher die (zumindest wichtigsten) Argumente für und gegen die vorgebrachten Ansichten darzustellen und mit einer kurzen Begründung anzudeuten, welche Ansicht dem Verfasser vorzugswürdig erscheint, wenn es auf die Entscheidung ankäme. Empfehlenswert ist es jedenfalls, nicht allzu oft innerhalb einer Klausur Streitigkeiten offen zu lassen.

B. Gutachtenstil/Urteilsstil

Gerade in den mit Tatbeständen und Problemen oft bis an die *11*
Grenze der Belastbarkeit angefüllten (Examens-)Klausuren im Strafrecht stellt sich die Frage, wie streng im Gutachtenstil gearbeitet werden muss und wann man den kürzeren Urteilsstil verwenden darf.

I. Subsumtionstechnik

Gutachtenstil: von der Hypothese mittels Folgerungen zum Ergebnis

In der Klausur bis zum Ersten Examen wird ein Gutachten erwartet, sodass Ausgangspunkt auch der *Gutachten- oder Erwägungsstil* ist: Bei diesem wird eine Frage bzw. eine Möglichkeit aufgeworfen und dann Schritt für Schritt für den Leser möglichst nachvollziehbar eine Antwort entwickelt. Typische Konjunktionen sind demnach „also", „folglich" o.Ä. *12*

> „W könnte sich dadurch, dass er T's Hund erschlagen hat, wegen Sachbeschädigung nach § 303 I StGB strafbar gemacht haben. Dann müsste es sich zunächst bei dem Hund um eine für W fremde Sache handeln.
>
> Fraglich ist bereits, ob es sich bei dem Hund um eine Sache handelt: Nach § 90a S. 1 BGB sind Tiere nämlich keine Sachen, und eine entsprechende Anwendung des § 90 BGB nach § 90a S. 3 BGB könnte angesichts des Analogieverbots im Strafrecht (vgl. § 1 StGB, Art. 103 II GG) problematisch sein. Allerdings wäre es unbillig, im Rahmen des Strafrechts Tiere für weniger schützenswert zu erachten als fremde Sachen. Nicht zuletzt geht auch der Gesetzgeber in § 324a I Nr. 1 StGB („Tiere...oder andere Sachen") davon aus, dass Tiere als Sachen zu behandeln sind. Daher ist nach h.M. der strafrechtliche Sachbegriff unabhängig von dem des BGB und umfasst auch Tiere.
>
> Also handelt es sich bei T's Hund um eine Sache.
>
> Diese ist fremd i.S.d. § 303 I StGB, wenn sie nicht im Alleineigentum des Täters steht und nicht herrenlos ist. Hier steht der Hund im Eigentum des T, folglich ist er für W eine fremde Sache."

Urteilsstil: vorangestelltes Ergebnis begründen

Dagegen geht der *Urteils- oder Begründungsstil* von einem Ergebnis aus und begründet dieses. Dafür typische Konjunktionen sind „denn", „nämlich" o.Ä. 13

> **Bsp.:** *„W hat sich wegen Sachbeschädigung nach § 303 I StGB strafbar gemacht. Bei T's Hund handelt es sich nämlich um eine Sache. Diese ist für W auch fremd, denn sie steht in T's Eigentum."*

hemmer-Methode: Genau genommen beschreibt also die Unterscheidung zwischen Gutachten- und Urteils*technik* nur, ob mit dem Ergebnis begonnen und dieses dann begründet wird oder ob mit den Voraussetzungen eines *hypothetischen* Ergebnisses begonnen wird und diese dann der Reihe nach geprüft werden. Ob die Begründung bzw. die Prüfung jeweils *ausführlich* oder nur mit wenigen kurzen Sätzen erfolgt, hat damit nichts zu tun. Auch der BGH begründet sein Urteil an problematischen Stellen regelmäßig mit hohem Aufwand! In vielen Büchern hat sich aber mittlerweile eine Begrifflichkeit durchgesetzt, die Urteils*stil* stets mit kurzen knappen Sätzen ohne nähere Begründung und Gutachten*stil* mit einer ausführlichen Prüfung verbindet.
Grund dafür ist, dass Sie im Gutachten den Urteilsstil regelmäßig nur dann verwenden sollten, wenn es sich um einfach zu beantwortende Fragestellungen handelt. Sie können sich merken: Je weniger problematisch sich die Auslegung darstellt, desto eher können Sie in den Urteilsstil wechseln.

II. „Mischen" der Stilarten

je nach Einzelfall ausführlichere oder knappere Subsumtion

Je nach Schwierigkeit der jeweils durchzuführenden Subsumtion können somit die Stilarten „gemischt" werden: Z.B. ist bei völlig unproblematischen Merkmalen eine *begründungslose Kurzsubsumtion* möglich. 14

> **Bsp.:** *D müsste die Geldbörse des A, eine für ihn fremde bewegliche Sache, weggenommen haben.*

Oder aber es werden die Feststellungen im Urteilsstil mit Kurzbegründung getroffen:

> *D handelte dabei auch vorsätzlich, denn er wusste und wollte, was er tat.*

hemmer-Methode: Achten Sie aber darauf, dass so ein Vorgehen nur möglich ist, wenn wegen des offensichtlichen und eindeutigen Sachverhalts jede Begründung entbehrlich ist. In einem schwierigen Fall kann dagegen eine Begründung nicht durch eine Behauptung bzw. eine „Scheinsubsumtion" ersetzt werden! Steckt z.B. ein Kunde im Supermarkt eine Tafel Schokolade in seine Manteltasche, so kann eine Strafbarkeit nach § 242 I StGB nicht mit der „Scheinsubsumtion" begründet werden, der K habe die Schokolade „weggenommen". Vielmehr erfordert eine richtige Subsumtion hier die Definition der Wegnahme und ein Eingehen auf die Problematik der sog. „Gewahrsamsenklave" (vgl. Rn. 314).

Das *Kurzgutachten* ist der normale Klausurstil, ihm entspricht das oben in Rn. 12 genannte Beispiel, während im *großen Gutachten* Theorienstreitigkeiten (z.B. über die Behandlung des Erlaubnistatbestandsirrtums) oder problematische Subsumtionen (z.B. ob das Überschütten mit Salzsäure ein „Beibringen" i.S.d. § 224 I Nr. 1 StGB ist) behandelt werden: Im Gutachten ist von der Problemfrage ausgehend zu versuchen, diese (zwar immer mit Bezug auf den Fall, aber doch) in etwas abstrakterer Form zu lösen, wobei verschiedene Argumente miteinander abgewogen werden können.

hemmer-Methode: Natürlich geht es nicht darum, sich abstrakt die Bezeichnungen verschiedener Stilarten zu merken, sondern sich klar zu machen, dass je nach Schwierigkeit des einzelnen Problems eine unterschiedlich intensive Bearbeitung erforderlich ist. Die Arbeitsstile entsprechen den unterschiedlichen Anforderungen an folgende juristische Fähigkeiten, die insbesondere in der Strafrechtsklausur geprüft werden sollen: Bewältigung einer großen Stofffülle in der vorgeschriebenen Zeit (Urteilsstil und Kurzgutachten) und sorgfältige Behandlung etwaiger Probleme (großes Gutachten). Die richtige Stilmischung verrät schließlich auch noch, ob Sie in der Lage sind, Wichtiges von Unwichtigem zu trennen. Gerade dieses mehrdimensionale Arbeiten in der Examensklausur kann sinnvoll nur am großen Fall eingeübt werden.

III. Faustregeln zur Wahl der Stilarten

Als Faustregeln für die Verwendung der Stilarten lässt sich folgendes sagen:

grds. (Kurz-) Gutachten (nur Probleme im längeren Gutachten)

1. Ausgangspunkt in der Klausur bis zum Ersten Staatsexamen ist der Gutachtenstil, wobei außerhalb der Problembereiche das Kurzgutachten genügt. 15

Je nach Schwierigkeit der jeweils behandelten Frage sind aber Stilmischungen wünschenswert, wobei zwei Stilarten unmittelbar miteinander kombiniert werden können, z.B. die begründungslose Kurzsubsumtion eines Tatbestandsmerkmals innerhalb des Obersatzes eines Kurzgutachtens.

> **Bsp.:** *D müsste die Geldbörse des A, eine für ihn fremde bewegliche Sache, weggenommen haben.*

im Examen aber auch mit Urteilsstil zu mischen

2. Tendenziell wird mit dem Voranschreiten im Studium der Ur- 16
teilsstil immer mehr an Bedeutung und auch an Akzeptanz bei den Korrektoren gewinnen. Gerade eine Examensklausur wird regelmäßig sehr viele Probleme aufweisen und nur zu bewältigen sein, wenn bei Unproblematischem teilweise der Urteilsstil verwendet wird. Freilich sollte an den problematischen Stellen in der Klausur gleichsam exemplarisch gezeigt werden, dass man im Gutachtenstil sauber aufbauen und subsumieren kann.

gerade bei langen Klausuren lieber kürzer, als Probleme weglassen

3. Natürlich steht die richtige Zeiteinteilung – für die man freilich 17
keine Faustregel angeben kann – im Vordergrund. Sollte diese einmal nicht gelungen bzw. die Klausur zu umfangreich sein, ist ein verstärktes Zurückgreifen auf den Urteilsstil einer nur halb bearbeiteten Klausur vorzuziehen. Streuen Sie aber hier wenigstens ab und zu Kurzgutachten ein, die nicht wesentlich länger sein müssen und dem Vorwurf entgegenwirken, sich völlig im Stil vergriffen zu haben.

Gliederung und Überschriften

4. Für Gutachten- und Urteilsstil gleichermaßen stellt sich die 18
Frage, inwieweit man bei der Prüfung eines Tatbestands die Aufbauschemata[5] stets vollständig einhalten sowie Untergliederungen oder sogar Zwischenüberschriften (z.B. „Objektiver Tatbestand", „Schuld" o.a.) verwenden soll. Letztlich hängt hier einiges vom Geschmack des Korrektors ab und tendenziell wird man Ihnen am Ende einer längeren Klausur kleinere Auslassungen und Ungenauigkeiten auch einmal verzeihen. Es lassen sich aber folgende Hinweise geben:

in jedem Fall saubere Gliederung in Absätze

a) Eine saubere und sinngerechte Untergliederung, die sich durch 19
die Verwendung neuer Absätze nachvollziehen lässt, ist dringend zu empfehlen. Sie gestaltet zum einen die Klausur übersichtlicher. Zum anderen macht der Korrektor seinen Haken eben gerne an das Ende eines kurzen Absatzes, in dem alles Wesentliche zu einem Prüfungspunkt steht.

> **Bsp.:** *Bei einem vorsätzlichen Begehungsdelikt sollte also i.d.R. ein eigener Absatz zumindest für den objektiven und den subjektiven Tatbestand, grds. aber auch für die Rechtswidrigkeit und die Schuld (vgl. aber unten Rn. 22) begonnen werden.*

---

[5] Vgl. zu den Aufbauschemata der verschiedenen Verwirklichungsformen Rn. 36, 183, 220, 233.

Soweit mehrere Tatbestandsmerkmale einer kurzen Prüfung unterzogen (und nicht nur begründungslos bejaht) werden, z.B. beim Diebstahl die Fremdheit der beweglichen Sache und die Wegnahme, sollten auch diese besser in eigenen Absätzen bearbeitet werden.

Ebenfalls mehrere Absätze bieten sich bei einer längeren Diskussion jeweils für die verschiedenen vertretenen Meinungen und die eigene begründete Stellungnahme an.

Überschriften nicht zwingend, aber sachdienlich

b) Überschriften für die Prüfungspunkte des Schemas sind nicht 20
zwingend erforderlich. Normalerweise sollte durch eine saubere Gliederung (vgl. oben) und eine richtige Obersatzbildung dem Korrektor ohnehin immer klar sein, was gerade geprüft wird. Gleichwohl ist es sinnvoll, zumindest die wichtigsten Prüfungspunkte mit Überschriften zu versehen und sauber durchzunummerieren. Damit erkennt der Korrektor schneller die Struktur Ihrer Klausur, was er Ihnen regelmäßig danken wird.

hemmer-Methode: Versetzen Sie sich in die Position eines Korrektors, der womöglich 80 bis 100 Klausuren korrigieren muss. Je klarer Ihre Gliederung und Argumentation, desto besser seine Stimmung, weil Sie es ihm leicht machen, Ihre Klausur zu korrigieren. Schwierige „Schachtelsätze“, die man evtl. mehrmals lesen muss, um sie verstehen zu können, stoßen – verständlicherweise – auf wenig Gegenliebe.

Weglassen von einzelnen Prüfungsschritten?

c) Kaum einen allgemein gültigen Ratschlag kann man dagegen 21
auf die Frage geben, ob man einzelne unproblematische Prüfungsschritte auch einmal auslassen darf. Aber selbst ein wenig wohlwollender Korrektor wird dies zumindest weniger negativ in die Bewertung einfließen lassen als etwa eine nur halbfertige Bearbeitung.

Grds. ist aber zu beachten, dass für das bis zum Ersten Examen geforderte Gutachten alle Prüfungspunkte wichtig sind, und dass es natürlich einen Unterschied macht, ob der Täter z.B. „nur“ entschuldigt ist oder schon nicht tatbestandsmäßig gehandelt hat. Deswegen darf eine Tatbestandsprüfung i.d.R. nicht mit dem Hinweis auf einen Entschuldigungsgrund übersprungen werden. Andererseits ist es sicher zulässig (wenngleich klausurtaktisch nicht immer zu empfehlen), bei der Tatbestandsprüfung ein Merkmal vorzuziehen, an dem der Tatbestand sicher scheitert, oder bei offensichtlich nicht gegebenem Vorsatz oder evident fehlender Zueignungsabsicht den subjektiven Tatbestand sogleich zu verneinen.

hemmer-Methode: Denken Sie bei fehlendem Vorsatz dann aber an eine mögliche Fahrlässigkeitsstrafbarkeit!

Gerade Rechtswidrigkeit und Schuld müssen theoretisch in vielen 22
Strafrechtsklausuren unzählige Male angesprochen werden.

Kurzdarstellung von Rechtswidrigkeit und Schuld

In solchen Fällen ist es – zumindest innerhalb eines Tatkomplexes, in dem sich an dieser Beurteilung (z.B. bei ideal miteinander konkurrierenden Delikten) nichts ändert – zulässig, beide Prüfungspunkte in einem Satz („Rechtswidrigkeit und Schuld sind auch hier gegeben“) zusammen abzuhaken. Teilweise wird sogar empfohlen, diese (zugegebenermaßen relativ wenig aussagekräftige) Formel ganz wegzulassen.

Jedoch besteht dann das Risiko, dass mancher Korrektor dies (zumindest am Anfang der Klausur) übel nimmt, sodass ein etwas unelegant wirkendes Gutachten einem unvollständigen vorzuziehen ist.

C. Vorgehen in der Klausurbearbeitung

Vorgehen in der Klausurbearbeitung

Ein allgemein gültiges (und über die oben bereits genannten Hinweise hinausgehendes) Rezept für das Herangehen an die Klausur lässt sich kaum geben. Wichtig ist, dass jeder Klausurbearbeiter das für ihn günstigste Vorgehen herausfindet und perfektioniert. 23

hemmer-Methode: Dazu gehört zum einen natürlich das Klausurtraining. Zum anderen wird dieser Prozess aber gerade für das Examen auch durch das frühzeitige Arbeiten am großen, examenstypischen Fall erleichtert.

Als wichtige Anhaltspunkte für die Strafrechtsklausur sind aber jedenfalls folgende Hinweise zu beachten:

schon beim Lesen „Dramaturgie“ erfassen und assoziieren, aber unvoreingenommen bleiben

Schon beim Lesen ist (wie auch in anderen Rechtsgebieten) zu versuchen, die Dramaturgie des Falles sowie die wichtigsten Tatbestände und Probleme zu erfassen. Dabei muss man aber noch so „unvoreingenommen“ bleiben, nicht sofort zu denken, auf einen „bekannten Fall“ gestoßen zu sein, und dabei die speziellen Probleme *dieses Falles* zu übersehen. 24

Tatbestände zu Ende lesen, evtl. Blick ins Inhaltsverzeichnis

In „exotischeren“ Teilen des StGB sind nach Möglichkeit die Abschnittsüberschriften zu überfliegen. U.U. hilft auch ein Blick ins Inhaltsverzeichnis. Gerade unbekanntere Tatbestände müssen immer auch zu Ende gelesen werden. 25

vor Ausarbeitung: Kurzgliederung

Auch bei Zeitdruck ist i.d.R. eine Gliederung zu erstellen, in der zumindest die geprüften Tatbestände und ihr Vorliegen (z.B. mit (+) oder (-)) und die wichtigsten Probleme zu vermerken sind. Eine solche Tatbestandsliste hilft auch bei einer schnellen Bearbeitung der Konkurrenzen. Welchen Aufbau diese Gliederung und v.a. die fertige Klausur haben sollte, wird im Folgenden erörtert. 26

hemmer-Methode: Die Bearbeitung der Konkurrenzen wird gerade in einer umfangreichen Klausur unter Zeitdruck dadurch erleichtert, dass Sie in Ihrer Plus-Minus-Skizze diejenigen Tatbestände, wegen derer im Ergebnis zu bestrafen ist, z.B. mit einem bunten Marker, anstreichen. So sehen Sie mit einem Blick, welche Vorschriften Sie aufzunehmen haben.

D. Allgemeine Aufbauhinweise

Aufbauhinweise

Abgesehen von den Prüfungsschemata für die einzelnen Delikts- 27
formen[6] gibt es wenig zwingende Aufbauregeln für die Strafrechtsklausur.

Allerdings ergeben sich zum einen aus dem Prinzip, die Klausurbearbeitung ökonomisch, übersichtlich und leicht nachvollziehbar vorzunehmen, und zum anderen aus materiell-rechtlichen Gegebenheiten (so z.B. der Akzessorietät der Teilnahme[7]) bestimmte Vorgaben, die beachtet werden müssen.

I. Aufteilung in Tatkomplexe

Aufteilung in Tatkomplexe

Gerade in Examens-, aber auch bereits in Übungsklausuren sind 28
häufig mehrere Handlungsabschnitte zu unterscheiden, die der Klausurersteller gewählt hat, um verschiedene Problembereiche in die Klausur einbauen zu können.

Erster Gliederungsschritt ist dann die Aufteilung des Sachverhalts 29
in Tatkomplexe. Dabei ist es im Einzelfall nicht entscheidend, wie weit man untergliedert, allerdings sollte man Geschehen, die unmittelbar zusammengehören, nicht künstlich voneinander trennen. Es ist durchaus unschädlich, wenn z.B. in einem Tatkomplex mehrere Taten gegen mehrere Opfer geprüft werden.

Dagegen sollten die Komplexe voneinander getrennt werden, zwischen denen denknotwendig eine Zäsur besteht oder die außer der Zusammenfassung zu einem Klausursachverhalt „gar nichts miteinander zu tun haben".

> **Bsp.:** *A stiehlt im Supermarkt Zigaretten. Zwei Tage später tötet er seine Frau. Im nachfolgenden Strafverfahren bedrängt er einen Freund, ihm doch ein falsches Alibi zu geben: Hier könnten die Abschnitte jeweils für sich getrennt kleine Fälle ergeben und sind nur zu einer großen Klausur kombiniert.*

hemmer-Methode: Tendenziell kann man sagen, dass in Hausarbeiten und Examensklausuren sehr häufig mehrere Tatkomplexe zu prüfen sind. In einer Anfängerklausur dagegen ist es kein beunruhigendes Zeichen, wenn Sie nur einen Tatkomplex erkennen: Oft kann nämlich (gerade bei problematischen Konstellationen aus dem AT oder der Beteiligung mehrerer) in der kurzen Zeit von einem Anfänger nicht mehr als die Bewältigung eines Komplexes verlangt werden.

---

6 Also z.B. vorsätzliches Begehungsdelikt, vgl. Rn. 36; Versuch, vgl. Rn. 183; Fahrlässigkeitsdelikt, vgl. Rn. 233.

7 Vgl. dazu unten Rn. 161 f.

II. Prüfungsreihenfolge der Delikte

Prüfungsreihenfolge der Delikte

Innerhalb eines Tatkomplexes kann sich die Frage stellen, in welcher Reihenfolge die Delikte zu prüfen sind, insbesondere wenn einzelne Delikte hinter anderen zurücktreten. Folgendes Vorgehen ist für den Regelfall zu empfehlen:

nicht kleckern, sondern klotzen

1. Was die *Schwere der Delikte* angeht, gilt „Nicht kleckern, son- 30
dern klotzen“, d.h. Sie sollten grds. mit der Prüfung der schwereren Delikte beginnen, bevor Sie zu den leichteren kommen. Insbesondere Tötungsdelikte, die möglicherweise verwirklicht wurden, sind innerhalb eines Tatkomplexes regelmäßig zuerst zu prüfen.

Vorgehen bei Gesetzeskonkurrenz

2. Für Fälle der *Gesetzeskonkurrenz*[8] ist zu differenzieren: Bei 31
Subsidiarität und Konsumtion ist es i.d.R. empfehlenswert, das vorgehende Delikt zuerst zu prüfen und das verdrängte ggf. nur kurz zu erwähnen.

> ***Bsp.:*** *§ 123 StGB kann kurz abgehakt werden, wenn man §§ 244 I Nr. 3 Var. 1, IV, 242 I StGB bejaht hat.*

Für Fälle der *Spezialität* ist das gleiche Vorgehen empfehlenswert, wenn es sich um einen *verselbständigten Sondertatbestand* handelt.

> ***Bsp.:*** *Kommt ein Raub ernsthaft in Betracht, ist § 249 I StGB vor den §§ 240, 242 I StGB zu prüfen, welche – falls ein Raub bejaht wird – allenfalls noch erwähnt, aber keinesfalls mehr geprüft werden müssen.*

Handelt es sich dagegen um eine *Qualifikation zum Grundtatbestand* (z.B. § 244 I StGB zu § 242 I StGB) wird z.T. empfohlen, den Grundtatbestand zuerst zu prüfen. Regelmäßig kann hier[9] die Qualifikation aber auch gleich in einer gemeinsamen Prüfung (§§ 242 I, 244 I StGB) in den Tatbestand integriert werden.

> Im Bsp. (§§ 242 I, 244 I StGB) könnte also im Anschluss an die Prüfung der Wegnahme der fremden beweglichen Sache das Mitführen einer Schusswaffe (§ 244 I Nr. 1 lit. a Alt. 1 StGB) angesprochen werden, anschließend im subjektiven Tatbestand der Vorsatz hinsichtlich der Wegnahme der fremden beweglichen Sache und des Mitführens der Schusswaffe sowie die Zueignungsabsicht.

---

8 Zu den Konkurrenzen vgl. unten Rn. 247 ff.

9 Anders aber bei Regelbeispielen der Strafzumessung, die am besten erst nach der Schuld geprüft werden, vgl. näher unten Rn. 329.

Prüfung der §§ 244 I Nr. 1 lit. a, 242 I StGB:

I. Objektiver Tatbestand

1. Bezügl. § 242 I StGB
2. Bezügl. § 244 I Nr. 1 lit. a StGB

II. Subjektiver Tatbestand

1. Bezügl. § 242 I StGB
   a. Vorsatz
   b. Absicht rechtswidriger Zueignung
2. Bezügl. § 244 I Nr. 1 lit. a StGB: Vorsatz

hemmer-Methode: Diese Vorschläge sind nicht zwingend, aber zweckmäßig. Im Einzelfall kann aber auch ein anderes Vorgehen günstiger sein.

Vorgehen bei wechselseitiger Alternativität

3. Bei zwei Delikten, die *nicht in einem Verhältnis der Gesetzeskonkurrenz stehen, sondern sich gegenseitig ausschließen* (so nach h.M. z.B. § 242 StGB und § 263 StGB, vgl. u. Rn. 393 ff.), ist es ebenfalls eine Frage des Einzelfalls oder der leichteren Darstellbarkeit, ob man zuerst mit dem erfüllten Tatbestand beginnt, um anschließend das Scheitern des anderen kurz festzustellen, oder ob man mit dem nicht erfüllten beginnt („Prinzip der negativen Evidenz“), um wirklich berechtigterweise beide ansprechen zu können. Von der Sache her ergibt sich kein Unterschied, da die wesentliche Abgrenzung ohnehin einmal getroffen werden muss. *32*

So muss z.B. die Abgrenzung zwischen Diebstahl und Betrug entweder beim Merkmal der Vermögensverfügung i.R.d. § 263 I StGB oder beim Merkmal der Wegnahme i.R.d. § 242 I StGB stattfinden.

Vorgehen bei mehreren Beteiligten

4. Geht es um die Strafbarkeit *mehrerer Beteiligter*,[10] ergeben sich aus Gründen der Übersichtlichkeit bzw. aus dem materiellrechtlichen Prinzip der Akzessorietät der Teilnahme die beiden Grundregeln: *33*

- Der tatnähere Beteiligte wird zuerst geprüft
- Täterschaft vor Teilnahme

[10] Dazu ausführlicher unten, Rn. 137 ff.

Bspe.:

- *A stiftet den T zur Tötung des O an.*[11] *Hier muss aus Akzessorietätsgründen zuerst die Strafbarkeit des T aus §§ 212 I, 211 StGB, und erst anschließend die des A aus §§ 212 I, 211, 26 StGB geprüft werden.*

- *M bringt den schuldunfähig geisteskranken W dazu, den O zu töten. Hier sollte zuerst die Strafbarkeit des tatnäheren W geprüft (und seine Straflosigkeit festgestellt) werden. Anschließend sollte die Strafbarkeit des M als mittelbarer Täter untersucht werden, innerhalb derer man dann bzgl. des Strafbarkeitsdefizits des Werkzeugs W nach oben verweisen kann.*[12]

Dabei sind Durchbrechungen u.U. dann denkbar, wenn sich aus dem Bearbeitervermerk eine Beschränkung der Prüfung auf bestimmte Beteiligte ergibt. Ist etwa nur nach der Strafbarkeit eines Teilnehmers gefragt, muss dort inzident (beim Erfordernis der vorsätzlichen, rechtswidrigen Haupttat, vgl. unten Rn. 161) die Tat des „dazugehörigen“ Täters mitgeprüft werden. 34

hemmer-Methode: Vorsicht! Es gilt das Prinzip der *limitierten* Akzessorietät. Daher ist es bei einer solchen Inzidentprüfung nicht erforderlich, zu prüfen, ob der Täter schuldhaft gehandelt hat (vgl. den Wortlaut der §§ 26, 27 I StGB: „vorsätzlich begangene rechtswidrige Tat“).

Auch bei Mittätern ist es denkbar, dass nur nach der Strafbarkeit eines Beteiligten gefragt ist. Dann müssen Sie aber i.d.R. zumindest feststellen, ob bzw. dass Mittäterschaft mit den anderen Beteiligten vorliegt. Sie müssen zwar nicht deren Strafbarkeit prüfen, aber u.U. Tatbeiträge im objektiven Tatbestand dem zu prüfenden Mittäter zurechnen (vgl. unten Rn. 156). 35

---

11 Zur Anstiftung vgl. unten, Rn. 163 ff.

12 Zur mittelbaren Täterschaft vgl. unten, Rn. 147 ff.

§ 2 DAS VORSÄTZLICHE BEGEHUNGSDELIKT

Das vorsätzliche Begehungsdelikt ist nach folgendem Grundschema zu prüfen: 36

Begehungsdelikt

Das vorsätzliche Begehungsdelikt:

A. Tatbestandsmäßigkeit

  I. Objektiver Tatbestand

  II. Subjektiver Tatbestand

B. Rechtswidrigkeit

C. Schuld

Damit wird dem von der h.L. vertretenen System der modernen Handlungslehre und dem dreistufigen Verbrechensaufbau gefolgt.[13] Die Oberbegriffe „Tatbestandsmäßigkeit, Rechtswidrigkeit, Schuld" sind obligatorische Prüfungspunkte. Innerhalb dieser Prüfungspunkte können die verschiedensten Probleme des Allgemeinen und Besonderen Teils auftauchen, die aber eben auch nur dann anzusprechen sind, wenn sie nach dem Sachverhalt eine Rolle spielen. Eine Übersicht zu wichtigen Problemen und zur (v.a. für Anfänger oft schwierigen) Zuordnung dieser Probleme zu den Prüfungspunkten findet sich im Anschluss. Die Nachweise beziehen sich dabei jeweils auf die Skripten Strafrecht AT I und II sowie Strafrecht BT I und II, in denen die Probleme ausführlich erörtert werden. 37

Probleme im Aufbauschema

Das vorsätzliche Begehungsdelikt:

A. Tatbestandsmäßigkeit

  I. Objektiver Tatbestand

- Handlung - Kausalität - Erfolg (AT I, Rn. 71 ff.)
- Objektive Zurechnung (AT I, Rn. 116 ff.)
- Objektiv-tatbestandliche Probleme der einzelnen Delikte (BT I und II)
- Täterschaft- und Teilnahmeprobleme (AT II, Rn. 165 ff.)
- Einverständnis (AT I, Rn. 306 ff.)

[13] Vgl. dazu näher Hemmer/Wüst, Strafrecht AT I, Rn. 26 ff.

II. Subjektiver Tatbestand

- Vorsatzformen, v.a. Abgrenzung dolus eventualis und bewusste Fahrlässigkeit (AT I, Rn. 153 ff.)
- Dolus generalis, cumulativus, alternativus (AT I, Rn. 172 ff.)
- Tatbestandsirrtum, § 16 StGB (AT II, Rn. 321 ff.), insbesondere Irrtum über den Kausalverlauf, error in persona vel objecto und aberratio ictus
- Besondere subjektive Merkmale, z.B. besondere Absichten (AT I, Rn. 176 ff.)

III. Objektive Bedingungen der Strafbarkeit (AT I, Rn. 181)

B. Rechtswidrigkeit

- Notwehr, § 32 StGB mit Problemen bei Notwehrlage, Erforderlichkeit, Ausschluss des Notwehrrechts, insbesondere Notwehrprovokation (AT I, Rn. 198 ff.)
- Notstand, § 34 StGB, §§ 228, 904 BGB (AT I, Rn. 245 ff.)
- Festnahmerechte, z.B. § 127 StPO (AT I, Rn. 356 ff.)
- Einwilligung und mutmaßliche Einwilligung (AT I, Rn. 312 ff.)

C. Schuld

- Schuldfähigkeit, §§ 19-21 StGB und a.l.i.c. (AT I, Rn. 387 ff.)
- Verbots- und Erlaubnisirrtum, § 17 StGB (AT II, Rn. 346 ff.)
- Erlaubnistatbestandsirrtum (AT II, Rn. 333 ff.)
- Notwehrexzess, § 33 StGB (AT I, Rn. 475 ff.)
- Entschuldigender Notstand, § 35 StGB (AT I, Rn. 451 ff.)

D. Strafaufhebungs- und Strafausschließungsgründe, Absehen von Strafe, Strafverfolgungs- und Prozessvoraussetzungen (AT I, Rn. 505 ff.)

Probleme im Aufbauschema

hemmer-Methode: Natürlich können die meisten Probleme auch entsprechend bei anderen Verwirklichungsformen der Delikte auftreten, so z.B. die Rechtfertigungsgründe beim Versuch oder die Kausalität im Tatbestand des Fahrlässigkeitsdelikts. Auf Gemeinsamkeiten und Besonderheiten wird in den jeweiligen Kapiteln hingewiesen.

A. Tatbestandsmäßigkeit

I. Objektiver Tatbestand

Elemente des objektiven Tatbestands

Die *Elemente des objektiven Tatbestands* beschreiben diejenigen 38
Umstände, welche das *äußere Erscheinungsbild der Tat* bestimmen (sog. äußere Unrechtsmerkmale). Unter diese Merkmale des objektiven Tatbestands muss in der Klausur jeweils subsumiert werden. Bei Erfolgsdelikten ist zusätzlich noch das ungeschriebene Merkmal der Kausalität zu prüfen (vgl. sogleich Rn. 40 ff.). Einzelne Probleme der unterschiedlichen Tatbestandsmerkmale sind Fragen des Besonderen Teils.

hemmer-Methode: Regelmäßig gehört all das, was in den Tatbeständen des Besonderen Teils genannt ist, zum objektiven Tatbestand; dass sich i.d.R. auch der Vorsatz darauf beziehen muss, ergibt sich aus den §§ 15, 16 I S. 1 StGB.
In einigen Tatbeständen sind aber auch subjektive Merkmale genannt („... um zu ...", „... in der Absicht ..."). Lesen Sie insbesondere unbekannte Vorschriften genau, um Aufbaufehler zu vermeiden, die häufig zu empfindlichen Punktabzügen führen!

1. Handlungsqualität

Am Beginn der Prüfung einer vorsätzlichen Begehungstat steht 39
als Vorfrage, ob überhaupt eine strafrechtlich relevante Handlung vorliegt. Keine Handlung ist insbesondere in den Fällen der sog. vis absoluta (d.h. einem unwiderstehlichen körperlichen Zwang von außen), der Bewusstlosigkeit sowie bei Reflexreaktionen seitens des Täters gegeben.[14]

hemmer-Methode: In der Klausur ist diese Vorfrage meist nur gedanklich zu prüfen, da diesbezüglich regelmäßig kein Problem gegeben ist. Schriftliche Ausführungen sind nur in den Problemfällen der Abgrenzung zwischen Handlung und Nichthandlung erforderlich.

2. Kausalität[15]

a) Überblick

Erfolgsdelikte

Der Prüfungspunkt der Kausalität ist lediglich bei den Erfolgsdelik- 40
ten (z.B. § 212 I StGB, Totschlag) zu prüfen, da bei diesen zur Handlung der Eintritt eines bestimmten Erfolges hinzutreten muss.

14 Vgl. dazu Hemmer/Wüst, Strafrecht AT I, Rn. 37 ff.

15 Vgl. Hemmer/Wüst, Strafrecht AT I, Rn. 102 ff.

Bei den schlichten Tätigkeitsdelikten ist dagegen der Unrechtstatbestand bereits dann verwirklicht, wenn die im Gesetz umschriebene Handlung vorgenommen wurde.

Bsp.: *Im Rahmen des § 153 StGB (falsche uneidliche Aussage) ist es nur erforderlich, dass der Täter vor einer zuständigen Stelle eine Falschaussage vornimmt. Unerheblich ist dagegen, ob dieser Erklärung Glauben geschenkt und dadurch auf den Prozessverlauf eingewirkt wird.*

Bei den Erfolgsdelikten muss indes zwischen Handlung und Erfolg eine Verbindung hergestellt werden, die den Erfolg als Werk der Handlung des Täters erscheinen lässt. *Ungeschriebenes Tatbestandsmerkmal* der Erfolgsdelikte ist damit die *Kausalität* der Handlung für den Erfolg. *41*

hemmer-Methode: Die Kausalität ist zumeist unproblematisch und kann dann begründungslos in einem Satz festgestellt werden. Nähere Ausführungen sind nur erforderlich, wenn einer der unten (Rn. 45 ff.) genannten Sonderfälle vorliegt.

b) Äquivalenz- oder Bedingungstheorie

Äquivalenztheorie

42 Nach der von der h.M. vertretenen *Äquivalenztheorie* ist eine Handlung dann Ursache eines Erfolges, wenn sie nicht hinweggedacht werden kann, ohne dass der Erfolg *in seiner konkreten Gestalt* entfiele. Kennzeichnend ist, dass alle Bedingungen gleichwertig (= äquivalent) sind, wenn sie nur den konkreten Erfolg (mit-)herbeigeführt haben.

c) Atypische Kausalverläufe

atypische Kausalverläufe

43 Nach dieser sog. *conditio-sine-qua-non*-Formel gibt es keine Unterscheidung nach wesentlichen und unwesentlichen Bedingungen oder nach der Nähe zum Erfolg. Konsequenz der Äquivalenztheorie ist daher ein sehr weit gefasster Ursachenkreis. Daher ist auch bei atypischen Kausalverläufen grundsätzlich die Kausalität nicht ausgeschlossen.

Bsp.: *Der Vater V bittet seinen Sohn, für ihn bei der Bank 500 € abzuheben. Während der Sohn den Auftrag ausführt, wird er von einem Bankräuber als Geisel genommen und anschließend erschossen. Hier ist die Handlung (die Bitte) des Vaters kausal für den Tod des Sohnes im Sinne der Äquivalenztheorie. Dächte man diese hinweg, so wäre der Sohn nämlich nicht zur Bank gegangen und in der Folge auch dort nicht erschossen worden.*

Die Äquivalenztheorie bedarf aufgrund dieser Weite einer Einschränkung. Diese wird entweder erst im Bereich des subjektiven Tatbestands (Irrtum über den Kausalverlauf, § 16 I 1 StGB, vgl. unten Rn. 61) oder – von den Vertretern der Lehre von der objektiven Zurechnung – im Prüfungspunkt „objektive Zurechnung" i.R.d. objektiven Tatbestands getroffen (vgl. unten Rn. 50 ff.). 44

hemmer-Methode: Die Lehre von der objektiven Zurechnung ist also ein *zusätzliches* Korrektiv. Merken Sie sich deshalb schon hier: Wenn Sie dieser Lehre folgen und in einem Fall die objektive Zurechnung verneinen, sollten Sie auf saubere Begrifflichkeiten achten und *nicht* davon reden, das Handeln des Täters sei „nicht kausal".

d) Sonderfälle der Kausalität[16]

Sonderfälle der Kausalität

In verschiedenen Fällen scheint die Äquivalenztheorie zu versagen, da sie von einer Gleichwertigkeit aller Ursachen ausgeht. Hier sind teilweise gewisse Modifikationen angebracht. 45

aa) Alternative Kausalität oder Doppelkausalität

alternative Kausalität

Im Fall der *alternativen Kausalität* oder *Doppelkausalität* führen zwei Ursachen zum selben Erfolg. 46

Jede Ursache hätte dabei für sich allein den Erfolg zum selben Zeitpunkt herbeigeführt.

> ***Bsp.:*** *A und B schütten jeweils eine tödliche Menge Gift in den Wein des O. O stirbt nach Genuss des Weines innerhalb von zehn Sekunden. Gemäß Gutachten hätte jede Giftmenge für sich allein auch den Tod innerhalb von zehn Sekunden bewirkt.*
>
> Wird die Handlung des A hinweggedacht, bleibt der Erfolg bestehen. Die Handlung des A wäre somit nach der Äquivalenztheorie nicht kausal. Gleiches gilt aber, wenn die Handlung des B hinweggedacht wird. Somit wären beide Handlungen nicht kausal – ein Ergebnis, das augenscheinlich wenig überzeugend ist, wie nicht zuletzt der Tod des O zeigt. Erst bei Hinwegdenken beider Handlungen entfiele auch der konkrete Erfolg.
>
> Die Äquivalenztheorie ist daher mit der h.M. für Fälle der alternativen Kausalität dahingehend zu modifizieren, dass von mehreren Bedingungen, die zwar alternativ, aber nicht kumulativ hinweggedacht werden können, ohne dass der Erfolg in seiner konkreten Gestalt entfiele, jede für den Erfolg kausal ist.

16 Vgl. Hemmer/Wüst, Strafrecht AT I, Rn. 108 ff.

bb) Kumulative Kausalität

kumulative Kausalität

Im Fall der *kumulativen Kausalität* führen ebenfalls zwei Ursachen zum konkreten Erfolg. Hier wird der Erfolg jedoch nur durch das Zusammenwirken beider Ursachen herbeigeführt. Eine Ursache allein bewirkt den Erfolgseintritt nicht. Aufgrund der Gleichwertigkeit der Ursachen ist nach der Äquivalenztheorie *jede Ursache allein kausal* für den Erfolgseintritt, auch wenn der Erfolg durch eine Ursache allein nicht eintreten kann. 47

Bsp.: A und B schütten unabhängig voneinander jeweils eine nicht tödliche Menge Gift in den Wein des O. Dabei gehen beide davon aus, dass ihr jeweiliges Gift alleine bereits tödlich wirkt. Erst beide Dosen zusammen führen aber zum Tod des O. Hier kann weder die Handlung des A noch die des B hinweggedacht werden, ohne dass der Erfolg entfiele. Daher sind beide Handlungen nach der Äquivalenztheorie kausal.

Allerdings wird in solchen Fällen regelmäßig die objektive Zurechnung wegen völliger Atypik des Kausalverlaufs entfallen (vgl. dazu auch unten Rn. 53): Wenn dies nicht geplant ist, kann niemand damit rechnen, dass ein Dritter gerade die fehlende Menge Gift beisteuert. Es hat sich somit nicht die typische jeweils von A und B gesetzte Gefahr realisiert. Mangels objektiver Zurechnung kann weder A noch B wegen Vollendung bestraft werden. Da aber beide jedenfalls mit Tatentschluss handelten und aus ihrer Sicht unmittelbar zur Tatausführung ansetzten, sind A und B wegen Versuchs zu bestrafen (Fall der „Nebentäterschaft").[17]

hemmer-Methode: Wenn Sie in einer Klausur alternative und/oder kumulative Kausalität zu prüfen haben, sollten Sie gedanklich in zwei Schritten vorgehen und diese auch dem Korrektor „mitteilen": Zeigen Sie zunächst das Ergebnis nach der conditio-sine-qua-non-Formel und stellen Sie dann dar, wie die h.M. die dadurch entstehenden unbefriedigenden Ergebnisse jeweils korrigiert (alternative Kausalität: Modifikation der conditio-sine-qua-non-Formel; kumulative Kausalität: Verneinung der objektiven Zurechnung).

cc) Überholende Kausalität

überholende Kausalität

Die Ursächlichkeit der Handlung entfällt im Fall der *überholenden Kausalität* dadurch, dass eine andere Handlung den Erfolg schneller herbeiführt als die vom Täter gesetzte Ursache. 48

[17] Der Versuchsstrafbarkeit steht nicht entgegen, dass das Opfer zu Tode kam. Denn für diese ist allein Voraussetzung, dass mindestens ein Merkmal des objektiven Tatbestands des Vollendungsdelikts nicht verwirklicht ist. Dies ist nicht nur dann der Fall, wenn der Erfolg nicht eintritt. Vielmehr kann die Verwirklichung des objektiven Tatbestands z.B. auch – wie im Fall der kumulativen Kausalität – an der objektiven Zurechnung scheitern.

__Bsp.:__ T schüttet eine tödliche Menge Gift in den Tee des O, den dieser austrinkt. Bevor das Gift zu wirken beginnt, erschießt M den O. Hier ist das Handeln des M, nicht aber das des T kausal für den Tod des O.

Mangels Kausalität des Handelns des T scheidet eine Bestrafung wegen Vollendung aus. In Betracht kommt aber eine Strafbarkeit wegen Versuchs.

dd) Hypothetische Kausalität

hypothetische Kausalität

Im Fall der *hypothetischen Kausalität* wäre der Erfolg im selben Zeitpunkt auch durch eine andere Ursache eingetreten, die nicht von einem Dritten gesetzt wurde (sonst alternative Kausalität). 49

Hier entfällt zwar auch bei Hinwegdenken der Handlung des Täters der Erfolg nicht, es muss jedoch auf den konkreten Erfolg abgestellt werden. Hypothetische Reserveursachen müssen somit außer Betracht bleiben.

__Bsp.:__ T gibt dem O vergifteten Tee. O stirbt an dem Gift. O wäre aber aufgrund seiner unheilbaren Krankheit ohnehin im gleichen Augenblick verstorben. Der konkrete Erfolg ist hier der Tod durch das Gift. Daher ist die Handlung des T kausal für den Tod des O. Die Krankheit bleibt als hypothetische Reserveursache außer Betracht.

3. Lehre von der objektiven Zurechnung

objektive Zurechnung

Aufgrund der bereits angedeuteten Unzulänglichkeiten der Äquivalenztheorie vertritt das neuere Schrifttum[18] die *Lehre von der objektiven Zurechnung*, die als Ergänzung der Äquivalenztheorie dient. 50

Definition

Objektiv zurechenbar ist ein durch menschliches Verhalten verursachter Erfolg nur dann, wenn dieses Verhalten eine rechtlich missbilligte Gefahr des Erfolgseintritts geschaffen hat und gerade diese Gefahr sich im konkreten, tatbestandsmäßigen Erfolg verwirklicht hat.

hemmer-Methode: Ebenso wie in anderen Rechtsgebieten gilt auch im Strafrecht: Zurechnungsfragen sind Wertungsfragen!
Sie sollten deshalb nicht nur die folgenden Fallgruppen der fehlenden objektiven Zurechnung *kennen*, sondern sich dabei stets um eine *argumentative Begründung* im Einzelfall bemühen.

18 Vgl. die Nachweise in Hemmer/Wüst, Strafrecht AT I, Rn. 116 ff.

zwei Elemente

Diese Definition lässt sich auf zwei Elemente reduzieren: „Schaffen einer rechtlich missbilligten Gefahr“ (= *rechtlich relevantes Risiko*) sowie „Verwirklichung gerade dieser Gefahr im konkreten Erfolg“ (= *Risikozusammenhang*). Bei näherer Betrachtung dieser beiden Elemente ergeben sich verschiedene Fallgruppen, in welchen die objektive Zurechnung ausscheidet.

rechtl. relev. Risiko

Ein rechtlich relevantes Risiko fehlt:

Beherrschungsvermögen

- wenn der Schadenseintritt außerhalb des menschlichen Beherrschungsvermögens liegt. 51

  Bsp.: *T schickt seinen Erbonkel O bei einem Gewitter auf einen Spaziergang. Er hofft, dass O vom Blitz erschlagen wird, was auch geschieht.*

Risikoverringerung

- in den Fällen der sog. *Risikoverringerung*. Hier wird ein drohender schwererer Erfolg abgeschwächt oder zeitlich hinausgeschoben, ohne dass der Täter zur Erreichung dieses Ziels eine neue, andersartige Gefahr setzt. 52

  Bsp.: *Ehemann E will seiner Frau O mit der Axt auf den Kopf schlagen. Dem Freund T gelingt es, durch sein Dazwischentreten den Schlag so umzulenken, dass dieser statt des Kopfes nur die Schulter und den Arm der O trifft.*

  Wird dagegen der Angriff so abgewehrt, dass er ein *anderes* Rechtsgut trifft, ist hinsichtlich dieses tatsächlich getroffenen Rechtsgutes die objektive Zurechnung zu bejahen, es kommt aber eine Rechtfertigung (z.B. nach §§ 904 BGB, 34 StGB) in Betracht.

  Bsp.: *Im oben genannten Fall lenkt T den Beilhieb des E so ab, dass das Auto des X getroffen und beschädigt wird.*

Risikozusammenhang

Eine objektive Zurechnung entfällt auch dann, wenn der *Risikozusammenhang* nicht gegeben ist, d.h. wenn sich nicht die vom Täter rechtswidrig geschaffene Gefahr im eingetretenen Erfolg realisiert hat. Dies ist in folgenden Fällen gegeben:

atypischer Kausalverlauf

- Bei einem *völlig atypischen Kausalverlauf*, d.h. bei einer ganz ungewöhnlichen, atypischen Schadensfolge oder einem nicht vorhersehbaren, außerhalb der Lebenserfahrung liegenden Geschehensablauf. 53

Bsp.: *Der Hausarzt überweist seinen Patienten P zu einer Routineuntersuchung ins Krankenhaus. Während der Untersuchung wird er von einem offenbar geisteskranken Amokläufer getötet. Das Verhalten des Hausarztes ist in diesem Fall zwar kausal für den Tod des P, nicht aber objektiv zurechenbar.*

Schutzzweck der Norm

➲ Wenn sich im eingetretenen Erfolg nicht das verbotene, sondern ein anderes Risiko verwirklicht hat. Der Erfolg muss bei dieser Fallgruppe außerhalb des *Schutzzwecks der verletzten Norm* liegen. 54

Bsp.: *Der Apotheker T gibt dem Patienten O auf ein abgelaufenes Rezept erneut ein Medikament. O stirbt infolge dessen Einnahme. Der Arzt des O hätte das Rezept auf Nachfrage erneuert. Der Verstoß gegen die Pflicht, abgelaufene Rezepte nicht zu beachten, soll nicht den Patienten vor Tod oder Verletzung schützen. Der Tod ist dem T daher nicht zuzurechnen.*

Pflichtwidrigkeit

➲ Bei fehlendem Pflichtwidrigkeitszusammenhang, d.h. wenn der durch eine sorgfaltswidrige Handlung herbeigeführte Erfolg mit an Sicherheit grenzender Wahrscheinlichkeit auch dann eingetreten wäre, wenn sich der Täter pflichtgemäß verhalten hätte. 55

Bsp.: *Der Radfahrer R kommt zu Tode, als ihn der Lastzugfahrer L mit zu geringem Seitenabstand überholt. Da R erheblich angetrunken war, wäre er mit an Sicherheit grenzender Wahrscheinlichkeit auch dann unter den Anhänger geraten, wenn L den erforderlichen Sicherheitsabstand eingehalten hätte (vgl. unten Rn. 242 f.).*

Selbstgefährdung

➲ In den Fällen der *freiverantwortlichen Selbstgefährdung.*[19] Die Straftatbestände sollen den Rechtsinhaber vor Eingriffen Dritter bewahren, nicht aber den Rechtsinhaber vor sich selbst schützen. 56

Bsp.: *T überlässt dem Süchtigen O eine Heroinspritze, die sich dieser selbst injiziert. O stirbt.*

☑

hemmer-Methode: Unterscheiden Sie von der freiverantwortlichen Selbstgefährdung die („nur" rechtfertigend wirkende) „einverständliche Fremdgefährdung". Wichtiges Abgrenzungskriterium ist hierbei die sog. Tatherrschaft (vgl. dazu Rn. 145). Die objektive Zurechnung ist danach um so eher zu verneinen, je mehr das Opfer den Geschehensablauf selbst in den Händen hält. Wichtige Fälle sind diesbezüglich der eigene Drogenkonsum und der (wissentliche) Geschlechtsverkehr mit HIV-Infizierten.
Konsequenzen hat die obige Unterscheidung vor allem im Hinblick auf die Frage, ob *überhaupt* von einer wenigstens potentiell strafbaren Handlung auszugehen ist.

---

19 Instruktiv hierzu BGH, NStZ 2011, 341-343 = jurisbyhemmer = Life&Law 07/2010, 486 ff. m.w.N.

Größere Bedeutung hat die Lehre von der objektiven Zurechnung vor allem im Bereich der Fahrlässigkeitsdelikte (Rn. 245 ff.)

4. Tatbestandsausschließendes Einverständnis

Rechtsnatur des Einverständnisses

Das *tatbestandsausschließende Einverständnis* ist streng von der *rechtfertigenden Einwilligung* zu trennen, die erst auf Rechtfertigungsebene zu prüfen ist (vgl. Rn. 106 f.). **57**

Während die rechtfertigende Einwilligung grundsätzlich bei allen Straftatbeständen des BT denkbar ist, soweit das Rechtsgut disponibel ist, kommt das tatbestandsausschließende Einverständnis nur bei den Delikten in Betracht, deren deliktischer Charakter gerade darauf beruht, dass die Tathandlung gegen den Willen oder ohne die Zustimmung des Betroffenen vorgenommen wird. Das Einverständnis hat zumeist einen rein tatsächlichen Charakter. Daher wird die Wirksamkeit des Einverständnisses nicht dadurch berührt, dass es durch Täuschung erschlichen oder von einem Geschäftsunfähigen erteilt wird. Etwas anderes gilt aber, wenn das Einverständnis durch Drohung herbeigeführt wird.

Erscheinungsformen

Teilweise wird im Gesetzestext der erforderliche entgegenstehende Wille des Verletzten ausdrücklich genannt (z.B. § 248b I StGB: „... gegen den Willen des Berechtigten ..."). Bei anderen Delikten, die einen Angriff auf die Willensentschließung oder Willensbetätigung zum Inhalt haben (z.B. §§ 123, 242, 239, 240, 253, 255 StGB), ist die Möglichkeit des tatbestandsausschließenden Einverständnisses in der Tathandlung angelegt.

> **Bsp.:** *Der Trickdieb T erschleicht sich den Zugang zur Wohnung des O mit der Behauptung, er sammle für caritative Zwecke.*
>
> Da O aufgrund der Täuschung sein tatbestandsausschließendes Einverständnis erteilt hat, liegt kein „Eindringen" i.S.d. § 123 I Alt. 1 StGB vor.
>
> Etwas anderes gilt hingegen, wenn das Opfer nicht auf Grund der Täuschung tatsächlich „einverstanden" ist, sondern sich nur dem (vermeintlichen) unüberwindbaren Zwang beugt, so z.B. bei einer (vorgetäuschten) Beschlagnahme. Hält der Täter irrtümlich ein nicht vorhandenes Einverständnis für gegeben, fehlt es ihm am Tatbestandsvorsatz (§ 16 I S. 1 StGB).

II. Subjektiver Tatbestand[20]

1. Vorsatz

subjektiver Tatbestand

Im Rahmen des subjektiven Tatbestands ist vor eventuellen sonstigen subjektiven Unrechtsmerkmalen zunächst der Tatbestandsvorsatz zu prüfen. Zwar bestimmt § 15 StGB, dass nur vorsätzliches Handeln strafbar ist. Eine Legaldefinition des Vorsatzes fehlt dagegen im StGB. Literatur und Rspr. definieren den Vorsatz üblicherweise wie folgt: 58

Definition

„Vorsatz ist der Wille zur Verwirklichung eines Straftatbestands in Kenntnis aller seiner Tatumstände“[21] oder kürzer: Wissen und Wollen der Tatbestandsverwirklichung.

zwei Elemente

Diese Definition lässt *zwei Elemente* des Vorsatzes erkennen:

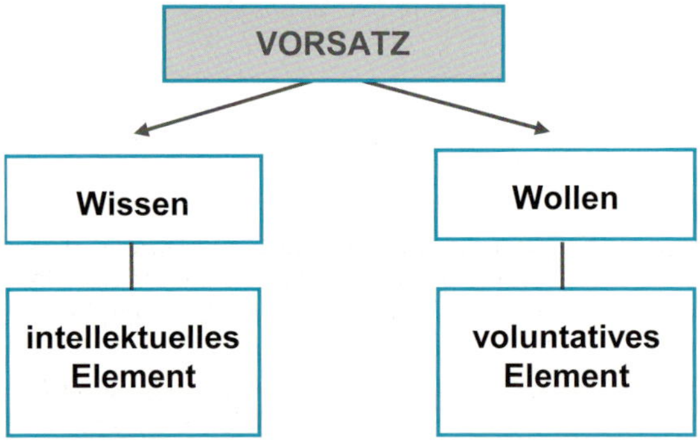

a) Wissen: intellektuelles/kognitives Element

Wissen = intellektuelles Element

Das intellektuelle Element erfordert die Kenntnis des Täters vom Vorliegen der tatsächlichen Voraussetzungen des gesetzlichen Tatbestands. 59

Abgrenzung § 16 und § 17 StGB

Aus § 16 I S. 1 StGB lässt sich entnehmen, dass sich der Vorsatz auf alle Umstände beziehen muss, die zum gesetzlichen Tatbestand gehören, da andernfalls gemäß dieser Vorschrift der Vorsatz ausgeschlossen ist. Dieser Tatbestandsirrtum i.S.d. § 16 I S. 1 StGB ist vom sog. Verbotsirrtum i.S.d. § 17 StGB zu unterscheiden, der erst auf der Schuldebene bedeutsam wird (vgl. Rn. 126). 60

---

20 Vgl. Hemmer/Wüst, Strafrecht AT I, Rn. 134 ff.

21 Vgl. BGHSt 19, 295-299 (298) = **juris**byhemmer. (Wenn dieses Logo hinter einer Fundstelle abgedruckt wird, finden Sie die Entscheidung online unter „juris by hemmer“: www.hemmer.de).

Während § 16 I S. 1 StGB die Fälle erfasst, in denen der Täter den Sachverhalt nicht richtig erfasst *(Bsp.: T nimmt in der Kneipe den Regenmantel des O, den er für seinen eigenen hält, an sich)*, betrifft § 17 StGB die Fälle, in denen der Täter zwar den Sachverhalt richtig erfasst, jedoch anschließend eine falsche rechtliche Wertung vornimmt.

> ***Bsp. für einen Verbotsirrtum:*** *T bekommt von seinem Vater V einen Fußball geschenkt, obwohl er genau weiß, dass dieser ihn gestohlen hat. Er glaubt aber, sich nicht wegen Hehlerei (§ 259 I StGB) strafbar zu machen, da dieser Tatbestand ein „Ankaufen" der gestohlenen Sache voraussetze.*

aa) Gegenstand des Vorsatzes

gesetzlicher TB

Der Vorsatz muss sich auf alle Merkmale des gesetzlichen, also des objektiven Tatbestands beziehen. Zum gesetzlichen Tatbestand gehören: 61

- deskriptive Merkmale

Alle *deskriptiven Tatbestandsmerkmale*:[22] Hier genügt die Kenntnis des natürlichen Sinngehalts.

> ***Bsp.:*** *„beschädigen" im Rahmen des § 303 I StGB.*

- normative Merkmale

Alle *normativen Tatbestandsmerkmale*:[23] Neben der Kenntnis des natürlichen Sinngehalts ist für die Bejahung des Vorsatzes zusätzlich eine sog. Parallelwertung in der Laiensphäre erforderlich.

> ***Bsp.:*** *Für die Verwirklichung des § 242 I StGB genügt es nicht, dass der Täter die Umstände kennt, aus denen sich die „Fremdheit" des Tatobjekts ergibt, er muss vielmehr den rechtsgutsbezogenen Unrechtsgehalt des Tatbestandsmerkmals „fremd" nach Laienart richtig erfassen. Dies bedeutet nicht, dass er eine am BGB orientierte juristisch exakte Analyse vornehmen muss, sondern dass ihm klar ist, dass „die Sache ihm nicht (alleine) gehört".*

- Kausalität

Die *Kausalität* stellt bei Erfolgsdelikten ein ungeschriebenes Tatbestandsmerkmal dar. Der Täter muss den Kausalzusammenhang in seinen wesentlichen Zügen richtig erkennen. Vorsatzgegenstand ist somit auch der grobe Kausalverlauf. Bei Abweichungen zwischen dem vorgestellten und dem wirklichen Kausalverlauf ist für die Vorsatzfrage entscheidend, ob die Abweichung sich im Rahmen des nach allgemeiner Lebenserfahrung Voraussehbaren hält.

---

[22] Vgl. Hemmer/Wüst, Strafrecht AT I, Rn. 92 ff.

[23] Vgl. Hemmer/Wüst, Strafrecht AT I, Rn. 92 ff.

Bspe.:

1. A will B erschießen, verfehlt ihn jedoch. B wird aber von einem - infolge des Schusses wild gewordenen - Pferd überrannt.

2. C will D in den Fluss stürzen, um ihn zu ertränken. D stürzt jedoch so unglücklich auf den Brückenpfeiler, dass er bereits durch den Aufprall verstirbt.

Im Beispiel 1 liegt ein völlig atypischer, ungewöhnlicher Kausalverlauf vor, wohingegen die Abweichung des wirklichen Kausalverlaufs (Tod durch Aufprall auf den Brückenpfeiler) vom vorgestellten Kausalverlauf (Tod durch Ertrinken) im Beispiel 2 sich im Rahmen des nach allgemeiner Lebenserfahrung Voraussehbaren hält.

Auch bei Tatumständen, welche zum Vorliegen eines *Regelbeispiels* führen, wirkt eine Fehlvorstellung in tatsächlicher Hinsicht vorsatzausschließend. Insoweit ist wegen der Tatbestandsähnlichkeit der Regelbeispiele § 16 I S. 1 StGB analog anzuwenden.

Nicht zum gesetzlichen Tatbestand zählen und deshalb nicht vom Vorsatz umfasst sein müssen:

- bei erfolgsqualifizierten Delikten nach § 18 StGB die schwere Folge,
- die objektiven Strafbarkeitsbedingungen,
- die Voraussetzungen der Schuld,
- die Prozessvoraussetzungen.

bb) Wichtige Irrtumsfälle

Spezialfälle des Irrtums über den Kausalverlauf sind der *error in persona vel objecto* und die *aberratio ictus*.

error in persona

Beim Irrtum über das Handlungsobjekt (*error in persona vel objecto*) bezieht sich der Irrtum auf die Identität des Tatobjekts. Das Handeln des Täters trifft also das Opfer, auf das er abgezielt und seinen Vorsatz konkretisiert hat, der Täter hält das anvisierte Opfer aber für jemand anderen. Dieser Irrtum ist bei Gleichwertigkeit beider Objekte grundsätzlich als unbeachtlicher Motivirrtum anzusehen, der den Tatbestandsvorsatz unberührt lässt.[24] 62

[24] Vgl. auch Hemmer/Wüst, Strafrecht AT II, Rn. 324 f.

Bsp.: T zielt auf den ahnungslosen Spaziergänger O und erschießt ihn, weil er ihn für seinen Todfeind F hält. Dieser Irrtum ist unbeachtlich, weil § 212 I StGB nicht die Tötung des O oder des F unter Strafe stellt, sondern die eines Menschen. T hat aber genau den Menschen getötet, auf den er gezielt hat, sodass ein Irrtum über den Kausalverlauf nicht vorliegt.

aberratio ictus

Bei der *aberratio ictus* dagegen tritt der Verletzungserfolg an einem anderen Objekt als demjenigen ein, welches zum Zeitpunkt der Ausführungshandlung das Ziel der Tat bildet. In dieser Konstellation nimmt die h.M. Versuch hinsichtlich der beabsichtigten Tat am Zielobjekt und ggf. eine Fahrlässigkeitstat hinsichtlich der ungewollten Verletzung des Zweitobjekts an. 63

Bsp.: A will den B erschießen. Die Kugel verfehlt jedoch den B, sodass C von der abprallenden Kugel tödlich getroffen wird.

Theoretisch ist auch eine Kombination von error in persona und aberratio ictus denkbar, die auch dazu führen kann, dass der Täter genau das Opfer trifft, das er sich vorgestellt hat, gleichwohl aber nicht wegen eines vollendeten Vorsatzdelikts zu bestrafen ist. 64

Bsp.: A schießt auf eine um die Ecke kommende Gestalt, die er für B hält, in Wahrheit aber ist es C (error in persona). Er verfehlt die Gestalt jedoch und trifft einen Passanten auf der anderen Straßenseite tödlich (aberratio ictus). Dieser Passant stellt sich als B heraus.

Nach h.M. ist auch in dieser Konstellation wegen fahrlässiger Tötung hinsichtlich des B (§ 222 StGB) sowie wegen versuchten Totschlags an C (§§ 212 I, 22, 23 I StGB) zu bestrafen. Denn bezüglich der Person, welche tödlich getroffen wurde (B), hatte A konkret keinen Tötungsvorsatz gefasst. Die bloße Personenverwechslung ist insoweit unbeachtlich.

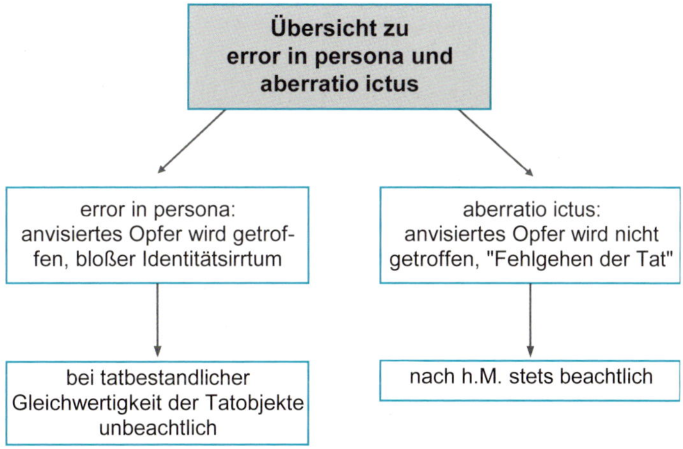

hemmer-Methode: Lesen Sie zur Abgrenzung von error in persona und aberratio ictus auch die Autobombenentscheidung.[25] Dabei brachten die Täter eine Handgranate unter einem Pkw an, von dem sie ausgingen, dass er dem Opfer gehörte. Tatsächlich gehörte er dessen Nachbarn. Der BGH hat hier ebenfalls einen error in persona angenommen, obwohl die Täter ihr Opfer nicht unmittelbar optisch wahrgenommen hatten. Der Tötungsvorsatz der Täter habe sich gerade auf diejenige Person bezogen, welche in den Wagen einsteige und damit den „Programmvorgaben" entspricht. Mit dieser Argumentation ist angesichts eines unbeachtlichen error in persona wegen Vollendung zu bestrafen.

b) Wollen – voluntatives Element

Wollen = voluntatives Element

Neben der Wissensbeziehung muss der Täter auch in einer Wollensbeziehung zu seiner Tat stehen. Diese besteht darin, dass der Täter die von ihm erkannte Möglichkeit einer Tatbestandsverwirklichung (intellektuelles Element) *in seinen Willen aufnimmt und sich für sie entscheidet* (*voluntatives Element*). 65

Je nach der Intensität der Willensbeziehung des Täters zur Tatbestandsverwirklichung können zwei Vorsatzarten unterschieden werden, wobei eine Vorsatzart in zwei Erscheinungsformen auftritt.

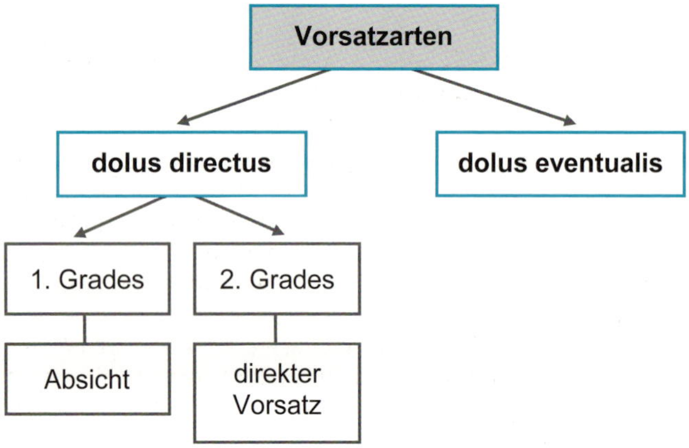

25 BGH, NStZ 1998, 294-295 = jurisbyhemmer; vgl. auch Hemmer/Wüst, Die 34 wichtigsten Fälle zum Strafrecht AT, Fall 3.

aa) Dolus directus 1. Grades – Absicht

Absicht

Dolus directus[26] 1. Grades ist die gesteigerte Form des direkten Vorsatzes. Eine solche *Absicht* ist dann gegeben, wenn es dem *Täter gerade darauf ankommt, den Eintritt des tatbestandlichen Erfolges herbeizuführen* oder den Umstand zu verwirklichen, für den das Gesetz absichtliches Handeln voraussetzt.[27] Hinsichtlich der intellektuellen Seite genügt beim dolus directus 1. Grades, dass der Täter den Erfolg als möglich voraussieht. Ein sicheres Wissen ist möglich, aber nicht erforderlich. *66*

> **Bsp.:** *A will seinen Nebenbuhler N töten. Er mischt daher Gift in N´s Medikamente. Allerdings weiß er nicht, ob N diese Medikamente noch zu sich nimmt.*

hemmer-Methode: Ein Anhaltspunkt dafür, dass ausnahmsweise dolus directus ersten Grades verlangt sein könnte, sind die Worte „um zu" oder „in der Absicht" im Gesetzestext. Aber Vorsicht! In einigen Fällen lässt die h.M. dann gleichwohl auch dolus directus zweiten Grades genügen (z.B. bei der „Nachteilszufügungsabsicht" im Rahmen des § 274 I StGB). Der Begriff „Absicht" kann daher auch mit dolus directus gleichgesetzt werden, von dem es die besagten zwei Spielarten gibt. Letztlich ist es eine Frage der Auslegung der jeweiligen Vorschrift des Besonderen Teils, ob nach der kriminalpolitischen Zielsetzung gerade dolus directus 1. Grades vorausgesetzt wird.

bb) Dolus directus 2. Grades – direkter Vorsatz / Wissentlichkeit

direkter Vorsatz

Direkter Vorsatz oder dolus directus 2. Grades (z.T. auch „Wissentlichkeit" genannt) ist dann gegeben, wenn der Täter weiß oder als sicher voraussieht, dass sein Handeln zur Verwirklichung des gesetzlichen Tatbestands führt. Anders als bei dolus directus 1. Grades ist also hier gerade das Wissenselement dominierend. *67*

> **Bsp.:** *T zündet seine Scheune an, um in den Genuss der Versicherungssumme zu gelangen. T weiß, dass der Landstreicher O häufig in der Scheune übernachtet. Auch an diesem Abend hat er O in die Scheune gehen sehen. O verbrennt.*

[26] Lat. = direkter Vorsatz.

[27] Vgl. BGHSt 16, 1-7; BGHSt 18, 246-257; BGHSt 21, 277-283 (283): **alle Entscheidungen = juris**byhemmer.

cc) Dolus eventualis – Eventualvorsatz / bedingter Vorsatz

dolus eventualis

Die schwächste Vorsatzform ist der *dolus eventualis.*[28] Wichtig ist 68
insbesondere seine Abgrenzung von der bewussten Fahrlässigkeit. Kernpunkt dieses Problems ist der Streit um die Definition des dolus eventualis. Umstritten ist dabei, ob zusätzlich zum intellektuellen Element ein voluntatives Element erforderlich ist und wenn ja, welche Anforderungen daran zu stellen sind.

intellektuelle Theorien

Die intellektuellen Theorien haben den Verzicht auf das voluntative Element gemeinsam. Die bekanntesten Unterarten der intellektuellen Theorien sind die Möglichkeits- und die Wahrscheinlichkeitstheorie.[29] Danach soll bedingter Vorsatz bereits vorliegen, wenn der Täter den Eintritt des tatbestandlichen Erfolgs für möglich bzw. für wahrscheinlich hält.

voluntative Theorien

Die *voluntativen Theorien* halten dagegen am *Erfordernis eines Willenselements* auch für den dolus eventualis fest. Bekannteste Variante dieser voluntativen Theorien ist die von der *h.M.* in der Rechtsprechung und Literatur vertretene *Einwilligungs- oder Billigungstheorie*. Danach ist für das Vorliegen des dolus eventualis erforderlich, dass der *Täter den für möglich gehaltenen Erfolgseintritt billigend in Kauf nimmt*. Der Täter muss zum einen erkennen, dass der Erfolgseintritt möglich und nicht ganz fernliegend ist. Zum anderen muss er den Erfolgseintritt billigen. Ausreichend ist nach dem BGH insofern ein sog. „Billigen im Rechtssinne". Dem Täter kann dabei der Erfolgseintritt unerwünscht sein. Er findet sich jedoch mit dem Erfolgseintritt ab, um sein angestrebtes Ziel zu erreichen.

hemmer-Methode: Einige Punkte wird es häufig zu holen geben, wenn auf Grund der Angaben im Sachverhalt begründet werden soll, ob der Täter den Erfolg in diesem Sinne „billigt". Dafür sprechen z.B. geäußerte Gleichgültigkeit hinsichtlich des Erfolgseintritts („na wenn schon", „sein Pech", o.Ä.), ein hohes Maß an Sicherheit, das dem Täter bekannt ist (Schluss vom Wissen aufs Wollen) und die Nichtvornahme möglicher und zumutbarer Erfolgsabwehrmaßnahmen.

Bei der bewussten Fahrlässigkeit dagegen erkennt der Täter zwar ebenfalls die Möglichkeit eines Erfolgseintritts, vertraut aber darauf, dass es nicht zur drohenden Rechtsgutsverletzung kommt. Erforderlich ist dabei ein ernsthaftes Vertrauen des Täters auf das Ausbleiben des tatbestandlichen Erfolgs. Eine bloß vage Vermutung genügt nicht, wenn der Täter gerade auch den Erfolgseintritt billigt.

---

[28] Lat. = bedingter Vorsatz.

[29] Vgl. Hemmer/Wüst, Strafrecht AT I, Rn. 162 f.

hemmer-Methode: Plakativ kann man also sagen:

- **Der Täter beim bedingten Vorsatz denkt „na wenn schon".**
- **Der Täter bei der bewussten Fahrlässigkeit denkt „es wird schon gut gehen".**

c) Maßgeblicher Zeitpunkt

maßgeblicher Zeitpunkt

Der Vorsatz muss *im Zeitpunkt der Begehung der Tat* vorliegen 69
(sog. *Simultanitätsprinzip*). Nicht ausreichend ist daher ein früheres Bewusstsein (dolus antecedens), ebenso wenig die nach der Tat erlangte Kenntnis der Tatumstände, der *sog. dolus subsequens.*[30]

> ***Bsp.:*** *Jagdpächter A meint in einem Gebüsch ein Wildschwein zu erspähen und schießt. Als er dieses bergen will entdeckt A, dass er den verhassten Reviernachbarn R erschossen hat, und billigt diesen unerwarteten Geschehensablauf..*
>
> Eine Bestrafung wegen Totschlags (§ 212 I StGB) scheitert daran, dass A nicht mit Tötungsvorsatz handelte. Die nachträgliche Billigung des Erfolges genügt nicht, da der Täter gerade zum Zeitpunkt der Tatbegehung vorsätzlich handeln muss (vgl. § 16 I S. 1 StGB: „...bei Begehung der Tat..."). Der Vorsatz muss also bei Vornahme der Tathandlung vorliegen, § 8 S. 1 Alt. 1 StGB. In Betracht kommt somit nur eine Strafbarkeit gemäß § 222 StGB.

2. Besondere subjektive Tatbestandsmerkmale

bes. subjektive TBM

Neben dem Vorsatz verlangen einige Straftatbestände weitere 70
besondere subjektive Tatbestandsmerkmale.

Diese sind Bestandteile des subjektiven Unrechtstatbestands und stehen als Merkmale eigenständigen Charakters selbständig neben dem Tatbestandsvorsatz.

Sie finden jedoch im objektiven Tatbestand, anders als der Vorsatz, der sich gerade auf dessen Merkmale beziehen muss, keinerlei Entsprechung. Delikte, die neben dem Vorsatz noch besondere subjektive Tatbestandsmerkmale erfordern, werden daher auch als *Delikte mit überschießender Innentendenz*[31] bezeichnet.

---

[30] Lat. = nachfolgender Vorsatz.

[31] Mit „Innentendenz" ist der „innere Teil" des Unrechtstatbestands gemeint, also der subjektive Tatbestand. Diese Innentendenz kann „überschießen". Gemeint ist damit, dass im subjektiven Tatbestand z.T. mehr geprüft wird als Vorsatz bezüglich der objektiven Tatbestandsmerkmale. Bei diesem überschießenden Teil handelt es sich um die in einzelnen Vorschriften vorausgesetzte besondere Absicht.

Absichten und Motive

Paradebeispiele für derartige subjektive Tatbestandsmerkmale 71
sind die von einigen Straftatbeständen geforderten *besonderen Absichten*. Sie stehen selbständig neben dem Tatbestandsvorsatz und werden nach diesem geprüft (z.B. §§ 242 I, 249 I StGB: Absicht rechtswidriger Zueignung).

> **Bsp.:** *Beim Diebstahl, § 242 I StGB, muss also der Täter den Vorsatz hinsichtlich der Merkmale des objektiven Tatbestands (der Wegnahme einer fremden beweglichen Sache) und zusätzlich die Absicht der rechtswidrigen Zueignung haben.*[32]

hemmer-Methode: Besonders bei weniger häufig auftauchenden Tatbeständen können Sie sich positiv von einer Vielzahl anderer Bearbeiter absetzen, wenn Sie erkennen und im Aufbau deutlich machen, dass ein bestimmtes Merkmal nicht zum objektiven Tatbestand gehört, sondern ein besonderes subjektives Merkmal ist.

Ebenfalls zu den besonderen subjektiven Tatbestandsmerkmalen werden die subjektiven Motivationen gezählt.

> **Bsp.:** *§ 211 II 1. und 3. Gruppe StGB: niedrige Beweggründe, Mordlust, Befriedigung des Geschlechtstriebs, Habgier; Verdeckungs- und Ermöglichungsabsicht.*

III. Objektive Bedingungen der Strafbarkeit

objektive Bedingungen der Strafbarkeit

Eine Besonderheit stellen sog. objektive Strafbarkeitsbedingun- 72
gen dar. Diese sind objektive Tatumstände, die gerade nicht zum objektiven Tatbestand gehören und damit nicht vom Vorsatz umfasst sein müssen. Deswegen sind Irrtümer in diesem Bereich unbeachtlich. Die Tat kann aber nur bestraft werden, wenn die objektive Strafbarkeitsbedingung erfüllt ist. Daher sind diese objektiven Strafbarkeitsbedingungen mit der h.M. im Tatbestand als eigener Prüfungspunkt nach dem subjektiven Tatbestand (s. auch Schema am Anfang) zu prüfen.

> *Beispiele sind in § 186 StGB die Nichterweislichkeit der ehrenrührigen Tatsache, in § 231 I StGB die Verursachung der schweren Körperverletzung bzw. des Todes, die Rechtmäßigkeit der Diensthandlung im Sinne des § 113 III S. 1 StGB (str.) und in § 323a I StGB die Rauschtat.*

hemmer-Methode: Objektive Bedingungen der Strafbarkeit treten nur in einigen Strafnormen auf, von denen wiederum nur wenige Klausurrelevanz haben (insbesondere die genannten §§ 231, 323a, 113 III S. 1 und 186 StGB). Bei anderen Tatbeständen ist dieser Punkt daher auch in der Prüfung mit keinem Wort zu erwähnen.

---

[32] Zum daraus folgenden Prüfungsschema beim Diebstahl vgl. auch unten, Rn. 306, 324.

Merken Sie sich diese Ausnahmen, in allen anderen Fällen können Sie regelmäßig davon ausgehen, dass gemäß § 15 StGB hinsichtlich der objektiven Unrechtsbeschreibung auch Vorsatz des Täters vorliegen muss.

B. Rechtswidrigkeit[33]

I. Rechtswidrigkeitsprüfung in der Klausur

dreistufiger Verbrechensaufbau

Nach dem herrschenden dreistufigen Verbrechensaufbau ist nach der Tatbestandsmäßigkeit die Rechtswidrigkeit zu prüfen. Dabei umschreibt der Tatbestand typisches Unrecht in einer abstrakten Weise, so dass grds. seine Erfüllung die Rechtswidrigkeit des Handelns indiziert, wenn sich nicht ausnahmsweise ein sog. Rechtfertigungsgrund findet.[34] 73

> ***Bsp.:*** *§ 212 I StGB bringt zum Ausdruck, dass es typischerweise nicht rechtens ist, einen anderen Menschen zu töten. Wenn man sich aber ausnahmsweise in einer Notwehrlage, vgl. § 32 StGB, befindet, kann die Rechtsordnung u.U. auch die Tötung eines anderen Menschen billigen, sodass bei Vorliegen des Rechtfertigungsgrundes „Notwehr" die Tötung des anderen gerechtfertigt ist.*

Ausnahme: offene Tatbestände

Eine Ausnahme gilt bei den sog. *offenen Tatbeständen*, die ihrer Formulierung nach typischerweise auch eine Vielzahl erlaubter Verhaltensweisen erfassen und denen deshalb der Gesetzgeber eine Definition der Rechtswidrigkeit beigefügt hat. Anders als sonst muss in diesen Fällen positiv die Rechtswidrigkeit des Handelns durch eine allgemeine Bewertung ermittelt werden. 74

Das Handeln ist dann rechtswidrig, wenn das eingesetzte Mittel, der erstrebte Zweck oder die Zweck-Mittel-Relation als verwerflich anzusehen ist. In einer Gesamtwürdigung ist die Sozialwidrigkeit des Handelns zu ermitteln.

> ***Bsp.:*** *§§ 240 II, 253 II StGB.*

hemmer-Methode: Oft kann die Prüfung der Rechtswidrigkeit bei den offenen Tatbeständen ebenfalls sehr knapp erfolgen, sie sollte aber zumindest angesprochen werden.

---

33 Vgl. ausführlich Hemmer/Wüst, Strafrecht AT I, Rn. 182 ff.

34 Anders in der Einordnung die sog. Lehre von den negativen Tatbestandsmerkmalen, vgl. Hemmer/Wüst, Strafrecht AT I, Rn. 36.

Beachten Sie dabei zweierlei:
1. Bei der räuberischen Erpressung nach §§ 253, 255 StGB ergibt sich die Rechtswidrigkeit schon durch die Auswahl der Nötigungsmittel. Einer Verwerflichkeitsprüfung bedarf es hier also nicht.
2. Bevor man in die Verwerflichkeitsprüfung der §§ 240 II, 253 II StGB einsteigt, sind vorweg eventuelle Rechtfertigungsgründe zu prüfen. Ist ein Handeln danach gerechtfertigt, kann es nämlich schon nicht mehr verwerflich sein. Man kann dann z.B. formulieren: *„Fraglich ist, ob T rechtswidrig gehandelt hat, vgl. § 240 I, II StGB. Dies ist jedenfalls nicht der Fall, wenn ein Rechtfertigungsgrund eingreift."*
Ist dann z.B. nach § 32 StGB mit seinen relativ klaren Voraussetzungen die Rechtswidrigkeit zu verneinen, muss auf die schwer zu handhabende und etwas schwammige Abwägungsklausel der §§ 240 II, 253 II StGB nicht mehr eingegangen werden.

Rechtswidrigkeitsprüfung

Gerade Anfängern bereiten der nötige Umfang und die Formulie- 75
rung der Rechtswidrigkeitsprüfung bei „normalen“, d.h. nicht offenen Tatbeständen, Probleme.

Vermeiden sollte man *im Gutachten* die (zur Erklärung des Verhältnisses von Tatbestand und Rechtswidrigkeit durchaus taugliche) Floskel, dass „die Tatbestandsmäßigkeit die Rechtswidrigkeit indiziert“. Denkbar erscheinen folgende knappe Formulierungen:

- wenn ein Rechtfertigungsgrund gegeben ist oder zumindest in Frage kommt und damit geprüft werden muss:

  „Der T könnte aber gerechtfertigt sein, wenn ein Rechtfertigungsgrund eingreift.“

  „Der T könnte aber durch Notwehr nach § 32 StGB gerechtfertigt sein.“

- wenn augenscheinlich kein Rechtfertigungsgrund in Betracht kommt:

  „Rechtfertigungsgründe sind nicht ersichtlich, der T handelte somit auch rechtswidrig.“

- bzw. wenn man schon beim zweiten oder darauf folgenden Tatbeständen ist, einfach die lapidare Feststellung:

  „T handelte rechtswidrig (und schuldhaft[35]).“

[35] Vgl. zur entsprechenden Frage des Prüfungsumfangs bei der Schuld unten, Rn. 108.

hemmer-Methode: Man kann auch hier kein Rezept geben, das alle glücklich macht. So wird teilweise vorgebracht, man könne sich diesen (zugegebenermaßen nicht sehr aussagekräftigen) kurzen Satz ganz sparen und in unproblematischen Fällen auf die Erwähnung von Rechtswidrigkeit und Schuld völlig verzichten.
Allerdings erscheint dieses Vorgehen nicht allgemein empfehlenswert, weil es ein penibler Prüfer als nachlässig und unvollständig empfinden könnte. Umgekehrt kann aber ein der Kürze und Einfachheit zuneigender Prüfer einen kurzen Satz wie den oben ausgeführten kaum negativ bewerten.
Kommt man allerdings in einer Klausur in Zeitnot und hat noch einige Tatbestände zu prüfen, ist es besser, bei den letzten Tatbeständen jedenfalls unproblematische Rechtswidrigkeits- und Schuldprüfungen wegzulassen, als jedes Mal einen Satz zu schreiben und dafür einen Tatbestand nicht mehr prüfen zu können.

II. Überblick über die Rechtfertigungsgründe

Überblick über die Rechtfertigungsgründe

1. Die Rechtfertigungsgründe stellen Erlaubnissätze dar, nach denen ein typischerweise rechtswidriges Verhalten im Einzelfall ausnahmsweise erlaubt sein kann. Für die Rechtfertigungsgründe gilt der Gedanke der sog. *Einheit der Rechtsordnung*, so dass z.B. eine Handlung, die zivilrechtlich erlaubt ist, strafrechtlich grundsätzlich nicht verboten sein kann. Daher können sich strafrechtlich relevante Rechtfertigungsgründe außer aus dem StGB auch aus anderen Rechtsgebieten ergeben. Die wichtigsten Rechtfertigungsgründe sind folgende:[36] 76

Überblick über wichtige Rechtfertigungsgründe:

A. Aus dem StGB

- **I.** § 32 StGB, Notwehr
- **II.** § 34 StGB, rechtfertigender Notstand
- **III.** § 193 StGB, Wahrnehmung berechtigter Interessen

B. Aus dem BGB

- **I.** § 227 BGB, Notwehr
- **II.** § 228 BGB, defensiver Notstand
- **III.** § 229 BGB, Selbsthilferecht
- **IV.** § 859 BGB, Besitzwehr und Besitzkehr
- **V.** § 904 BGB, aggressiver Notstand

[36] Vgl. auch die Übersicht in Hemmer/Wüst, Strafrecht AT I, Rn. 193 mit weiteren Rechtfertigungsgründen aus ZPO, GVG, OWiG und StVollzG. Die in diesem Kapitel des Basics-Skripts behandelten, für die Klausur wichtigsten Rechtfertigungsgründe sind kursiv gedruckt. Zu den übrigen hier genannten, aber nicht näher behandelten Rechtfertigungsgründen vgl. auch Hemmer/Wüst, Strafrecht AT I, Rn. 343 ff.

C. Aus der StPO

I. § 81a StPO, Recht zur körperlichen Untersuchung

II. § 127 StPO, Festnahmerecht

D. Aus dem GG

Art. 20 IV GG, politisches Widerstandsrecht

E. Aus Gewohnheitsrecht

I. Einwilligung und mutmaßliche Einwilligung

II. rechtfertigende Pflichtenkollision

III. Züchtigungsrecht der Eltern und bestimmter Erzieher (str.)

objektives und subjektives Rechtfertigungselement

2. Allen Rechtfertigungsgründen ist nach h.M. gemeinsam, dass zu ihrem Eingreifen bei Vorsatzdelikten nicht nur ein objektives, sondern auch ein subjektives Rechtfertigungselement erforderlich ist.[37] 77

Objektive Elemente sind dabei die im Rechtfertigungstatbestand erwähnte Konflikt- oder Eingriffssituation sowie das Handeln im vorgegebenen Rahmen.

Bsp.: *Bei der Notwehr, § 32 StGB, sind dies der gegenwärtige, rechtswidrige Angriff („Notwehrlage") und die zu seiner Abwehr erforderliche und gebotene Handlung („Notwehrhandlung").*

Beim Notstand, § 34 StGB, sind es die gegenwärtige Gefahr für die dort aufgezählten Rechtsgüter („Notstandslage") und die erforderliche und angemessene Rettungshandlung („Notstandshandlung").

Subjektive Elemente sind zum einen die Kenntnis vom Vorliegen einer Rechtfertigungslage, also der tatsächlichen Voraussetzungen eines Rechtfertigungsgrundes, und zum anderen der Wille, zumindest auch zu handeln, um den Angriff bzw. die Gefahr abzuwehren.

hemmer-Methode: Nach der Gegenansicht ist ein solches subjektives Rechtfertigungselement nicht erforderlich, da eine Handlung nicht rechtswidrig sein könne, wenn sie rein objektiv geboten ist. In der Klausur müssen Sie sich mit dieser abweichenden Meinung nicht auseinandersetzen, da sie nur noch ganz vereinzelt vertreten wird. Hier handelt es sich um einen der (wenigen!) Fälle, in denen der Verweis auf die „h.M." genügt. Für diese spricht im Übrigen, dass auch der unrechtsbegründende Tatbestand objektive und subjektive Elemente enthält.

[37] Vgl. Hemmer/Wüst, Strafrecht AT I, Rn. 186 ff.

Streitig ist allerdings, wie der Fall zu beurteilen ist, in dem der Täter objektiv gerechtfertigt ist, das subjektive Rechtfertigungselement aber fehlt. 78

hemmer-Methode: Typischerweise fehlt in dieser Konstellation die Kenntnis von der Rechtfertigungslage als intellektuelles Element. Am Rechtfertigungswillen, der nicht alleiniges Motiv sein muss, vgl. oben, wird es dagegen bei Kenntnis der Rechtfertigungslage kaum einmal scheitern.

> ***Bsp.:*** *T sieht von hinten seinen Feind F an der Straßenecke stehen und nutzt diese Gelegenheit, um dem F einen faustgroßen Stein an den Kopf zu werfen, sodass dieser bewusstlos zu Boden sinkt. Wie T freilich nicht weiß, will F just in diesem Augenblick mit einem Messer, das er – von hinten für T nicht erkennbar – in der Hand hält, den Passanten P, der gerade um die Straßenecke biegt, niederstechen, um ihn auszurauben.*

nach e.A. volle, nach h.M. nur Versuchsstrafbarkeit

Eine (völlige) Rechtfertigung kommt wegen des Fehlens des subjektiven Rechtfertigungselements nicht in Betracht. Deshalb kommt eine Ansicht in dieser Fallkonstellation zu einer Bestrafung wegen Vollendung. 79

Die h.M. dagegen kommt nur zu einer Bestrafung analog den Versuchsregeln gem. §§ 22 ff. StGB. Danach ist eine Strafmilderung gemäß § 23 II StGB möglich.

Begründet wird dies damit, dass der eingetretene Unrechtsgehalt nicht anders zu bewerten sei wie beim Versuch. Bei diesem sei mangels voller Verwirklichung des objektiven Tatbestands kein Erfolgsunrecht gegeben, angesichts des unmittelbaren Ansetzens zum gefassten Tatentschluss jedoch Handlungsunrecht verwirklicht. Soweit eine Rechtfertigung des Verhaltens allein am Fehlen eines subjektiven Rechtfertigungsgrundes scheitert, sei ebenfalls nur Handlungsunrecht verwirklicht. Zwar sei der tatbestandliche Erfolg – anders als bei einem bloßen Versuch – zunächst eingetreten. Jedoch werde das Erfolgsunrecht durch das objektive Vorliegen einer Rechtfertigungssituation kompensiert.

Dieser Vergleich der h.M. bezüglich des Unrechtsgehalts überzeugt. In Betracht kommt damit nur eine Bestrafung analog den Versuchsregeln.

> Im Beispiel oben hätte T den objektiven und subjektiven Tatbestand der §§ 223 I, 224 I Nr. 2 Alt. 2, Nr. 5 StGB (gefährliches Werkzeug, u.U. lebensgefährdende Behandlung) erfüllt. Für eine Strafbarkeit nach §§ 212 I, 211, 22, 23 I StGB fehlen nähere Hinweise. Zwar besteht an sich eine Nothilfelage, d.h. der T hätte zur Rettung des P den F mit dem Stein außer Gefecht setzen dürfen (vgl. dazu sogleich Rn. 80 ff.), allerdings fehlt es ihm am subjektiven Rechtfertigungselement, da er keine Kenntnis von der Nothilfelage hat. Die h.M. bestraft hier lediglich analog den Versuchsregeln gemäß §§ 223 I, 224, 22, 23 I StGB.

hemmer-Methode: Für eine Behandlung nach Versuchsvorschriften spricht ferner, dass auch bei der Tatbestandsmäßigkeit ein Irrtum des Täters über tatsächliche Umstände (z.B. die fälschliche Annahme, der dem Opfer eingeflößte Fruchtsaft sei ein tödliches Gift) zur Strafbarkeit wegen (untauglichen) Versuchs führt.

Erfolgsunwert und Handlungsunwert

	Erfolgsunwert	Handlungsunwert
vollendetes Delikt	+	+
Versuch	–	+
fehlendes subjektives Rechtfertigungselement	– (da durch objektive Rechtfertigungslage kompensiert)	+

III. Wichtige Rechtfertigungsgründe im Einzelnen

1. Notwehr, § 32 StGB

Notwehr

Die Notwehr ist der bekannteste und auch für die Klausur wichtigste Rechtfertigungsgrund. Zu ihrer Prüfung empfiehlt sich folgendes Schema: 80

Prüfungsschema Notwehr/Nothilfe, § 32 StGB:

I. Notwehrlage
   1. Angriff
   2. Notwehrfähiges Rechtsgut
   3. Gegenwärtigkeit des Angriffs
   4. Rechtswidrigkeit des Angriffs

II. Notwehrhandlung
   1. Zur Abwehr geeignet und gegen Rechtsgüter des Angreifers gerichtet
   2. Erforderlichkeit
   3. Gebotenheit

III. Subjektives Rechtfertigungselement: Kenntnis der Notwehrlage und Verteidigungswille

Im Einzelnen ist dabei folgendes zu beachten:

a) Notwehrlage

Notwehrlage

Die Notwehr setzt nach § 32 II StGB einen gegenwärtigen rechtswidrigen Angriff auf sich oder einen anderen voraus. Sie kann also auch zugunsten beliebiger Dritter ausgeübt werden und wird dann als Nothilfe bezeichnet. 81

unmittelbare Bedrohung

aa) Ein *Angriff* ist dabei jede unmittelbare Bedrohung notwehrfähiger Rechtsgüter. Nach ganz h.M. muss diese durch menschliches Verhalten erfolgen. 82

Bsp.: *Somit ist gegen einen beißenden Hund keine Notwehr (aber Handeln im rechtfertigenden Notstand nach § 228 BGB, vgl. unten Rn. 96 ff.) möglich. Etwas anderes gilt, wenn der Hund gleichsam als „Waffe“ auf den Menschen gehetzt wird, weil dann das menschliche Verhalten im Vordergrund steht.*

hemmer-Methode: Liegt tatsächlich kein Angriff vor, nimmt der Täter aber einen solchen an, so ist er jedenfalls nicht gerechtfertigt.
Es liegt aber u.U. ein sog. „Erlaubnistatbestandsirrtum“ vor, der nach e.A. den Vorsatz, nach einer anderen, wohl vorzugswürdigen Ansicht die (Vorsatz-)Schuld entfallen lässt (vgl. Rn. 133 ff.).

Abwehr von sich oder einem anderen

bb) Dass der Angriff *von sich oder einem anderen* abgewehrt werden muss, bedeutet nicht, dass er sich gegen Leib und Leben richten muss. Vielmehr ist grds. *jedes Individualrechtsgut* des Angegriffenen notwehrfähig. 83

Bsp.: *Neben Leib und Leben sind also auch Freiheit, Eigentum, Ehre, das Hausrecht, das Vermögen, die Nachtruhe etc. durch das Notwehrrecht geschützt.*

gegenwärtig

cc) *Gegenwärtig* ist ein Angriff, wenn er unmittelbar bevorsteht, gerade stattfindet oder noch fortdauert. Nicht gegenwärtig sind damit Angriffe, die erst zukünftig bevorstehen oder schon abgeschlossen sind. 84

Bspe.:

➲ *T erkennt auf der Straße in O den Mann wieder, der vor zwei Wochen bei ihm eingebrochen ist, ihn gefesselt und ausgeraubt hat. Wenn T jetzt O niederschlägt, ist dies nicht durch Notwehr gerechtfertigt. Zwar ist das Eigentum von T ein notwehrfähiges Rechtsgut; doch ist der Angriff des O nicht mehr gegenwärtig.*

Hinweis: Allerdings könnte T, nach § 229 BGB gerechtfertigt, O dessen Notebook als Sicherheit für die ihm zustehenden Schadensersatzansprüche wegnehmen.

➲ *T wird regelmäßig von seiner Frau O verprügelt, wenn diese abends betrunken von den Sitzungen des Hausfrauenvereins nach Hause kommt. Sperrt er sie nun bereits am Mittag des Tages, an dem die nächste Sitzung stattfindet, im Badezimmer ein, scheidet Notwehr mangels gegenwärtigen Angriffs aus.*

Kommt sie aber abends mit dem Baseballschläger in der Hand nach Hause, ist die Gegenwärtigkeit des Angriffs schon zu bejahen, wenn sie sich im Hausflur befindet (unmittelbares Bevorstehen). Unter Umständen ist aber hier ein Notwehrrecht des T trotzdem ausgeschlossen oder zumindest eingeschränkt, vgl. unten, Rn. 92.

rechtswidrig (⇨ kein Rechtfertigungsgrund beim Angreifer)

dd) Schließlich muss der Angriff auch *rechtswidrig* sein. Dies ist insbesondere dann nicht der Fall, wenn dem Angreifer selbst ein Notwehrrecht oder ein anderer Rechtfertigungsgrund zur Seite steht. 85

☑

hemmer-Methode: Hier kann es in der Klausur erforderlich werden, eine „Schachtelprüfung“ vorzunehmen, also i.R.d. Rechtswidrigkeit des Handelns eines Beteiligten inzident die des Handelns eines anderen zu prüfen. Wenn möglich, sollte dies aber vermieden werden, woran Sie bei der Festlegung ihrer Prüfungsreihenfolge u.U. denken müssen. Unvermeidbar kann eine solche Schachtelprüfung aber z.B. dann sein, wenn überhaupt nur nach der Strafbarkeit eines der Beteiligten gefragt ist.

b) Notwehrhandlung

aa) Die Handlung muss – was fast nie problematisch ist – zur Abwehr des Angriffs *geeignet* sein. Dies ist der Fall, wenn sie – ex ante betrachtet – diesen sofort und endgültig beenden kann. 86

Notwehrhandlung: gegen Angreifer gerichtet

Außerdem muss sich die Handlung – was i.d.R. ebenfalls kein Problem darstellt, aber immer wieder übersehen wird – *gegen den Angreifer bzw. dessen Rechtsgüter richten.* 87

Bsp.: *A läuft dem T mit einem Messer nach, um ihn zu erstechen. T kann sich nur retten, indem er die Garage des O aufbricht, um sich in dieser zu verstecken. Hier kann sich T dem O gegenüber bei der Sachbeschädigung (§ 303 I StGB) nicht auf § 32 StGB berufen, da nicht O ihn angegriffen hat, sondern A.*

Hinweis: Allerdings kommt eine Rechtfertigung nach § 904 S. 1 BGB in Betracht.

Etwas anderes gilt nach wohl h.M. nur, wenn sich der Angreifer des Rechtsguts eines Dritten bedient, und der Angegriffene dieses zur Abwehr zerstört.

Bsp.: *A greift sich in der Gastwirtschaft des O einen Stuhl, um diesen dem Jurastudenten T auf den Kopf zu schlagen. T weiß sich nicht anders zu helfen, als mit seinem „Schönfelder“ nach A zu werfen. Dabei nimmt er billigend in Kauf, dass der vom „Schönfelder“ getroffene Stuhl zerbricht.*

Hier hat nicht O, dessen Stuhl zerstört wird, den T angegriffen. Allerdings ist T trotzdem nach § 32 StGB gerechtfertigt, weil sich der Angreifer A der Sache des O zum Angriff bedient hat. (Vorstellbar wäre bei a.A. auch eine Rechtfertigung analog § 228 BGB, vgl. dazu unten Rn. 104).

Erforderlichkeit: relativ mildestes Mittel

bb) *Erforderlich* ist die Notwehrhandlung, wenn sie das relativ mildeste Mittel darstellt, um den Angriff *sofort und ohne Risiko* abzuwehren. Der Angegriffene muss also weder eine „schimpfliche Flucht“ noch eine nicht effiziente Abwehr des Angriffs in Kauf nehmen. Er darf sich vielmehr optimal verteidigen und dabei auch von der Schutz- zur Trutzwehr, also zum „Gegenangriff“ übergehen. Erst wenn das mildere Mittel genauso effizient ist, ist das schärfere nicht mehr „erforderlich“. 88

hemmer-Methode: Liegt zwar eine Notwehrlage vor, überschreitet der Täter aber die Grenzen der Erforderlichkeit aus Verwirrung, Furcht oder Schrecken, so scheidet zwar eine Rechtfertigung wegen Notwehr aus, jedoch ist i.R.d. Schuld an einen (intensiven) Notwehrexzess gemäß § 33 StGB zu denken (vgl. unten, Rn. 120).

Gebotenheit: grds. keine Güterabwägung erforderlich

cc) Außerdem muss nach § 32 I StGB die Tat „durch Notwehr *geboten*“ sein. Dabei ist wichtig (und in der Klausur erforderlichenfalls auch klarzustellen!), dass bei der Notwehr keine allgemeine Güterabwägung getroffen werden muss, sondern vielmehr *grds. eine erforderliche Handlung auch geboten* ist. Dies ergibt sich daraus, dass die Notwehr nicht nur dem Individualrechtsschutz dient, sondern auch die Rechtsordnung als solche gegen den rechtswidrigen Angriff verteidigt (sog. „Rechtsbewahrungsprinzip“, „Das Recht braucht dem Unrecht nicht zu weichen“). 89

Bsp.: *Insbesondere ist auch bei einer erheblichen Körperverletzung oder sogar der Tötung des Angreifers zum Schutz von Sacheigentum eine Rechtfertigung nicht von vornherein ausgeschlossen.*

aber ausnahmsweise Einschränkungen des Notwehrrechts

Allerdings werden von der h.M. einige Fallgruppen anerkannt, in denen auch eine erforderliche Notwehrhandlung nicht geboten ist.[38] Diese lassen sich meist damit erklären, dass eine geringere Bedrohung der Individualrechte oder der Rechtsordnung insgesamt (oder beider) besteht. Rechtsfolge ist dann aber nicht unbedingt ein Ausschluss des Notwehrrechts an sich, sondern vielmehr (nur) eine Beschränkung auf reine Schutzwehr bzw. auf eine nur abgestufte Trutzwehr. Zu diesen Fallgruppen gehören: 90

[38] Vgl. dazu auch Hemmer/Wüst, Strafrecht AT I, Rn. 225 ff.

Angriffe schuldlos Handelnder

91 *Angriffe schuldlos Handelnder* (z.B. Kinder, Geisteskranke, Betrunkene), die die Rechtsordnung weniger stark in Frage stellen. Allerdings kann man auch hier nicht vom Opfer verlangen, dass es sich selbst ernsthaften Gefahren aussetzt.

> **Bsp.:** *So muss etwa der Onkel, auf den sein 7-jähriger – ob des „mickrigen" Geburtstagsgeschenkes enttäuschter – Neffe mit den Fäusten einschlägt, diesem ausweichen oder ihm die Hände festhalten, statt ihn seinerseits mit einem Faustschlag niederzustrecken.*

enge persönliche Beziehungen

92 *Angriffe in engen persönlichen, insbesondere familiären Beziehungen*, da hier den Angegriffenen zugleich eine grundsätzliche Schutzpflicht bzgl. den Interessen des Angreifers trifft. Allerdings sollte man hier auch nicht zu streng sein.

Unfugabwehr

93 Die sog. *Unfugabwehr*, bei der nur bagatellartige Beeinträchtigungen des Angegriffenen drohen.

völlige Unverhältnismäßigkeit

94 *Abwehrhandlungen, die völlig außer Verhältnis zum Angriff stehen*, sodass auch ohne grundsätzliche Güterabwägung das Missverhältnis geradezu unerträglich erscheint.

> **Bsp.:** *Schuss des gelähmten Bauern auf die Kinder in seinem Kirschbaum; tödlich wirkender elektrischer Zaun um einen Obstbaum; Erschießen eines Diebes, der mit einer Schachtel Zigaretten zu flüchten droht; Überfahren eines Fußgängers, der für ein später kommendes Fahrzeug eine Parklücke „reservieren" will.*

Notwehrprovokation; Unterschied zwischen Absichtsprovokation u. sonstiger pflichtwidriger Provokation

95 Die Fälle der sog. *Notwehrprovokation*, innerhalb derer zwischen Absichtsprovokation und sonstiger schuldhafter Provokation zu unterscheiden ist. Bei der *Absichtsprovokation*, bei der der Täter das Opfer zu einem Angriff provoziert, um dieses unter dem Deckmantel der Notwehr verletzen zu können, ist das Notwehrrecht nach h.M. (mit Unterschieden in der Begründung[39]) ausgeschlossen. Wird die Notwehrlage dagegen *sonst fahrlässig* herbeigeführt, so ist das Notwehrrecht nicht gänzlich ausgeschlossen.

Es wird nur dahingehend eingeschränkt, dass der Angegriffene zuerst versuchen muss, dem Angriff auszuweichen. Nur wenn dies nicht möglich ist, darf er zur Schutzwehr und erforderlichenfalls sogar zur Trutzwehr übergehen.

Insbesondere die sonstige schuldhafte Provokation kann in der Klausur schwierig zu erkennen sein. Probleme kann insofern auch die Abgrenzung zu einem vielleicht „ungeschickten", aber das Notwehrrecht nicht beeinflussenden Vorverhalten bereiten. Unstreitig ist, dass die sonstige vorwerfbare Provokation *keine Straftat sein muss.*

---

[39] Vgl. Hemmer/Wüst, Strafrecht AT I, Rn. 230 ff.

Andere Verhaltensformen sind aber in ihrer Beurteilung sehr ungewiss, so dass es keine zwingend „richtige" oder „falsche" Lösung gibt. Dann ist in erster Linie Argumentationsvermögen gefragt.

> **Bsp.:** *So hat der BGH etwa ein vorwerfbares Vorverhalten in einem Fall bejaht, in dem ein Fahrgast in der 1. Klasse einen alkoholisierten Mitfahrer ohne gültiges Ticket dadurch aus dem Abteil „ekeln" wollte, dass er das Fenster gegen den Willen des „Blinden Passagiers" öffnete.[40] Als er dann von dem frierenden Betrunkenen körperlich ernstlich angegriffen wurde, stand ihm nach Ansicht des BGH nur ein eingeschränktes Notwehrrecht zu. Hier könnte man sicher auch anders entscheiden, bzw. sich unschwer nur unwesentlich anders gelagerte Fälle vorstellen, in denen eine fahrlässige Notwehrprovokation abzulehnen wäre.*

2. Rechtfertigender Notstand, § 34 StGB, §§ 228, 904 BGB

rechtfertigender Notstand

Häufig geht die Gefahr für ein Rechtsgut nicht von einem (menschlichen, vgl. oben, Rn. 82) Angriff aus, sondern droht auf andere Weise, so dass Notwehr ausscheidet. Dann kommt u.U. eine Rechtfertigung nach den Vorschriften über den rechtfertigenden Notstand (§ 34 StGB) in Betracht. Dieser trifft die Grundentscheidung, dass bei einer Kollision mehrerer Rechtsgüter das Überwiegende den Vorrang haben soll, so dass zu dessen Rettung das Nachrangige beeinträchtigt werden darf. *96*

> **Bsp.:** *Wird ein Arzt zu einem lebensgefährlich verletzten Patienten gerufen, muss er sich nicht so eng an die Geschwindigkeitsregeln im Straßenverkehr halten, da das Leben eines Menschen vor der allgemeinen Sicherheit im Straßenverkehr Vorrang hat.*
>
> *Überschreitet jemand dagegen die Geschwindigkeitsbeschränkungen, um die Grünpflanzen in seinem Zimmer zu gießen, bevor sie verwelken, ist er nicht gerechtfertigt, da nur sein (noch dazu leicht ersetzbares und materiell im Zweifel nicht zu wertvolles) Sacheigentum auf dem Spiel steht.*

[40] BGH, NJW 1996, 2315-2316 (2315) = jurisbyhemmer.

Für den allgemeinen rechtfertigenden Notstand nach § 34 StGB kann man folgendes Prüfungsschema heranziehen:

Prüfungsschema zum Notstand

<u>Prüfungsschema zum rechtfertigenden Notstand, § 34 StGB:</u>

I. Notstandslage
   1. Gefahr für ein notstandsfähiges Rechtsgut
   2. Gegenwärtigkeit der Gefahr

II. Notstandshandlung
   1. Erforderlichkeit („nicht anders abwendbar")
   2. Interessenabwägung (wesentliches Überwiegen)
   3. Angemessenheit

III. Subjektives Rechtfertigungselement

a) Notstandslage[41]

Notstandslage

Auch die Notstandslage kann für den Täter oder einen anderen bestehen, es gibt also auch eine „Notstandshilfe".

Gefahr (= Beeinträchtigung des Rechtsguts ist wahrscheinlich)

aa) Es muss eine *Gefahr für ein notstandsfähiges Rechtsgut* be- 97
stehen, wobei diese Rechtsgüter in § 34 StGB mit „Leben, Leib, Freiheit, Ehre, Eigentum" nicht abschließend aufgezählt sind, sondern ausdrücklich auch andere Rechtsgüter zugelassen werden. Dabei ist jedes rechtlich anerkannte Interesse notstandsfähig, auch wenn seine Beeinträchtigung keinen Straftatbestand erfüllt.

Eine Gefahr für das Rechtsgut liegt vor, wenn aufgrund tatsächlicher Umstände im Zeitpunkt der Notstandshandlung der Eintritt eines Schadens oder die Beeinträchtigung des Rechtsguts aus der ex-ante-Sicht eines objektiven Betrachters wahrscheinlich ist.

gegenwärtig (hier u.U. auch Dauergefahr ausreichend)

bb) Die Gefahr ist *gegenwärtig*, wenn die Rechtsgutsbedrohung 98
bei natürlicher Weiterentwicklung in allernächster Zeit in einen Schaden umschlagen kann. Dies ist bei einer (als „Gefahr" grds. ausreichenden) sog. Dauergefahr nur dann der Fall, wenn ein unverzügliches Handeln erforderlich ist.

> **Bsp.:** *Ein baufälliges Haus stellt eine Dauergefahr dar, da es jederzeit zu einer Rechtsgutsverletzung führen kann. Diese Gefahr ist aber nicht gegenwärtig, da das Haus möglicherweise auch noch lange steht. Entsteht akute Einsturzgefahr, wird die Dauergefahr zu einer gegenwärtigen Gefahr.*

---

41 Vgl. m.w.N. Hemmer/Wüst, Strafrecht AT I, Rn. 255 ff.

hemmer-Methode: Beachten Sie, dass der Begriff der Gegenwärtigkeit im Rahmen des § 34 StGB weiter gefasst ist als in § 32 StGB. Der Grund dafür ist, dass im Gegensatz zur Notwehr bei § 34 StGB eine Güterabwägung stattfindet.

b) Notstandshandlung[42]

Notstandshandlung

Nach § 34 StGB muss die Notstandshandlung, also die Handlung, durch die zum Schutz eines der oben genannten Rechtsgüter in ein anderes eingegriffen wird, folgende Voraussetzungen erfüllen:

nicht anders abwendbar ⇨ erforderlich

➲ Die *Gefahr darf nicht anders abwendbar sein*, was gleichbedeutend mit dem (von der Notwehr bekannten) Kriterium der *Erforderlichkeit* der Abwehrhandlung ist (vgl. Rn. 88). Im Gegensatz zur Notwehr kann hier von dem Täter aber auch ein Ausweichen als milderes Mittel erwartet werden. 99

Überwiegen des geschützten Interesses

➲ Das *geschützte Interesse muss das beeinträchtigte wesentlich überwiegen*, d.h. es muss eine Abwägung stattfinden, bei der sich ein deutlicher Vorrang des geschützten Rechtsguts ergeben muss. Nach überwiegender Ansicht bedeutet „wesentliches Überwiegen" dabei keine quantitativ große, sondern nur eine eindeutige, vernünftigen Zweifeln entrückte Wertdifferenz. Bei der Abwägung sind verschiedene Kriterien zu beachten, wie z.B. das materielle Wertverhältnis zwischen Eingriffs- und Erhaltungsgut, die Ersetzbarkeit eines Guts, der Grad der in concreto jeweils drohenden Gefahr, die Verantwortlichkeit des Rechtsgutsinhabers für die Gefahr etc. Es handelt sich also nicht um eine reine *Güterabwägung*, sondern um eine umfassende *Interessenabwägung*. 100

hemmer-Methode: In Strafrechtsklausuren werden grds. v.a. Kenntnisse und Belastbarkeit und nur selten komplexere Güterabwägungen geprüft. Bei den Notstandsvorschriften sind aber Ihr Argumentationsvermögen und Ihre Fähigkeit, einen Sachverhalt auszuschöpfen, gefragt. Ähnliche Probleme finden Sie sonst v.a. im Öffentlichen Recht.
Lesen Sie deshalb zur Technik der Güterabwägung in unserem Skript Staatsrecht I, Rn. 135.[43]

keine Abwägung Leben gegen Leben

Von besonderer Bedeutung kann hier in der Klausur werden, dass das menschliche Leben als höchstes Gut in der Abwägung allen anderen Gütern vorgeht und dass zwischen einzelnen Menschenleben eine Abwägung nicht stattfindet. Es können keine Unterschiede zwischen alten und jungen oder kranken und gesunden, nicht einmal zwischen wenigen und vielen Menschen gemacht werden.

[42] Vgl. m.w.N. Hemmer/Wüst, Strafrecht AT I, Rn. 263 ff.

[43] Lesenswert aus speziell strafrechtlicher Sicht ist zu den Güterabwägungen auch Roxin, Strafrecht AT I, § 16 Rn. 22 ff., 76 ff.

Angemessenheit

Die Notstandshandlung muss nach § 34 S. 2 StGB „angemessen“ sein. Dieses zusätzliche Korrektiv hat aber keine große Bedeutung, wenn man die Interessenabwägung (vgl. oben) – wie hier dargestellt – umfassend vornimmt und nicht auf einen reinen Wertigkeitsvergleich zwischen den in Frage stehenden Gütern beschränkt. **101**

Grenzen der Eingriffsbefugnisse aus § 34 StGB finden sich – auch bei wesentlichem Überwiegen des geretteten Rechtsgutes – allerdings dort, wo dem vom Eingriff Betroffenen „Solidaritätspflichten“ abgenötigt werden, die ihn nicht treffen und ihn in seiner Menschenwürde verletzen. **101a**

Bsp.: *O besucht im Krankenhaus einen Freund, als er nach seiner Blutgruppe befragt wird. Auf seine Antwort hin wird er gebeten, sofort eine Blutspende für einen in Lebensgefahr Schwebenden zu geben. Als O sich weigert, hält Dr. T den O fest und entnimmt ihm gewaltsam 250 ml Blut.*

Bei der Frage nach §§ 223 I, 224 I Nr. 2 Alt. 2 StGB ist an eine Rechtfertigung nach § 34 StGB zu denken, da das Leben des in Lebensgefahr Schwebenden höherwertig ist als die Willensfreiheit und körperliche Unversehrtheit des O. Allerdings würde es O in seiner Menschenwürde verletzen, gewaltsam zur „menschlichen Blutbank“ degradiert zu werden, weshalb die Notstandshandlung nicht als angemessen zu beurteilen ist.

Problem: Nötigungsnotstand

Ein Sonderproblem, das ebenfalls bei der Angemessenheit eingeordnet werden kann, bildet der sog. *Nötigungsnotstand*, der nach h.M. zu keiner Rechtfertigung, sondern nur zu einer Entschuldigung führt. **102**

Bsp.: *Dem Pizzabäcker Carlo Calzone (C), dessen Sohn Bambino (B) entführt wurde, wird von den Entführern angedroht, den Jungen zur gleichnamigen Pizza zu verarbeiten, wenn C nicht einen Einbruch in das Landhaus des Eisdielenbesitzers Geraldo Gelati begeht und die Beute bei den Entführern abliefert. Da C keinen anderen Ausweg sieht, tut er, wie ihm geheißen.*

Streng begrifflich könnte man hier an eine Rechtfertigung nach § 34 StGB denken, da die Gefahr für B's Leben nicht anders abwendbar ist und dieses das Eigentumsrecht des G sicher überwiegt. Gleichwohl nimmt die h.M. hier keine Rechtfertigung an, da der Täter sich „bewusst auf die Seite des Unrechts geschlagen“ habe und deshalb von einem rechtmäßigen Handeln nicht ausgegangen werden könne. Außerdem würde man auf diese Weise dem G, der mit der Sache nichts zu tun hat, die Möglichkeit nehmen, seinerseits gegen den Einbrecher Notwehr auszuüben. Es würde insofern an einem rechtswidrigen Angriff des C fehlen. Nach h.M. wäre C hier also nicht gerechtfertigt (allerdings wäre er nach § 35 StGB entschuldigt).

c) Besondere Notstände

Besondere Notstände

Als spezielle Ausprägung des allgemeinen rechtfertigenden Notstands können v.a. die §§ 228, 904 BGB von Bedeutung sein. Soweit sie in Betracht kommen, sind sie in der Klausur vor § 34 StGB zu prüfen. Sie stellen aber nach h.M. keine leges speciales in dem Sinne dar, dass auch bei ihrer Unanwendbarkeit der Rückgriff auf § 34 StGB verschlossen bliebe. 103

Freilich wird man aber i.d.R. auch über § 34 StGB zu keinem anderen Ergebnis kommen, wenn eine Rechtfertigung nach §§ 228, 904 BGB ausscheidet, da die ihnen zugrunde liegenden Wertungen auch dort zu berücksichtigen sind. Von § 34 StGB unterscheiden sie sich folgendermaßen:

§ 228 BGB: Defensivnotstand

aa) *§ 228 BGB* betrifft den speziellen Fall, dass zur Abwendung einer Gefahr auf die Sache eingewirkt wird, von der die Gefahr ausgeht. Da diese gefahrbringende Sache weniger schutzwürdig ist, genügt statt einer gegenwärtigen schon eine drohende Gefahr. Die Rechtfertigung ist außerdem nur dann ausgeschlossen, wenn der Schaden an der beeinträchtigten Sache unverhältnismäßig größer ist als der der geretteten Sache drohende. 104

> *Bsp.: Der Hund H fällt die Katze K des T an. Weil H die K sonst in Stücke reißen würde, schlägt T seinerseits den H tot. Da hier die Gefahr von H ausgeht, scheidet eine Rechtfertigung des T erst aus, wenn H viel wertvoller ist, weil es sich z.B. um einen teuren Zuchthund handelt. Ein Überwiegen der geretteten Sache wie bei § 34 StGB ist dagegen nicht erforderlich.*

hemmer-Methode: Bei den zivilrechtlichen Notständen, insbesondere bei § 228 BGB, gehören gerne Tiere zu den „Protagonisten". Denken Sie dabei in der Klausur daran, dass § 90a BGB im Strafrecht nach wohl h.M. nicht gilt. Der strafrechtliche Sachbegriff ist dem zivilrechtlichen („körperlicher Gegenstand") zwar ähnlich, aber gleichwohl von diesem unabhängig. Tiere sind somit Sachen i.S.d. §§ 242, 303 StGB, ohne dass man die Verweisung über § 90a S. 3 BGB benötigt!
Wenn man insoweit der – auch vertretenen – Gegenansicht folgt und § 90a BGB anwendet, sollte in der Klausur darauf hingewiesen werden, dass die Anwendung der Verweisnorm in § 90a S. 3 BGB keine Probleme hinsichtlich des Analogieverbotes (Art. 103 II GG) bereitet. Eine solche „gesetzlich angeordnete Analogie" berührt gerade nicht den Grundsatz „nulla poena sine lege scripta", da sich die Anwendung der Norm unmittelbar aus dem geschriebenen Gesetzestext ergibt.

§ 904 BGB: Aggressivnotstand

bb) *§ 904 BGB* dagegen regelt den umgekehrten Fall, dass auf eine Sache Zugriff genommen wird, von der die Gefahr gerade nicht ausgeht. 105

***Bsp.:** Im Bsp. oben, Rn. 104, bedient sich T zum Erschlagen des Hundes eines Holzbrettes, das er aus dem Gartenzaun des O herausreißt.*

Deshalb ist – ähnlich wie bei § 34 StGB – erforderlich, dass das Erhaltungsgut das Eingriffsgut wesentlich überwiegt.

hemmer-Methode: Machen Sie sich noch einmal den grundlegenden Unterschied zwischen § 228 BGB und § 904 BGB klar: Bei § 228 BGB geht die Gefahr von der beeinträchtigten Sache aus, deshalb darf grds. in sie eingegriffen werden, es sei denn, sie ist unverhältnismäßig wertvoller. Bei § 904 BGB ist das Regel-Ausnahme-Verhältnis gerade umgekehrt, da die Gefahr nicht von der Sache ausgeht, in die eingegriffen wird.

3. Festnahmerecht nach § 127 I StPO

Ein weiterer Rechtfertigungsgrund außerhalb des StGB ist § 127 I StPO. *105a*

a) Auf frischer Tat betroffen oder verfolgt

Betroffen ist derjenige, der bei Begehung der Tat oder unmittelbar danach am Tatort gestellt wird.

Verfolgt ist der Täter dann, wenn er sich zwar schon vom Tatort entfernt hat, die Nacheile aber sofort im unmittelbaren Anschluss an die Tat erfolgt.

Problem: Begriff der „Tat“

Umstritten ist, ob das Festnahmerecht eine tatsächlich begangene Straftat voraussetzt oder ob hierfür ein dringender Tatverdacht ausreicht, wenn ein solcher nach den erkennbaren äußeren Umständen anzunehmen ist.

Eine Ansicht argumentiert mit § 127 II StPO. Die Ermittlungsorgane sind demnach auch dann zur Festnahme befugt, wenn die Voraussetzungen eines Haftbefehls vorliegen. Da bei diesem gemäß § 112 I S. 1 StPO ein dringender Tatverdacht genüge, müsse bei § 127 I StPO eine tatsächlich begangene Straftat vorliegen (vgl. § 127 II StPO: „auch dann“). Zudem müsse sich der zu Unrecht Verdächtigte gerechtfertigt zur Wehr setzen können.

Die Gegenansicht hält dem entgegen, dass das Festnahmerecht nicht dem Eigeninteresse des Privaten diene, sondern dem öffentlichen Interesse an einer wirksamen Strafverfolgung. Erfüllt der Private somit bei der Festnahme eine öffentliche Aufgabe, wäre es unbillig, ihm das Risiko eines Irrtums aufzuerlegen.

Der zu Unrecht Verdächtigte könne sich dann – mangels eines rechtswidrigen Angriffs – nicht auf ein Notwehrrecht berufen. Da er davon aber regelmäßig ausgehen wird, scheide über die Annahme eines Erlaubnistatbestandsirrtums eine Strafbarkeit wegen eines Vorsatzdelikts aus.

hemmer-Methode: Beide Ansichten sind gut vertretbar. Entscheiden Sie sich klausurtaktisch im konkreten Einzelfall! Für die Ansicht, welche einen Tatverdacht genügen lässt, kann – als streitentscheidendes Argument – noch angeführt werden, dass i.R.d. StPO bis zur Rechtskraft des Urteils zugunsten des Beschuldigten die Unschuldsvermutung gilt. Dann kann nach dem Willen des Gesetzgebers nicht für eine Festnahme eine tatsächlich begangene Straftat Voraussetzung sein.

b) Fluchtverdacht oder Identität des Täters nicht feststellbar

Eine Flucht ist jedes Verhalten, mit dem der Täter sich der Strafverfolgung entziehen will. Für Fluchtverdacht genügt, dass nach der konkreten Lage unter Berücksichtigung allgemeiner Erfahrungen die Annahme gerechtfertigt erscheint, der Betroffene werde sich, wenn er nicht alsbald festgenommen wird, möglicherweise der Verantwortung durch Flucht entziehen.

Die Identität des Betroffenen ist dann nicht sofort feststellbar, wenn sie nicht augenblicklich an Ort und Stelle so festgestellt werden kann, dass der weiteren zügigen Strafverfolgung insoweit nichts im Wege steht.

Bei der Durchführung der Festnahme darf Zwang angewendet werden. Das Festnahmerecht wird allgemein durch den Verhältnismäßigkeitsgrundsatz beschränkt.

hemmer-Methode: Die Rechtfertigung umfasst auch die Wegnahme von Gegenständen, die dem Täter die Flucht ermöglichen (z.B. Autoschlüssel). § 127 I StPO kann allenfalls leichte Körperverletzungen, nicht aber lebensgefährliche Maßnahmen rechtfertigen, denn der staatliche Strafanspruch muss grundsätzlich hinter der Gesundheit des Täters zurücktreten. Widersetzt sich der Festzunehmende mit Gewalt, kann sich eine Rechtfertigung aber aus § 32 StGB ergeben.[44]

4. Einwilligung und mutmaßliche Einwilligung[45]

Seltener als Notwehr und Notstände, aber auch nicht ohne Klausurbedeutung, sind Einwilligung und mutmaßliche Einwilligung.

44 Vgl. BGH, NJW 2000, 1348-1350 (1349) = jurisbyhemmer.

45 Vgl. ausführlich und m.w.N. Hemmer/Wüst, Strafrecht AT I, Rn. 306 ff.

a) Einwilligung

Einwilligung („volenti non fit iniuria"); im Gegensatz zum Einverständnis nur rechtfertigend

Die rechtfertigende Wirkung der Einwilligung beruht auf dem Gedanken, dass derjenige keines (straf-)rechtlichen Schutzes bedarf, der in die Beeinträchtigung seiner Rechtsgüter einwilligt. Im Unterschied zum oben (vgl. Rn. 57) bereits dargestellten *tatbestandsausschließenden Einverständnis* kommt die *rechtfertigende Einwilligung* also bei der Vielzahl der Delikte in Betracht, bei denen die Rechtsgutsverletzung zwar regelmäßig, nicht aber begrifflich notwendig gegen den Willen des Berechtigten erfolgt. 106

hemmer-Methode: Denken Sie dabei aber auch an die Grenzen der Verzichtbarkeit bei den besonders wertvollen Rechtsgütern Leib und Leben, §§ 216, 228 StGB: Während das Rechtsgut Leben grundsätzlich nicht disponibel ist, muss beim Rechtsgut Leib die Grenze der Sittenwidrigkeit bei der Einwilligung beachtet werden.

nach außen erkennbar und vor oder während Rechtsgutsbeeinträchtigung geäußert

Damit die Einwilligung wirksam ist und rechtfertigend wirken kann,[46] muss sie nach außen erkennbar vor oder während der zu rechtfertigenden Handlung erfolgen. Zudem muss das Rechtsgut zur Disposition des Einwilligenden stehen (vgl. dazu beispielhaft die Problematik bei § 315c StGB unter Rn. 422) und dieser darüber hinaus auch einwilligungsfähig sein. Willensmängel sollen nach wohl h.M. der Wirksamkeit nur entgegenstehen, wenn sie rechtsgutsbezogen sind, da die jeweiligen Strafvorschriften v.a. die Unversehrtheit des Rechtsgutes, nicht aber die Disposition darüber schützen.

> **Bsp.:** *Verheimlicht der aufklärende Arzt dem Patienten Gesundheitsrisiken eines Eingriffs, ist dessen Einwilligung wegen einer rechtsgutsbezogenen Täuschung unwirksam. Hat er aber einer der Patientinnen nur wahrheitswidrig erklärt, dass auch die Schauspielerin Katherina Kardinale (K) diesen Eingriff hat durchführen lassen, weil er weiß, dass K ihr großes Idol ist und sie alles macht, was auch K gemacht hat, liegt keine gesundheits- und damit hinsichtlich der §§ 223 ff. StGB keine rechtsgutsbezogene Täuschung vor.*

Dagegen ist eine durch *Drohung* erlangte Einwilligung stets unwirksam.

Schließlich muss der Täter auch in Kenntnis und aufgrund der Einwilligung gehandelt haben (subjektives Rechtfertigungselement).

---

[46] Näher zu den Voraussetzungen und ihrer Prüfung Hemmer/Wüst, Strafrecht AT I, Rn. 312 ff.

b) Mutmaßliche Einwilligung

mutmaßliche Einwilligung

Wenn eine Einwilligung nicht erteilt wurde, ihren Voraussetzungen nach aber hätte erteilt werden können, kommt auch der Rechtfertigungsgrund der mutmaßlichen Einwilligung in Betracht. 107

Voraussetzung ist, dass

- im mutmaßlichen Interesse

➲ das *Handeln im mutmaßlichen Interesse des Betroffenen* erfolgt (ähnlich also der GoA im Zivilrecht)

oder

- mangelndes rechtliches Interesse

➲ davon ausgegangen werden kann, dass der Betroffene *kein Interesse an der Erhaltung des Rechtsgutes* hat (z.B. beim Wechsel von Geldscheinen in Münzen ohne Wissen des Eigentümers der Münzen).

Zu beachten ist, dass in der ersten Fallgruppe eine mutmaßliche Einwilligung nur in Betracht kommt, wenn eine tatsächliche Einwilligungserklärung nicht mehr rechtzeitig eingeholt werden kann.

Auch hier muss der Handelnde subjektiv davon ausgehen, im mutmaßlichen Interesse des Betroffenen zu handeln, oder annehmen, dass dieser kein rechtliches Interesse an der Erhaltung des Rechtsguts hat.

☑

hemmer-Methode: Abzugrenzen ist die mutmaßliche Einwilligung von der sog. hypothetischen Einwilligung. Letztere stammt ursprünglich aus der zivilrechtlichen Judikatur zum Arzthaftungsrecht. Hiernach entfällt die Haftung des Arztes für einen Aufklärungsfehler, wenn der Patient auch bei ordnungsgemäßer Aufklärung dem jeweiligen Eingriff zugestimmt hätte (vgl. hierzu § 630h II S. 2 BGB). Unter bestimmten Anforderungen soll in einer solchen Situation nach der Rechtsprechung des BGH auch im Strafrecht eine Strafbarkeit kraft einer hypothetischen Einwilligung entfallen.

5. Rechtfertigende Pflichtenkollision

rechtfertigende Pflichtenkollision ⇨ v.a. bei Unterlassungsdelikten

Ebenso wie beim Notstand eine Rechtfertigung daraus resultieren kann, dass von unterschiedlichen *Rechten* bzw. *Rechtsgütern* nur eines bewahrt werden kann, besteht auch die Möglichkeit einer Rechtfertigung, wenn von mehreren *Pflichten* nur eine erfüllt werden kann. 107a

Dieser Gesichtspunkt spielt naturgemäß insbesondere dort eine Rolle, wo an die Nichterfüllung von (Handlungs-) Pflichten eine strafrechtliche Sanktion geknüpft wird, also bei den sog. *Unterlassungsdelikten*. Deshalb wird die rechtfertigende Pflichtenkollision dort näher behandelt (vgl. unten, Rn. 230).

6. Züchtigungsrecht

In nur sehr engen Grenzen kann den Eltern (und Vormündern sowie u.U. Erziehern) ein Züchtigungsrecht zustehen (str.). Gemäß § 1631 II S. 2 BGB sind allerdings körperliche Bestrafungen sowie entwürdigende Maßnahmen unzulässig. Angesichts des Grundsatzes der Einheit der Rechtsordnung ist diese gesetzgeberische Wertung auch im Strafrecht zu beachten. *107b*

Das Züchtigungsrecht spielt in Klausuren häufig als Quelle von Irrtümern eine Rolle, wenn seine Grenzen überschritten werden (z.B. durch brutale Schläge; dann Erlaubnisirrtum, vgl. unten, Rn. 132) oder seine Voraussetzungen tatsächlich nicht vorliegen (dann Erlaubnistatbestandsirrtum, vgl. Rn. 133).

C. Schuld[47]

I. Die Prüfung der Schuld in der Klausur

Umfang und Formulierung der Schuldprüfung

Während die Rechtswidrigkeit mit dem Tatbestand zusammen für die Beurteilung einer Tat als *Unrecht* ausschlaggebend ist, geht es im Schuldbereich um die Frage, ob dem Täter die rechtswidrige Tat persönlich vorzuwerfen ist. *108*

Dies ist insofern von besonderer Bedeutung, als die Schuld gemäß dem sog. Schuld- und Verantwortungsprinzip, welches nach Ansicht des BVerfG Verfassungsrang hat,[48] Voraussetzung einer Bestrafung ist.

Was Umfang und Erforderlichkeit der Schuldprüfung in der Klausur angeht, gilt grds. das zur Rechtswidrigkeit Ausgeführte (vgl. oben, Rn. 75) entsprechend. Für die Formulierung ist demnach zu unterscheiden, ob Probleme bei der Schuld ersichtlich sind oder nicht. Dabei ist im Normalfall, d.h. ohne nähere Sachverhaltsangaben, stets problemlos von der Schuld des tatbestandsmäßig und rechtswidrig handelnden Täters auszugehen. Mögliche Formulierungen wären also

➲ wenn kein Schuldproblem ersichtlich ist:

„Schuldausschließungs- oder Entschuldigungsgründe sind nicht ersichtlich, T handelte also auch schuldhaft."

➲ bzw. bei erneuter Prüfung:

„T handelte (rechtswidrig und) schuldhaft."

---

[47] Vgl. allgemein Hemmer/Wüst, Strafrecht AT I, Rn. 380 ff.

[48] Vgl. BVerfGE 20, 323 (331) = **juris**byhemmer; 23, 127-135 (132) = **juris**byhemmer.

➲ wenn bei der Schuld ein Problem auftaucht:

„Fraglich aber ist, ob T auch schuldhaft gehandelt hat."

„Möglicherweise könnte T aber nach § 17/§ 33/ §35 StGB entschuldigt sein/ohne Schuld gehandelt haben."

II. Überblick über die Probleme bei der Schuld

Überblick über mögliche Probleme im Bereich der Schuld

Zu kurz greifen würde, hier von einem Überblick über die wichtigsten *Entschuldigungsgründe* zu reden, da die Schuld nicht nur bei Eingreifen eines Entschuldigungsgrundes i.e.S., sondern auch aus anderen Gründen entfallen bzw. nicht gegeben sein kann. 109

Da es sich hierbei um relativ heterogene Fragestellungen handelt, lassen sich auch schwer allgemeine Aussagen treffen. So ist beispielsweise bei den Entschuldigungsgründen i.e.S., z.B. bei § 35 StGB, ein subjektives Element erforderlich, da ja gerade die Zwangslage, in der der Täter sich befindet, den Schuldvorwurf entfallen lässt. Ist dagegen ein Schuldausschließungs- bzw. -minderungsgrund in der Persönlichkeit des Täters begründet, so z.B. bei den §§ 20, 21 StGB, ist nicht erforderlich, dass der Täter sich dessen bewusst ist.

Die für die Klausur wichtigsten Problemkonstellationen soll die folgende Übersicht zeigen.[49] Im Unterschied zu den Rechtfertigungsgründen liegen hier die Klausurprobleme praktisch nur im Bereich des StGB selbst.

Wichtige Probleme im Bereich der Schuld

I. Schuldfähigkeit

1. §§ 20, 21 StGB
2. § 19 StGB, § 3 JGG
3. actio libera in causa

II. Entschuldigungsgründe

1. Entschuldigender Notstand, § 35 StGB
2. Notwehrexzess, § 33 StGB
3. Übergesetzlicher entschuldigender Notstand

III. Irrtumsprobleme

1. Verbotsirrtum, § 17 StGB
2. Erlaubnisirrtum, § 17 StGB
3. Erlaubnistatbestandsirrtum

[49] Vgl. näher zu weiteren Entschuldigungsgründen sowie näher auch zu den hier genannten Hemmer/Wüst, Strafrecht AT I, Rn. 387 ff.

III. Probleme im Bereich der Schuld im Einzelnen

1. Schuldfähigkeit

a) Erste Voraussetzung dafür, dass den Täter überhaupt ein Schuldvorwurf treffen kann, ist, dass er persönlich schuldfähig ist. 110

Schuldfähigkeit: bei Erwachsenen grds. (+), nur ausnahmsweise (-) bei §§ 20, 21 StGB

Das StGB geht davon aus, dass jeder erwachsene Mensch grds. schuldfähig ist, wenn nicht irgendeine Störung vorliegt. Diese möglichen Störungen, die schuldausschließend oder in weniger drastischen Fällen schuldmindernd wirken können, sind in § 20 StGB aufgezählt.

Eine nähere Darstellung der dort aufgezählten Möglichkeiten würde den Rahmen dieses Skripts sprengen; verwiesen sei für einen ersten Überblick auf unser Skript Strafrecht AT I, Rn. 392 ff.

Hingewiesen sei nur auf die – vergleichsweise leicht zu handhabende und klausurrelevante – Schuldmilderung wegen Alkoholisierung. Hier kann ungefähr ab einer Blutalkoholkonzentration (BAK) von 2,0 ‰ eine verminderte Schuldfähigkeit nach § 21 StGB, ab einer BAK von ca. 3,0 ‰ ein Schuldausschluss nach § 20 StGB vorliegen. Allerdings handelt es sich dabei nicht um feste Grenzen, sondern nur um gewisse Anhaltspunkte. Insbesondere bei Kapitaldelikten wird häufig ein etwas höherer Wert angenommen.

b) Für noch nicht erwachsene Personen ist zu unterscheiden: 111

unter 14 Jahren stets (-), § 19 StGB

Kinder bis zum vollendeten 14. Lebensjahr sind nach § 19 StGB absolut schuldunfähig und können somit für das von ihnen begangene Unrecht nicht bestraft werden.

hemmer-Methode: Ein kurzer Blick ins Prozessrecht: Wird gegen einen Täter ermittelt, der z. Zt. der Tat noch ein Kind war, so ist die fehlende Strafmündigkeit ein Prozesshindernis. Nach h.M. ist deshalb nicht (mangels schuldhaften Verhaltens) freizusprechen, sondern das Verfahren ist (im Hauptverfahren nach § 206a StPO oder § 260 III StPO) einzustellen.

zwischen 14 und 18 Jahren positive Feststellung der Schuldfähigkeit erforderlich, § 3 JGG

Jugendliche zwischen Vollendung des 14. und Vollendung des 18. Lebensjahres (vgl. die Legaldefinition des Jugendlichen in § 1 II HS 1 Jugendgerichtsgesetz = JGG) sind zwar grds. schuldfähig, allerdings ist im Einzelfall *immer zu prüfen und positiv festzustellen*, ob sie das Unrecht ihrer Tat einsehen und nach dieser Einsicht handeln konnten, § 3 S. 1 JGG.

hemmer-Methode: Beachten Sie diesen Unterschied zwischen § 20 StGB und § 3 JGG: Bei Jugendlichen ist auch ohne nähere Anhaltspunkte eine Prüfung anzustellen und die Schuldfähigkeit positiv zu begründen! Allerdings dürfte Ihnen § 3 JGG im Studium nur in Hausarbeiten oder in einer einschlägigen Wahlfachgruppe begegnen.[50]
Für die Pflichtfachklausur im Strafrecht ist zu den §§ 19-21 StGB allgemein festzuhalten, dass sie – von der Alkoholproblematik abgesehen – selten eine Rolle spielen. Gerade die medizinischen oder kriminologischen Vorkenntnisse zu § 20 StGB, die in der Praxis häufig ein Gutachter in den Prozess einbringt, können von Studenten nicht erwartet werden.

actio libera in causa (a.l.i.c.)

c) Ist eine Schuldunfähigkeit nach § 20 StGB (nicht nach § 19 StGB!) anzunehmen, kann sich in der Klausur das Problem der sog. *actio libera in causa* (a.l.i.c.) stellen. 112

Nach dieser im Gesetz nicht vorgesehenen Rechtsfigur wird mit Hilfe verschiedener Konstruktionen zu begründen versucht, dass ein Täter, der sich schuldhaft (vorsätzlich oder fahrlässig) in den schuldausschließenden Zustand versetzt hat und dabei bereits vorsätzlich oder fahrlässig in Hinsicht auf das später begangene Delikt gehandelt hat, sich nicht auf § 20 StGB berufen kann. Hintergrund ist, dass ein solches Verhalten als rechtsmissbräuchlich angesehen wird.

Trotz der Unterschiede in der Begründung war die a.l.i.c. lange Jahre in der Rechtsprechung und einem großen Teil der Literatur weitgehend anerkannt. In einer Entscheidung aus dem Jahre 1996 hat allerdings der 4. Strafsenat grundsätzliche Kritik an der a.l.i.c. geübt und ihre Anwendung auf die Verkehrsdelikte der §§ 315c, 316 StGB (vgl. unten, Rn. 417 ff.) abgelehnt.[51]

Da allerdings in einer späteren Entscheidung der 3. Strafsenat die a.l.i.c. im Falle eines Totschlages ohne große Diskussion anwendete,[52] kann man keinesfalls davon ausgehen, dass die a.l.i.c. nunmehr hinfällig geworden wäre. Aus diesem Grund werden im Folgenden zunächst die bislang geltenden Grundsätze dargelegt (aa), bevor kurz die Kritik des 4. Senats aufgezeigt wird (bb).

aa) Nach traditionellem Verständnis ist zunächst zu unterscheiden zwischen vorsätzlicher und fahrlässiger a.l.i.c.:

vorsätzliche a.l.i.c.

➲ Bringt sich der Täter vorsätzlich in den schuldausschließenden Zustand, um in diesem eine Straftat zu begehen, und begeht er diese dann vorsätzlich, liegt eine vorsätzliche a.l.i.c. vor. 113

---

50 Sollten Sie es einmal mit diesen Fragen zu tun bekommen, denken Sie auch daran, dass selbst dann, wenn auf Heranwachsende nach § 105 JGG Jugendstrafrecht Anwendung findet, § 3 JGG nicht angewandt wird. Bei Heranwachsenden gibt es den Schuldausschließungsgrund der mangelnden Reife als solchen nicht.

51 BGH, NJW 1997, 138-141 = JuS 1997, 377 = **juris**byhemmer.

52 BGH, NStZ 1997, 230-232 = **juris**byhemmer.

Der Täter wird aus dem entsprechenden Vorsatzdelikt i.V.m. den Grundsätzen der a.l.i.c. bestraft.

fahrlässige a.l.i.c.

➲ Bringt sich der Täter dagegen fahrlässig in den schuldausschließenden Zustand und/oder begeht in diesem Zustand die Tat fahrlässig, liegt eine fahrlässige a.l.i.c. vor. Der Täter kann nur aus einem Fahrlässigkeitsdelikt i.V.m. den Grundsätzen der a.l.i.c. bestraft werden. *114*

Daher bedeutet vorsätzlich oder fahrlässig in diesem Zusammenhang nicht (nur), dass der Täter im Rauschzustand die Tat vorsätzlich oder fahrlässig begeht, sondern behandelt die Frage, ob er beim Versetzen in den Rausch wusste oder wissen musste, dass es zu dieser konkreten Tat kommen werde.

Herbeiführung des Defekts	vorsätzlich	vorsätzlich	fahrlässig	fahrlässig	vorsätzlich oder fahrlässig	nicht vorwerfbar
hinsichtl. späterer Tat im schuldausschließenden Zustand	vorsätzlich	fahrlässig	fahrlässig	vorsätzlich	nicht vorwerfbar (also weder vorsätzl. noch fahrl.)	vorsätzlich oder fahrlässig
	⇩	⇩	⇩	⇩	⇩	⇩
Strafbarkeit	vorsätzliche a.l.i.c.	fahrlässige a.l.i.c.	fahrlässige a.l.i.c.	fahrlässige a.l.i.c.	§ 323a StGB	(-)

Bsp. der a.l.i.c.

Bsp.: *Die T will den hübschen O umbringen, weil er ihr Werben nicht erhört hat und sie sich denkt „Wenn ich ihn nicht kriegen kann, soll ihn keine kriegen". Weil sie aber nicht den Mut dazu findet und außerdem auch Angst vor einer eventuellen Strafe hat, trinkt sie sich mit einer Flasche Apfelkorn Mut an, um den O im Zustand der Schuldunfähigkeit letal aufzuschlitzen. Dies geschieht.*

Nach dem Sachverhalt hat die O den T getötet, sodass eine Strafbarkeit aus §§ 212 I, 211 StGB in Betracht kommt. Allerdings war sie zu diesem Zeitpunkt schuldunfähig, was bei übermäßigem Alkoholgenuss etwa ab einer BAK von 3,0 bis 3,3 ‰ angenommen wird, so dass eine Strafbarkeit an sich nicht gegeben wäre.

Man könnte an § 323a StGB denken, welcher gleichsam eine Art Auffangvorschrift für Rauschdelikte darstellt. Nach dieser Vorschrift wird bestraft, wer sich vorsätzlich oder fahrlässig in einen Rausch versetzt, wenn er in diesem Zustand eine Straftat begeht, für die er *wegen des Rausches* nicht bestraft werden kann.

Die Rauschtat ist dabei nur objektive Bedingung der Strafbarkeit, Tathandlung ist alleine das Sich-Berauschen (vgl. oben, Rn. 72). Vorrang hat aber die Strafbarkeit nach den gewohnheitsrechtlich entwickelten und weitgehend anerkannten Regeln über die a.l.i.c.

Im Ausgangsbeispiel liegt eine vorsätzliche a.l.i.c. vor, so dass T nach §§ 212 I, 211 StGB i.V.m. den Grundsätzen über die a.l.i.c. zu bestrafen ist.

hemmer-Methode: Aufbaumäßig hat man bei der a.l.i.c. zwei Möglichkeiten. Wenn man den ursprünglichen Tatbestand durchgeprüft und letztlich eine Strafbarkeit wegen Schuldunfähigkeit verneint hat, kann man entweder die a.l.i.c. gleichsam als Ausnahme zu § 20 StGB weiter prüfen oder man beginnt wie mit einem neuen Delikt (so insbesondere bei der sog. Tatbestandslösung oder einem Verständnis der a.l.i.c. als mittelbare Täterschaft). Vgl. ausführlich zur a.l.i.c. unser Skript Strafrecht AT I, Rn. 408 ff.

bb) Diese Ergebnisse wurden lange Zeit von der ganz h.M. anerkannt, wobei die Begründungsansätze differierten. In der bereits oben genannten Entscheidung des 4. Strafsenats des BGH setzt sich dieser mit den denkbaren Begründungen auseinander und kommt zu dem Ergebnis, dass die a.l.i.c. auf die §§ 315c und 316 StGB nicht anwendbar ist. Seine Ausführungen sind aber für das Verständnis der a.l.i.c. allgemein von Interesse.[53]

Zur Begründung der a.l.i.c. werden im Wesentlichen folgende Erklärungsmodelle vorgeschlagen:

➲ Nach dem so genannten *Ausnahmemodell* bildet die a.l.i.c. eine ungeschriebene Ausnahme vom so genannten „Gleichzeitigkeitsprinzip" („bei Begehung der Tat", auch Koinzidenzprinzip genannt), das dem § 20 StGB zu Grunde liegt.

Dieser Ansicht erteilte der BGH eine klare Absage, da sie nicht mit dem Grundsatz „nulla poena sine lege scripta" in Art. 103 II GG vereinbar ist.

➲ Das so genannte *Ausdehnungsmodell* (Vorverlagerungslösung) geht davon aus, dass auch bloße Vorbereitungshandlungen (zu den Verwirklichungsstufen des Vorsatzdeliktes vgl. unten, Rn. 177 ff.) bereits den Anfang der Begehung der Tat bilden, soweit ein entsprechendes Delikt später begangen wird. „Bei Begehung der Tat" i.S.d. § 20 StGB umfasse daher auch Vorbereitungshandlungen (hier also das Betrinken, das noch im schuldfähigen Zustand erfolgt).

Der BGH lehnt auch diese Erklärung mit der Begründung ab, dass der Begriff der „Begehung der Tat" in den §§ 16 I, 16 II, 17 S. 1 StGB und in § 20 StGB unterschiedslos verwendet wird und nichts dafür spricht, ihn in § 20 StGB weiter zu interpretieren.

---

53 Vgl. zu dieser Problematik Kudlich/Spielbauer, Life&Law 01/1998, 52 ff.

➲ Die sog. *Tatbestandslösung* versucht, die Figur der a.l.i.c. in enger Übereinstimmung mit den Vorgaben des Gesetzes dadurch zu erklären, dass als tatbestandliche Handlung bereits das Sich-Berauschen (oder ein anderweitiges Versetzen in einen schuldunfähigen Zustand) gesehen wird, das an sich zumindest beim Vorsatzdelikt noch eine tatbestandsneutrale Handlung ist. Durch diesen Akt wird nämlich eine Kausalkette in Gang gesetzt, an deren Ende der tatbestandliche Erfolg steht.

Zumindest für die §§ 315c, 316 StGB als schlichte Tätigkeitsdelikte ist jedoch der BGH zu Recht der Ansicht, dass die Vorstellung einer nüchtern in Gang gesetzten Kausalkette nicht weiterhilft: Die schlichten Tätigkeitsdelikte haben nämlich gerade keinen von der Tathandlung abtrennbaren Erfolg, sondern stellen (nur) ein bestimmtes Handeln selbst unter Strafe.

In den Worten des BGH: *„Führen eines Fahrzeugs ist aber nicht gleichbedeutend mit Verursachung der Bewegung“* oder plakativer: Wer trinkt, führt *dadurch* kein Fahrzeug.

☑ **hemmer-Methode: Dies gilt – da Anknüpfungspunkt der Kritik an dieser Lösung nicht die Unterscheidung zwischen Vorsatz- und Fahrlässigkeitsdelikt, sondern zwischen Erfolgs- und Tätigkeitsdelikt ist – sowohl für die vorsätzliche als auch für die fahrlässige Straßenverkehrsgefährdung.**

➲ Teilweise wird schließlich versucht, die vorsätzliche a.l.i.c. als *Sonderfall der mittelbaren Täterschaft* zu verstehen, wonach der Täter sich selbst als im Defektzustand schuldunfähiges Werkzeug verwendet (vgl. zur mittelbaren Täterschaft unten, Rn. 146 ff.).

Auch dieser Erklärungsansatz ist allerdings zumindest auf Trunkenheitsfahrten nicht anwendbar, da es sich um eigenhändige Delikte handelt, die nicht in mittelbarer Täterschaft begangen werden können. Des Weiteren ist auch fraglich, ob die Annahme einer mittelbaren Täterschaft mit Art. 103 II GG zu vereinbaren ist, da § 25 I Alt. 2 StGB die Begehung der Tat „durch einen anderen“ voraussetzt.

Der Begriff des „anderen“ erfordert aber eine Nichtidentität von Hintermann und Werkzeug, sodass auch mit dieser Konstruktion die Grenzen des möglichen Wortsinns überschritten werden.

Dem könnte jedoch damit entgegen getreten werden, dass für die dogmatische Behandlung der vorsätzlichen a.l.i.c. nicht § 25 I Alt. 2 StGB unmittelbar angewandt wird, sondern nur dessen allgemeiner Rechtsgedanke herangezogen wird. Aufgrund des „fragmentarischen Charakters“ des Allgemeinen Teils kann nämlich eine Rechtsfigur durchaus aus dessen allgemeinen gesetzlichen Wertungen entwickelt werden, während im Besonderen Teil das Analogieverbot sehr strikt zu interpretieren ist.

hemmer-Methode: Für die Klausur sollten Sie sich Folgendes merken:

- **bei der vorsätzlichen a.l.i.c. handelt der Täter rechtsmissbräuchlich. Eine Strafbarkeit allein wegen § 323a StGB erscheint daher häufig nicht schuldangemessen.**
- **Anknüpfend an die eigentliche Tathandlung ist im Rahmen der Schuld zu problematisieren, ob ein dogmatisches Begründungsmodell es zulässt, den Täter hinsichtlich des konkret verwirklichten Unrechts zu bestrafen. Zu diskutieren sind das Ausnahme- und das Ausdehnungsmodell. Beide verstoßen jedoch gegen das Analogieverbot in Art. 103 II GG.**
- **Anschließend ist eine Strafbarkeit anknüpfend an das Herbeiführen des Zustandes der Schuldunfähigkeit zu prüfen. Bei Erfolgsdelikten ist es vertretbar, dem Modell der mittelbaren Täterschaft oder der Tatbestandslösung zu folgen. Beide Begründungsmodelle versagen dagegen bei reinen Tätigkeitsdelikten.[54]**

2. Entschuldigender Notstand, § 35 StGB[55]

§ 35 StGB: entschuldigender Notstand

a) § 35 StGB regelt den entschuldigenden Notstand, der wegen der Ähnlichkeiten in der Formulierung und der benachbarten Stellung im Gesetz besonders genau vom rechtfertigenden Notstand nach § 34 StGB (vgl. oben, Rn. 97 ff.) unterschieden werden muss. Der Rechtsfolge nach rechtfertigt er die Tat nicht, sondern entschuldigt nur den Täter.

hemmer-Methode: Ob ein Rechtfertigungs- oder ein Entschuldigungsgrund eingreift, ist nur auf den ersten Blick „egal, weil der Täter jedenfalls nicht bestraft wird". Unterschiede können sich z.B. daraus ergeben, dass gegen eine nur entschuldigte Tat Notwehr geübt werden darf oder an einer gerechtfertigten Tat keine Teilnahme möglich ist.

Vorauss. ähnlich wie bei § 34 StGB, Unterschiede v.a.:

b) In seinen Voraussetzungen ähnelt § 35 StGB dem § 34 StGB insofern, als eine gegenwärtige, nicht anders abwendbare Gefahr vorliegen muss. Es gibt aber auch wichtige Unterschiede:

- engere und abschließende Aufzählung der notstandsfähigen Güter

aa) Notstandsfähige Rechtsgüter sind beim entschuldigenden Notstand nach § 35 StGB nur die *abschließend aufgezählten* Rechtsgüter *Leib, Leben und Freiheit*. Die Freiheit ist v.a. die körperliche Fortbewegungsfreiheit, nach z.T. vertretener Ansicht zusätzlich auch die sexuelle Selbstbestimmungsfreiheit.

[54] Vgl. dazu Fall 18 aus: Hemmer/Wüst, Die 34 wichtigsten Fälle im Strafrecht AT.

[55] Vgl. ausführlicher und m.w.N. Hemmer/Wüst, Strafrecht AT I, Rn. 451 ff.

- Abwehr von Täter oder Sympathiepersonen

bb) Die Gefahr muss den Täter selbst, einen Angehörigen (vgl. die Legaldefinition in § 11 I Nr. 1 StGB) oder eine sonstige ihm nahe stehende Person betreffen. Eine uneingeschränkte Notstandshilfe wie bei § 34 StGB ist also nicht möglich.

- keine Güterabwägung, aber Einschränkungen nach § 35 I S. 2 StGB

cc) Im Gegensatz zu § 34 StGB enthält § 35 StGB gerade kein Erfordernis einer Güterabwägung. Allerdings schränkt die Vorschrift selbst den Anwendungsbereich durch § 35 I S. 2 HS 1 StGB für Fälle ein, in denen dem Täter zugemutet werden kann, die Gefahr hinzunehmen.

So wenn:

- der Täter die Gefahr selbst verursacht hat, wobei im Einzelnen streitig ist, ob dies pflichtwidrig oder sogar schuldhaft geschehen sein muss,
- der Täter in einem besonderen Rechtsverhältnis steht, aufgrund dessen ihm die Hinnahme einer Gefahr eher zugemutet werden kann, z.B. als Polizist oder Feuerwehrmann.

Allerdings ist diese Aufzählung nicht abschließend, sodass man bei entsprechenden Hinweisen im Sachverhalt an einen Ausschluss des Entschuldigungsgrundes nach § 35 StGB denken sollte.

3. Notwehrexzess, § 33 StGB[56]

Notwehrexzess, § 33 StGB

Nach § 33 StGB wird auch nicht bestraft, wer die Grenzen der Notwehr aus Verwirrung, Furcht oder Schrecken überschreitet. Nach h.M. handelt es sich hierbei um einen Entschuldigungsgrund, der folgende Voraussetzungen hat:

Prüfungsschema zum Notwehrexzess, § 33 StGB:

I. Notwehrlage

II. Überschreiten der Grenzen der Notwehr
⇨ nach h.M. nur bei sog. intensivem Notwehrexzess

III. Aus Verwirrung, Furcht oder Schrecken
⇨ innerer Zusammenhang mit Affekten

Notwehrlage

a) Voraussetzung ist zunächst, dass sich der Täter in einer Notwehrlage befindet, sich (oder einen anderen) also einem gegenwärtigen, rechtswidrigen Angriff ausgesetzt sieht (vgl. oben, Rn. 81 ff.).

56 Vgl. ausführlicher und m.w.N. Hemmer/Wüst, Strafrecht AT I, Rn. 475 ff.

Überschreitung der Grenzen der Notwehr

b) Übt der Täter in dieser Lage die Notwehr in deren Grenzen aus, ist er gerechtfertigt, vgl. oben, Rn. 80 ff. Überschreitet er aber die Grenzen der Notwehr, kann er nach § 33 StGB entschuldigt sein.

hemmer-Methode: Der Prüfungsreihenfolge nach werden Sie also nach der Tatbestandsmäßigkeit zuerst eine mögliche Rechtfertigung nach § 32 StGB prüfen. Wenn Sie diese wegen Überschreitung der erforderlichen Notwehr ablehnen, müssen Sie in der Schuld den Notwehrexzess nach § 33 StGB ansprechen, wobei Sie hinsichtlich der Voraussetzungen bzgl. der Notwehrlage nach oben verweisen können.

- nach h.M. nur beim intensiven Notwehrexzess

Dabei erfasst nach h.M. § 33 StGB nur den sog. *intensiven Notwehrexzess*, d.h. den Fall, in dem sich der Täter heftiger verteidigt, als es *erforderlich* gewesen wäre:

Bsp.: *O greift T an, der den schmächtigen O leicht mit einem Kinnhaken hätte effektiv abwehren können. Aus Schrecken über den plötzlichen Angriff gerät T aber in Panik und sticht stattdessen mit dem Messer zu.*

Dagegen soll § 33 StGB *keine Anwendung* finden auf den *sog. extensiven Notwehrexzess*, bei dem es an der Gegenwärtigkeit des Angriffs fehlt, also die zeitlichen Grenzen der Notwehr überschritten sind. Begründen lässt sich das damit, dass § 33 StGB als Ausnahmevorschrift eng auszulegen ist.

Zudem wird der Wortlaut als Argument angeführt: Vorausgesetzt werde ein Überschreiten der Grenzen der Notwehr. Dies setze damit zumindest das Vorliegen einer Notwehrlage voraus.

Bsp.: *Im vorliegenden Fall hat T den O mit einem Kinnhaken zu Boden gestreckt, sodass der Angriff endgültig abgewehrt ist. In seiner Aufregung zieht er aber jetzt sein Messer und sticht auf den ohnehin schon bewusstlosen O ein.*

- Grund: asthenische Affekte (Furcht, Verwirrung, Schrecken)

c) Das (nach h.M. intensive) Überschreiten der Notwehr muss aus Verwirrung, Furcht oder Schrecken erfolgen. Diese sog. *defensiven oder asthenischen Affekte* müssen für das Überschreiten mit ausschlaggebend sein. Dagegen findet § 33 StGB nach h.M. keine Anwendung auf *aggressive oder sthenische Affekte*, wie z.B. Zorn oder Kampfeseifer. **125**

In einem anderen Fall hatte der BGH[57] die Berufung auf § 33 StGB nicht anerkannt. Hier hatte der Täter die Grenzen der Notwehr in einer Situation überschritten, in die er geraten war, weil er unter Umgehung obrigkeitlicher Hilfe einen angedrohten Angriff auf ein von ihm geführtes Bordell selbst abwehren wollte.

57 BGH, NStZ-RR 1999, 264-265 = **juris**byhemmer = Life&Law 06/1999, 361.

Nach Ansicht des BGH hätten sich darin nämlich nicht asthenische, sondern im tiefsten Kern sthenische Affekte, nämlich Angriffslust und Kampfeseifer gezeigt. Dies kann freilich nur bedingt überzeugen, da sich der Täter im Moment der strafbaren Handlung durchaus in Verwirrung und Schrecken befand. Außerdem kann das Verbot, „den Krieg mit seinem Gegner selbst auszutragen", zu einem Ausschluss des Notwehrrechts und damit auch der Möglichkeit des § 33 StGB führen, wenn darin eine Notwehrprovokation liegt, vgl. oben, Rn. 95. Solange dies nicht der Fall ist, sollte aber auch § 33 StGB nicht weiter eingeschränkt werden als § 32 StGB selbst.[58]

Deshalb hat der BGH in einer neueren Entscheidung anerkannt, dass die in § 33 StGB genannten asthenischen Affekte nicht die alleinige oder auch nur überwiegende Ursache für die Überschreitung der Notwehrgrenzen gewesen sein müssen. Mitursächlichkeit ist ausreichend.[59]

4. Verbotsirrtum, § 17 StGB[60]

Verbotsirrtum, § 17 StGB: Täter fehlt Einsicht, Unrecht zu tun (falsche rechtliche Wertung)

Nach § 17 S. 1 StGB handelt der Täter ohne Schuld, wenn ihm bei Begehung der Tat die Einsicht fehlt, Unrecht zu tun, und er diesen Irrtum nicht vermeiden konnte. § 17 StGB, der somit einen Schuldausschließungsgrund festschreibt, stellt also klar, dass das Unrechtsbewusstsein weder irrelevant noch Teil des Vorsatzes ist, sondern zur Schuld gehört (sog. Schuldtheorie). 126

hemmer-Methode: Machen Sie sich hier den elementaren Unterschied zwischen einem Tatbestandsirrtum nach § 16 StGB (vgl. oben, Rn. 60) und einem Verbotsirrtum nach § 17 StGB klar!
Bei einem Tatbestandsirrtum werden die *tatsächlichen* Verhältnisse nicht richtig erkannt, bei einem Verbotsirrtum wird bei richtiger Kenntnis der Tatsachen eine *rechtlich falsche Wertung* getroffen. Plastisch ausgedrückt: Der nach § 16 StGB irrende Täter ist nur „schusselig", steht aber grds. mit seinen Wertungen im Einklang mit der Rechtsordnung, der nach § 17 StGB irrende Täter ist dagegen (im Extremfall) gewissenlos und rechtsblind.
Problematisch (und entsprechend umstritten) ist diese Unterscheidung, wenn rechtliche (aber außer-strafrechtliche) Bewertungen Voraussetzung für die Kenntnis i.S.d. § 16 StGB werden, so z.B. beim normativen Tatbestandsmerkmal „fremd" i.S.d. § 242 StGB.

[58] Vgl. BGHSt 39, 133-141 = **juris**byhemmer.

[59] Dementsprechend hat der BGH in einer (gar nicht so anders gelagerten) Entscheidung (vgl. StV 1995, 463-464 = **juris**byhemmer) auch die Berufung auf § 33 StGB zugelassen, als der Täter zwar auch einem drohenden Angriff ohne die mögliche Inanspruchnahme obrigkeitlicher Hilfe entgegengetreten war, dabei aber nach den Feststellungen des Tatgerichts eine tätliche Auseinandersetzung nicht bewusst mit einkalkuliert hatte.

[60] Vgl. ausführlicher und m.w.N. Hemmer/Wüst, Strafrecht AT II, Rn. 346 ff.

Erkenntnis der moralischen Vorwerfbarkeit schließt Verbotsirrtum nicht aus

a) Dabei ist für die Einsicht, Unrecht zu tun i.S.d. § 17 StGB, einerseits nicht ausreichend, dass der Täter die moralische Vorwerfbarkeit seines Handelns erkennt. Andererseits ist aber auch nicht erforderlich, dass er die Strafbarkeit seines Handelns kennt. Erforderlich, aber auch ausreichend, ist vielmehr das Bewusstsein eines Verstoßes gegen die Rechtsordnung. Es genügt auch, wenn der Täter die Möglichkeit, dass er Unrecht tut, erkennt und (gleichsam wie beim dolus eventualis, vgl. oben, Rn. 68) in seinen Willen aufnimmt. 127

Täter handelt ohne Schuld, wenn Irrtum unvermeidbar (selten)

b) Ohne Schuld handelt der Täter aber nur, wenn er diesen Irrtum nicht vermeiden konnte. An die Unvermeidbarkeit sind strenge Anforderungen zu stellen. Der Irrtum ist nur unvermeidbar, wenn der Täter auch bei Einsatz „aller seiner Erkenntniskräfte und Wertvorstellungen",[61] u.U. auch durch Erkundigungen, nicht zur Unrechtseinsicht kommen konnte. Somit ist zumindest für Personen aus dem deutschen Rechtskreis und im Bereich des Kernstrafrechts ein Verbotsirrtum in aller Regel vermeidbar. Umgekehrt kommt ein unvermeidbarer Verbotsirrtum in der Klausur v.a. bei Ausländern aus anderen Kulturkreisen oder im Bereich des Nebenstrafrechts, u.U. auch in Bereichen wie etwa dem Umweltstrafrecht, in Betracht. 128

sonst nur fakultative Strafmilderung

c) Ist der Irrtum vermeidbar, ist der Täter grds. voll verantwortlich. Die Strafe kann aber nach § 17 S. 2 StGB i.V.m. § 49 I StGB gemildert werden. 129

hemmer-Methode: Da der Täter in diesem Fall voll verantwortlich ist, ist äußerst umstritten, ob in Fällen eines von einem Dritten provozierten und ausgenutzten vermeidbaren Verbotsirrtums eine mittelbare Täterschaft in Betracht kommen kann, vgl. unten, Rn. 155.

5. Erlaubnis- und Erlaubnistatbestandsirrtum

Unterscheidung zwischen Tatsachen- und Wertungsirrtümern auch bei Rechtfertigungsgründen möglich

Die oben dargestellte Unterscheidung zwischen einem Irrtum hinsichtlich tatsächlicher Umstände nach § 16 StGB und falschen rechtlichen Bewertungen nach § 17 StGB lässt sich auch auf den Bereich der unrechtsausschließenden Umstände übertragen. Man spricht insoweit vom sog. *Erlaubnistatbestandsirrtum*, wenn der Täter irrtümlich die tatsächlichen Voraussetzungen eines von der Rechtsordnung anerkannten Rechtfertigungsgrundes für gegeben hält, vom sog. Erlaubnisirrtum dagegen, wenn der Täter trotz Kenntnis der Tatsachen sein Handeln fälschlich für ausnahmsweise erlaubt hält. 130

> ***Bsp. für einen Erlaubnistatbestandsirrtum:*** *T hört bei einem Waldspaziergang laute Hilferufe. Als er in deren Richtung läuft, sieht er, wie eine junge Frau von einem Mann scheinbar brutal geschlagen wird. Kurz entschlossen greift sich T einen kräftigen Ast und streckt damit den Mann nieder.* 131

[61] BGHSt 4, 1-6.

Davon ist Regisseur R, der mit seinem Team hier gerade einen Abenteuerfilm dreht, ebenso wenig begeistert wie Schauspieler O, der in der Szene den brutalen Mann spielt.

Objektiv gesehen liegt hier keine Notwehrsituation vor, T hält aber deren tatsächliche Voraussetzungen für gegeben und dürfte – wenn seine Vorstellungen zuträfen – auch so handeln.

Bsp. für einen Erlaubnisirrtum: *Sohn O hat seiner Mutter T 20 € gestohlen. Darauf schlägt diese ihn in der Meinung brutal zusammen, als Elternteil dürfe man die Kinder „unbegrenzt züchtigen, wenn sie etwas ausgefressen haben".*

Hier liegen zwar tatsächlich die Voraussetzungen eines möglichen Rechtfertigungsgrundes „Züchtigungsrecht der Eltern" vor. Allerdings deckt dieses keine brutalen Verletzungen, insbesondere nicht bei einem Bagatelldiebstahl in Höhe von 20 €. Insoweit irrt sich die Mutter über die rechtlichen Grenzen des Züchtigungsrechts.

a) Erlaubnisirrtum

Erlaubnisirrtum wie Verbotsirrtum nach § 17 StGB zu behandeln

Unproblematisch und an sich unstreitig ist, dass der Erlaubnisirrtum wie der Verbotsirrtum nach § 17 StGB behandelt wird. Während bei einem Verbotsirrtum der Täter davon ausgeht, es existiere kein strafrechtliches Verbot hinsichtlich seines Verhaltens, erkennt dies der Täter bei einem Erlaubnisirrtum durchaus, geht aber von einer Rechtfertigung aus. In beiden Fällen fehlt dem Täter die Einsicht, Unrecht zu tun.[62] 132

b) Erlaubnistatbestandsirrtum[63]

umstritten dagegen Erlaubnistatbestandsirrtum

Umstritten ist dagegen die Behandlung des Erlaubnistatbestandsirrtums, wenngleich auch hier in wichtigen Punkten heute breite Übereinstimmung besteht:

§ 16 StGB direkt nach h.M. (-)

aa) *§ 16 I S. 1 StGB* in seiner *direkten Anwendung* passt hier *nicht*: Zwar erliegt der Täter auch hier einer falschen *tatsächlichen* Erkenntnis, allerdings im Hinblick auf die Voraussetzungen eines Rechtfertigungsgrundes und nicht auf Tatbestandsmerkmale.[64] 133

62 Der Begriff „Unrecht" umfasst die Tatbestandsmäßigkeit und die Rechtswidrigkeit eines Verhaltens.

63 Vgl. ausführlicher und m.w.N. Hemmer/Wüst, Strafrecht AT II, Rn. 333 ff.

64 Anders nur, wenn man der Lehre von den negativen Tatbestandsmerkmalen folgt, vgl. Hemmer/Wüst, Strafrecht AT I, Rn. 36 und Hemmer/Wüst, Strafrecht AT II, Rn. 334. Danach soll das Nichtvorliegen eines Rechtfertigungsgrundes Bestandteil eines Gesamtunrechtstatbestands sein. Bei irriger Annahme rechtfertigender Tatumstände sei daher § 16 I StGB direkt anwendbar. Dagegen spricht, dass nach dem Gesetzeswortlaut zwischen Tatbestand und Rechtswidrigkeit zu unterscheiden ist.

§ 17 StGB (-), da keine falsche rechtliche Wertung, sondern Irrtum im tatsächlichen Bereich

bb) Die v.a. früher vertretene *strenge Schuldtheorie* sah deshalb 134
im Erlaubnistatbestandsirrtum einen Verbotsirrtum. Allerdings spricht gerade das System der §§ 16, 17 StGB mit seiner Unterscheidung zwischen Irrtümern im tatsächlichen Bereich und bei der rechtlichen Bewertung gegen eine solche Gleichsetzung: Beim Erlaubnistatbestandsirrtum erliegt der Täter ja gerade wie bei § 16 StGB einem Irrtum im tatsächlichen Bereich und wie dort ist auch hier der Täter „schusselig“, aber an sich rechtstreu. Vgl. dazu gleich die graphische Gegenüberstellung unten, Rn. 136a.

eingeschränkte Schuldtheorie:

cc) Deshalb geht die heute ganz h.M. von der sog. *eingeschränk-* 135
ten Schuldtheorie aus und orientiert sich an § 16 I S. 1 StGB. Dabei besteht allerdings ein Unterschied zwischen der

- *analogen Anwendung des § 16 I S. 1 StGB*, nach der beim Erlaubnistatbestandsirrtum wie beim Tatbestandsirrtum der Vorsatz entfällt, und der

- *rechtsfolgenverweisenden Variante*, die in entsprechender Anwendung des § 16 I S. 1 StGB nur die Vorsatzschuld entfallen lässt, sodass der Täter letztlich ohne Schuld handelt.

hemmer-Methode: In der Klausur spricht viel dafür, der zuletzt genannten, rechtsfolgenverweisenden Theorie zu folgen. Dann können Sie – wie traditionell gehandhabt – das Problem im Prüfungspunkt Schuld diskutieren und auch zum Schuldausschluss kommen. Anderenfalls müssten Sie in der Schuldebene feststellen, dass entgegen Ihrer Annahme im Prüfungspunkt „subjektiver Tatbestand“ doch kein Vorsatz vorliegt. Begründen können Sie dieses Ergebnis z.B. mit dem Hinweis auf die Strafbarkeit eines nicht irrenden Teilnehmers, die nur möglich ist, wenn man den subjektiven Tatbestand als erfüllt betrachtet und erst die Vorsatz*schuld* entfallen lässt.
Denken Sie auch daran, dass Sie jedenfalls noch über § 16 I S. 2 StGB eine eventuelle Fahrlässigkeitsstrafbarkeit zu prüfen haben! Die Fahrlässigkeit bezieht sich hierbei auf die Vermeidbarkeit des Irrtums. Allerdings kommt eine entsprechende Strafbarkeit nur in Betracht, wenn es (wie z.B. bei §§ 222, 229 StGB) einen Fahrlässigkeitstatbestand gibt.

c) Doppelirrtum

Doppelirrtum

Denkbar sind auch Konstellationen, in denen der Täter sowohl in 136
tatsächlicher als auch in rechtlicher Hinsicht einem Irrtum unterliegt. So kann sich ein Täter irrig einen Sachverhalt vorstellen, bei dessen Vorliegen er grundsätzlich gerechtfertigt handeln könnte, und dabei noch einem Bewertungsirrtum unterliegen.

So etwa, wenn der Sohn O im Beispiel oben, Rn. 130, gar kein Geld gestohlen hat, sondern die Mutter T das nur denkt und dann bei der – objektiv ohnehin nicht gerechtfertigten – Züchtigung noch wie oben die Grenzen des Züchtigungsrechts überschreitet.

nur Behandlung nach § 17 StGB

Nach ganz h.M. geht in solchen Fällen der für den Täter ungünstigere Erlaubnisirrtum nach § 17 StGB vor. Ist der Täter nämlich nach § 17 StGB zu behandeln (und damit regelmäßig nach § 17 S. 2 StGB strafbar!), wenn tatsächlich eine Rechtfertigungslage besteht und er nur deren Grenzen verkannt hat, so kann er nicht dadurch besser stehen, dass überdies gar keine Rechtfertigungslage besteht. Die großzügige Behandlung des § 16 I StGB verdient der Täter im Doppelirrtum nicht, da er gerade nicht „an sich rechtstreu“ ist.

Die Struktur von Tatbestands-, Erlaubnistatbestands-, Verbots- **136a**
und Erlaubnisirrtum lässt sich demnach wie folgt darstellen:

Irrtum über ***tatsächliche Begebenheiten***	Irrtum über ***rechtliche Wertungen***
↓	↓
bei Rechtfertigungsgründen: *Erlaubnistatbestandsirrtum,* § 16 I analog; Vorsatzschuld (-)	bei Rechtfertigungsgründen: *Erlaubnisirrtum,* § 17 StGB
Doppelirrtum (im tatsächlichen und rechtlichen Bereich) Behandlung nach § 17 StGB	
„Umgekehrter Irrtum“ Folge: subj. RF-Element fehlt → Milderung analog §§ 23 II, 49 StGB, s.o., Rn. 79	*„Umgekehrter Irrtum“* Folge: Wahndelikt

§ 3 BETEILIGUNG MEHRERER

Problemkonstellationen bei mehreren Beteiligten

In zahlreichen Strafrechtsklausuren ist die Strafbarkeit von mehreren Personen zu prüfen, die gemeinsam verschiedene Delikte geplant und/oder ausgeführt haben. In derartigen Klausuren tauchen häufig zwei Problemschwerpunkte auf: 137

Abgrenzung der Beteiligungsformen

Bei den Beteiligten ist zunächst eine Abgrenzung der im Strafrecht auftretenden Beteiligungsformen (Täterschaft und Teilnahme) durchzuführen. Dann sind deren Voraussetzungen zu prüfen (siehe A., Rn. 138 ff.).

Strafbarkeitsunterschiede bei den Beteiligten

Anschließend kann sich die Frage stellen, inwieweit die einzelnen Beteiligten trotz gemeinsamer Tatausführung unterschiedliche Straftatbestände des Besonderen Teils verwirklicht haben. Oft handelt in derartigen Konstellationen ein Mittäter mit einem andersartigen Vorsatz (§ 16 StGB) oder es greift ein besonderes persönliches Merkmal (§ 28 StGB) ein (siehe B., Rn. 169 ff.).

> **Bsp.:** *A und B begehen gemeinsam einen Einbruchsdiebstahl in eine Lagerhalle. A hat zur Sicherheit eine Schusswaffe mitgenommen, wovon B jedoch nichts weiß. A ist daher aus §§ 242 I, 244 I Nr. 1 lit. a Alt. 1 StGB (Diebstahl mit Waffen), B wegen § 16 I S. 1 StGB lediglich aus §§ 242 I, 243 I S. 2 Nr. 1 StGB zu bestrafen.*

hemmer-Methode: Derartige Strafbarkeitsunterschiede sind in den meisten Klausuren enthalten, in denen Straftaten von mehreren Beteiligten, insbesondere von Mittätern, begangen werden. Würden sämtliche Beteiligten in der Strafbarkeit übereinstimmen, so könnte man den Fall i.d.R. genauso gut mit einem Alleintäter konstruieren.

A. Beteiligungsformen

I. Täterschaft und Teilnahme

1. Übersicht

Übersicht über die Beteiligungsformen:

Dualistischer Täterbegriff

Täterschaft	Teilnahme
• unmittelbarer Alleintäter, § 25 I Alt. 1 StGB • mittelbarer Täter, § 25 I Alt. 2 StGB • Mittäter, § 25 II StGB • Nebentäter (nicht geregelt)	• Anstiftung, § 26 StGB • Beihilfe, § 27 StGB

dualistisches Beteiligungssystem: diff. Täterschaft ↔ Teilnahme

Im Rahmen der Vorsatzdelikte geht man vom *dualistischen Beteiligungssystem* aus, das bei der Beteiligung mehrerer Personen an einer Straftat zwischen *Täterschaft* und *Teilnahme* unterscheidet. Grundlage der Täterschaft ist dabei der gesetzliche Straftatbestand. *138*

Jeder, der eine mit Strafe bedrohte Handlung selbst ausführt und in seiner Person sämtliche Merkmale des objektiven und subjektiven Tatbestands erfüllt, ist ohne weiteres Täter.

Bei den Fahrlässigkeitsdelikten gilt dagegen das Prinzip der *Einheitstäterschaft*. Demnach ist jeder als Täter anzusehen, der einen kausalen Beitrag für die Tatbestandsverwirklichung gesetzt hat, unabhängig von der Bedeutung des Tatbeitrags. Letzterer spielt erst bei der Strafzumessung eine Rolle.

hemmer-Methode: Dies bedeutet zugleich, dass an einem Fahrlässigkeitsdelikt keine Teilnahme (Anstiftung oder Beihilfe) möglich ist!

Täterschaft

Die Erscheinungsformen der Täterschaft sind in § 25 StGB geregelt:

Erscheinungsformen der Täterschaft, § 25 StGB:

I. Alleintäterschaft:

1. Unmittelbare Täterschaft, § 25 I Alt. 1 StGB
2. Mittelbare Täterschaft, § 25 I Alt. 2 StGB

II. Mittäterschaft, § 25 II StGB

III. Nebentäterschaft (nicht geregelt)

Teilnahme

Die Erscheinungsformen der Teilnahme finden sich in §§ 26, 27 StGB:

Erscheinungsformen der Teilnahme, §§ 26, 27 StGB:

I. Anstiftung, § 26 StGB

II. Beihilfe, § 27 StGB

§ 30 StGB

Daneben regelt *§ 30 StGB* noch die Fälle des strafbaren *Versuchs der Beteiligung.*[65]

2. Abgrenzung: Täterschaft und Teilnahme

Abgrenzung

Häufiger Fehler bei der Abgrenzung von Täterschaft und Teil- 139
nahme ist, vorschnell auf die allgemein bekannten Abgrenzungstheorien einzugehen, ohne zu erkennen, dass eine Person ohnehin als Täter nicht in Betracht kommt. Aus der Tatbestandsbezogenheit der Täterlehre folgt, dass sich die Kriterien des Täterbegriffs nach der Eigenart des jeweiligen Straftatbestands richten. Der Täter muss also *grundsätzlich*[66] alle täterbezogenen Tatbestandsmerkmale des fraglichen Delikts in eigener Person selbst verwirklichen.

a) Sonder-, Pflicht- und Amtsdelikte

Sonderdelikte

Keine Abgrenzungsprobleme ergeben sich bei solchen Tatbe- 140
ständen, bei denen aufgrund ihrer Eigenart nur eine bestimmte Person als Täter in Betracht kommt.

65 Vgl. dazu unten, Rn. 212 ff. (im Kapitel über den Versuch).

66 Tatbezogene Merkmale können dagegen über die Figur der mittelbaren Täterschaft oder über die wechselseitige Zurechnung bei Mittätern zugerechnet werden.

Dies sind zum einen die *echten und unechten Sonderdelikte*,[67] bei denen nur eine Person aus dem im Gesetz umschriebenen Personenkreis Täter sein kann (gesetzlich vorausgesetzte Subjektsqualität).

***Bsp.:** §§ 331 ff. StGB (Amtsträger), § 203 StGB (Arzt, etc.)*

eigenhändige Delikte

Gleiches gilt für die *eigenhändigen Delikte*.[68] Hier kann Täter zwar jedermann sein, jedoch muss er den Tatbestand persönlich verwirklichen. 141

***Bsp.:** § 315c StGB (Fahrer = Täter; anspornender Beifahrer = Teilnehmer, kann nie Mittäter sein!), § 153 StGB (Aussagender = Täter)*

hemmer-Methode: Im Gesetz ist nicht ausdrücklich geregelt, welche Tatbestände „eigenhändige" sind und welche nicht. Merken Sie sich daher die §§ 153 ff. und §§ 315c, 316 StGB als klausurrelevanteste Fälle. Dagegen ist nach h.M. § 123 StGB kein eigenhändiges Delikt, obwohl man das beim Tatbestandsmerkmal „eindringen" evtl. denken könnte.
Verstehen Sie auch die gesetzlichen Regelungszusammenhänge! Für einzelne Sonder- bzw. eigenhändige Delikte hat der Gesetzgeber Fälle der „mittelbaren Täterschaft" als eigenständige Tatbestände geregelt: so in § 271 StGB (mittelbare Falschbeurkundung) zum Sonderdelikt des § 348 StGB oder in § 160 StGB (Verleiten zur Falschaussage) zu den eigenhändigen Delikten der §§ 153 ff. StGB. Damit will der Gesetzgeber unbillige Strafbarkeitslücken schließen.

b) Delikte mit überschießender Innentendenz

besondere Absichten

Täter bei den Delikten mit überschießender Innentendenz (z.B. §§ 242, 249 StGB) kann nur derjenige sein, bei dem die im Gesetz genannte besondere Absicht (hier: Absicht rechtswidriger Zueignung) gegeben ist. 142

hemmer-Methode: Beachten Sie: Fehlt bei einem Beteiligten ein solches strafbegründendes Merkmal, so führt dies nicht zur Straflosigkeit, solange dieser dennoch einen (kausalen) Beitrag zur Tatbegehung liefert. Aufgrund des Grundsatzes der *limitierten* Akzessorietät (vgl. unten, Rn. 162), der nur verlangt, dass der *Täter* alle Merkmale selbst verwirklicht, kommt eine Bestrafung als *Teilnehmer* in Betracht.

[67] Echte Sonderdelikte sind solche, bei denen das besondere persönliche Merkmal strafbegründenden Charakter hat (z.B. die Amtsträgereigenschaft in § 331 I StGB), bei unechten Sonderdelikten kommt dem persönlichen Merkmal dagegen eine strafschärfende Funktion zu (z.B. die Amtsträgereigenschaft bei § 258 a I StGB). Vgl. Hemmer/Wüst, Strafrecht AT I, Rn. 66 ff.

[68] Vgl. Hemmer/Wüst, Strafrecht AT I, Rn. 67.

3. Allgemeindelikte

Allgemeindelikte

Den eigentlichen Anwendungsbereich für die Theorien zur Abgrenzung zwischen Täterschaft und Teilnahme bilden die *Allgemeindelikte*,[69] die keine Begrenzung des Täterkreises kennen. 143

hemmer-Methode: Hüten Sie sich in der Klausur auch bei problematischen Konstellationen davor, die einzelnen Theorien in epischer Breite darzustellen. Es genügt, wenn Sie die wichtigsten Schlagwörter (den 'Sound') zur (im Folgenden dargestellten) subjektiven Theorie und zur Tatherrschaftslehre vorbringen. Viel wichtiger ist eine genaue Subsumtion des Sachverhaltes, da in der Klausur nicht in erster Linie das Wissen, sondern die Anwendung geprüft wird.

subjektive Theorie der Rechtsprechung: diff. animus auctoris ↔ animus socii

Anknüpfungspunkte der vorwiegend in der Rechtsprechung vertretenen *subjektiven Theorie* sind die *Willensrichtung* und die *innere Einstellung* der Beteiligten zur Tat. *Täter* ist, wer mit *Täterwillen* (animus auctoris) handelt und die Tat „als eigene" will. Dagegen ist *Teilnehmer*, wer mit *Teilnehmerwillen* (animus socii) handelt und die Tat „als fremde" veranlassen und fördern will. 144

Kritik

Gegen die subjektive Theorie wird der Gesetzeswortlaut des § 25 I Alt. 1 StGB vorgebracht, der auf objektive Sachbezüge abstellt. Dies gilt umso mehr für die extrem-subjektive Theorie, nach der allein die Willensrichtung der Beteiligten entscheidend ist. Berühmte Beispiele einer extrem subjektiven Abgrenzung sind der sog. Badewannenfall (RGSt 74, 84) und der Staschynskijfall (BGHSt 18, 87).

Tatherrschaftslehre

Die h.M. in der Literatur vertritt dagegen – mit teils unterschiedlichen Ausprägungen – die *Lehre von der Tatherrschaft*. Entscheidendes Abgrenzungskriterium ist der Begriff der *Tatherrschaft*, der sich aus subjektiven und objektiven Kriterien zusammensetzt. 145

Täter

Täter ist danach, *wer* die Tat *beherrscht*. Dabei wird Tatherrschaft als das *vom Vorsatz umfasste In-den-Händen-Halten des tatbestandsmäßigen Geschehensablaufs* definiert. Der Täter ist somit „Zentralgestalt" des tatbestandlichen Geschehensablaufs. Entscheidend für die Täterschaft ist, ob und inwieweit der einzelne Beteiligte nach *Art und Gewicht seines objektiven Tatbeitrags* sowie aufgrund seiner *Willensbeteiligung* das Ob und Wie der Tatbestandsverwirklichung in der Weise beherrscht oder mitbestimmt, dass der *Erfolg als das Werk (auch) seines zielstrebig lenkenden oder die Tat mitgestaltenden Willens* erscheint.

[69] Vgl. Hemmer/Wüst, Strafrecht AT I, Rn. 66.

Teilnehmer

Teilnehmer ist dagegen, wer ohne eigene Tatherrschaft als „Randfigur“ des realen Geschehens die Begehung der Tat veranlasst oder fördert.

II. Erscheinungsformen der Täterschaft

Erscheinungsformen der Täterschaft

146 § 25 StGB geht von drei Unterarten der Täterschaft aus. Neben der unmittelbaren Täterschaft (§ 25 I Alt. 1 StGB), die keine weiteren Folgeprobleme aufwirft, existieren noch die mittelbare Täterschaft (§ 25 I Alt. 2 StGB) und die Mittäterschaft (§ 25 II StGB).

1. Mittelbare Täterschaft, § 25 I Alt. 2 StGB

a) Voraussetzungen

mittelbare Täterschaft – Voraussetz.

147 Der mittelbare Täter begeht die Tat nach § 25 I Alt. 2 StGB durch einen anderen.

Kennzeichnend für die mittelbare Täterschaft sind die aus tatsächlichen oder rechtlichen Gründen *unterlegene Stellung* des als Tatmittler eingesetzten menschlichen Werkzeuges und die beherrschende Rolle des Hintermanns, der die Sachlage richtig erfasst und das *Gesamtgeschehen kraft seines planvoll lenkenden Willens „in der Hand“* hat.

Dies bedeutet, dass beim unmittelbar Handelnden in der Regel ein *Strafbarkeitsmangel* vorliegt,[70] dieser z.B. vorsatzlos oder entschuldigt handelt.

> ***Bsp.:*** *T bittet den M, seinen Ball aus dem Garten des O zu holen. In Wirklichkeit gehört der Ball dem O, was M jedoch nicht weiß. M erfüllt dem T seinen Wunsch. M kann mangels Tatbestandsvorsatzes nicht aus § 242 I StGB bestraft werden. T ist daher als mittelbarer Täter des Diebstahls kraft überlegenen Wissens anzusehen (§§ 242 I, 25 I Alt. 2 StGB).*

Fallaufbau

148 Ein kleineres Problem werfen derartige Konstellationen für den Klausuraufbau auf, da grundsätzlich mit dem *Täter* begonnen werden soll. Dies hätte jedoch zur Konsequenz, dass bei der Prüfung der Strafbarkeit des mittelbaren Täters ausführlich auf den Strafbarkeitsmangel des Werkzeugs eingegangen werden müsste, was zu einem stilistisch unschönen Schachtelaufbau führen würde. Deswegen ist hier die zweite Aufbauregel (vgl. oben, Rn. 33) wichtig, nach der mit dem handelnden Tatnächsten begonnen werden soll, also im Fall einer mittelbaren Täterschaft mit dem Werkzeug. Entfällt dessen Strafbarkeit aus irgendeinem Grund, ist die des Hintermannes zu prüfen.

---

[70] Zu den Fallgruppen des Täters hinter dem Täter vgl. unten, Rn. 152 ff.

Aufbauschema bei mittelbarer Täterschaft:

A. Strafbarkeit des Werkzeuges
(nach üblichem Schema für den Alleintäter)

B. Strafbarkeit des Hintermanns als mittelbarer Täter

- **I.** Tatbestandsmäßigkeit
  - **1.** Objektiver Tatbestand:
    - Begehung durch „einen anderen“ i.S.d. § 25 I Alt. 2 StGB:
    - kausaler Tatbeitrag
    - Strafbarkeitsmangel des Werkzeugs
    - Wissens- oder Willensherrschaft des Hintermanns
  - **2.** Subjektiver Tatbestand
    - Vorsatz, insb. Bewusstsein der Tatherrschaft
    - sonstige subjektive Tatbestandsmerkmale
- **II.** Rechtswidrigkeit (wie bei Alleintäter)
- **III.** Schuld (wie bei Alleintäter)

hemmer-Methode: Ausnahmsweise kann auch sofort mit dem Hintermann begonnen werden, wenn der Strafbarkeitsmangel evident ist und keiner ausführlicheren Prüfung bedarf, z.B. wenn es sich beim Tatmittler um ein Kind handelt, vgl. § 19 StGB. Auch wenn nur die Strafbarkeit des Hintermanns gefragt ist, entfällt natürlich eine eigenständige Prüfung des Werkzeuges. Keinesfalls dürfen jedoch abstrakte Ausführungen zur mittelbaren Täterschaft ohne Zusammenhang mit einem bestimmten Delikt gemacht werden.

b) Fallgruppen des Strafbarkeitsmangels

Strafbarkeitsmängel

Mittelbare Täterschaft ist regelmäßig dann zu bejahen, wenn der Hintermann sich zur Begehung einer Vorsatztat wissentlich und willentlich einer nicht voll *tatbestandsmäßig*, einer nicht *rechtswidrig* oder einer nicht voll *verantwortlich* handelnden Person als Werkzeug bedient. Strafbarkeitsmängel können auf allen Ebenen der Prüfung eines Straftatbestands auftreten. Die häufigsten und damit klausurrelevantesten Fälle sind diejenigen, bei denen das Werkzeug einen Mangel im subjektiven Tatbestand oder der Schuld aufweist.[71] 149

[71] Möglich, aber seltener sind auch Strafbarkeitsmängel im objektiven Tatbestand, so insbesondere bei den oben (Rn. 140) erwähnten Sonderdelikten, bei denen eben nicht jedermann Täter sein kann.

aa) Subjektiver Tatbestand

- im subjektiven TB

Ein Strafbarkeitsmangel ist gegeben, wenn das Werkzeug ohne 150
den erforderlichen Vorsatz handelt. Wer das Werkzeug in einen den Vorsatz ausschließenden Tatbestandsirrtum (§ 16 I S. 1 StGB) versetzt oder einen solchen vorhandenen Irrtum ausnutzt, handelt mit überlegenem Wissen und daher als mittelbarer Täter.[72]

Erliegt dagegen der Vordermann einem unbeachtlichen (Motiv-) Irrtum (z.B. über den Wert einer bestimmten Sache) oder einem error in persona, ist er strafrechtlich voll verantwortlich. Selbst wenn der Hintermann diesen Irrtum bewusst steuert, kann er mittelbarer Täter nur als sog. „Täter hinter dem Täter" (vgl. unten, Rn. 152 ff., 154) sein, dessen Existenz und Voraussetzungen streitig sind.

bb) Schuld

- in der Schuld

Die *Schuld* des Werkzeugs kann aus verschiedenen Gründen 151
entfallen. Zum einen kann das Werkzeug schuldunfähig, zum anderen entschuldigt (insbesondere § 35 StGB) sein oder aufgrund eines Irrtums schuldlos handeln.

> **Bsp.:** *T und W fahren mit dem Auto, als sie in der Ferne den O sehen. T, der mit O noch eine Rechnung offen hat, zieht seinen Magnum-Revolver und hält diesen dem fahrenden W an den Kopf, um ihn zu zwingen, O zu überfahren. Notgedrungen überfährt W den O, der schwer verletzt wird.*[73]
>
> Hier hat sich T einer gefährlichen Körperverletzung in mittelbarer Täterschaft nach §§ 223 I, 224 I Nr. 2 Alt. 2, 5 StGB strafbar gemacht. W bleibt nach h.M. gemäß § 35 StGB straffrei (Fall des Nötigungsnotstands, vgl. Rn. 102).

c) Fallgruppen des „Täters hinter dem Täter"

Täter hinter dem Täter

In bestimmten Ausnahmefällen, den sog. Fällen des *„Täters hin-* 152
ter dem Täter", wird mittelbare Täterschaft auch dann angenommen, wenn das Werkzeug volldeliktisch handelt. Der Hintermann hat somit kein rechtliches Übergewicht, aber eine Überlegenheit an Wollen und Wissen.

---

[72] Vgl. Jescheck/Weigend, Strafrecht Allgemeiner Teil, § 62 II 2. Auch in Fällen, in denen zwar der Vorsatz gegeben ist, aber besondere Absichten fehlen (z.B. das sog. absichtslos-dolose Werkzeug) wird z.T. mittelbare Täterschaft angenommen; vgl. Hemmer/Wüst, Strafrecht AT II, Rn. 195, 196.

[73] Nach BGH, NStZ 1986, 547 = **juris**byhemmer.

Die h.L. hält in diesen Fällen eine mittelbare Täterschaft für möglich, wenn der steuernde Einfluss des Hintermanns ausreichend stark ist. Diese Formulierung zeigt, dass jeweils im Einzelfall eine Analyse des Sachverhalts geboten ist und generelle Aussagen zu der jeweiligen Fallgruppe nicht möglich sind.

Fallgruppen

Die wichtigsten *Fallgruppen* des „Täters hinter dem Täter“ sind:

aa) Der „Schreibtischtäter“

Schreibtischtäter

In den Fällen der Tatausführung unter Ausnutzung organisatorischer Machtapparate garantiert die Hierarchie des Machtapparates den Vollzug des Befehls unabhängig von der Individualität des unmittelbar Handelnden, so dass die Annahme der Tatherrschaft des Befehlenden trotz volldeliktisch handelnden Werkzeuges gerechtfertigt erscheint („Tatherrschaft kraft Organisationsgewalt“). 153

> **Bsp.:** *„Mauerschützenfall“: die Mitglieder des nationalen Sicherheitsrates der DDR wurden hinsichtlich der Maueropfer als Täter und nicht als Anstifter bestraft.*[74]

hemmer-Methode: Obwohl in der Klausur natürlich entschieden werden muss, ob Anstiftung oder mittelbare Täterschaft („Täter hinter dem Täter“) vorliegt, sollte man sich vergegenwärtigen, dass der Strafrahmen gleich bleibt (vgl. § 26 StGB)! In der Entscheidung räumt der BGH ein, dass es auch ein rechtspolitisches Bedürfnis sei, die eigentlichen Drahtzieher als Täter und damit nicht nur als „Randgestalten“ zu bestrafen. Ob diese Konstruktion auch bei „privaten“ (etwa Verbrecher-) Organisationen anwendbar ist, ist problematisch. Der BGH deutet dies in der Mauerschützenentscheidung an; in der Literatur wird dagegen vorgetragen, dass die Strukturen hier nie gleich gefestigt seien wie in einem staatlichen Machtapparat.

bb) Die Irrtumsfälle

Irrtumsfälle

Hierunter sind die Konstellationen zu verstehen, in denen der Vordermann sich zwar bewusst ist, strafbares Unrecht zu begehen, durch den Hintermann aber über einzelne Tatumstände getäuscht wird (z.B. Wert der zerstörten Sache). 154

cc) Der vermeidbare Verbotsirrtum

vermeidbarer Verbotsirrtum

Ebenfalls als Fallgruppe des Täters hinter dem Täter wird der vom Hintermann herbeigeführte *vermeidbare Verbotsirrtum* diskutiert. 155

---

[74] Vgl. BGHSt 40, 218-240 = **juris**byhemmer.

Zentrale Entscheidung des BGH in diesem Zusammenhang ist der sog. „Katzenkönigfall“.[75] Dort wurde eine schematische Lösung (immer mittelbare Täterschaft/nie mittelbare Täterschaft) abgelehnt; vielmehr sei stets auf die konkreten Umstände des Einzelfalls (d.h. auf das tatsächliche Maß an Tatherrschaft) abzustellen.

hemmer-Methode: Beachten Sie, dass die Auswirkung eines error in persona beim Tatmittler auf den mittelbaren Täter umstritten ist. Prüfungsort für diesen Streit ist der subjektive Tatbestand des mittelbaren Täters. Für eine Ansicht soll der error in persona des „Vordermannes“ wie die aberratio ictus stets beachtlich sein. Es mache keinen Unterschied, ob ein mechanisches oder menschliches Werkzeug fehlgehe.
Die Gegenmeinung differenziert danach, ob der „Vordermann“ oder der „Hintermann“ das Opfer individualisiert hat. Hat der mittelbare Täter die Individualisierung dem „Vordermann“ überlassen, soll ein error in persona bei der Tatausführung auch für den mittelbaren Täter unbeachtlich sein. Denn dann habe sich gerade die Gefahr der Überlassung der Individualisierung durch den „Vordermann“ realisiert. Habe dagegen der mittelbare Täter die Individualisierung nicht dem „Werkzeug“ überlassen, sei dies aus Sicht des mittelbaren Täters wie ein Fehlgehen der Tat (aberratio ictus) zu bewerten. Dann käme „nur“ eine Strafbarkeit des mittelbaren Täters wegen Versuchs und Fahrlässigkeit in Betracht.[76]

2. Mittäterschaft, § 25 II StGB

a) Begriff

Voraussetzungen der Mittäterschaft

Für die Bejahung einer Mittäterschaft werden *drei Voraussetzungen* gefordert, deren jeweiliger Inhalt im Einzelnen umstritten ist. **156**
Jeder Mittäter muss *objektiv* einen *Tatbeitrag* leisten. Die Mittäter müssen *subjektiv* aufgrund eines *gemeinsamen Tatentschlusses/-plans* handeln. Zudem müssen bei jedem Mittäter alle sonstigen, für den jeweiligen Tatbestand erforderlichen *besonderen* Merkmale vorliegen (z.B. Zueignungsabsicht).

gegenseitige Zurechnung

Liegen die Voraussetzungen der Mittäterschaft vor, werden jedem Mittäter die *objektiven Tatbeiträge* der anderen Mittäter über § 25 II StGB *unmittelbar gegenseitig zugerechnet.*

Bsp.: *T und M überfallen den O. Dabei hält T den O fest, während ihm M seinen Geldbeutel wegnimmt. Die Beute wollen sich T und M teilen.*

75 BGHSt 35, 347-356 = jurisbyhemmer.

76 BGH, NStZ 1998, 294-295 (295) = jurisbyhemmer; weitergehend: BGH, NStZ 2001, 475-477 = jurisbyhemmer.

Hier sind sowohl T als auch M nach §§ 249 I, 25 II StGB strafbar. Die objektiven Merkmale der Gewaltanwendung und der Wegnahme werden jeweils auch dem Mittäter zugerechnet, der sie selbst nicht verwirklicht hat. Beide hatten auch Vorsatz und die für § 249 I StGB erforderliche Zueignungsabsicht.

diff. Zurechnung kraft Akzessorietät bei Teilnehmern

hemmer-Methode: Im Gegensatz dazu findet bei der Teilnahme eine Zurechnung kraft Akzessorietät statt.[77] Diese Zurechnung kraft Akzessorietät ist weitergehend, da von ihr nur die unter § 28 StGB oder § 29 StGB fallenden Tatbestandsmerkmale ausgenommen werden. So werden z.B. die besonderen Absichten bei Delikten mit überschießender Innentendenz, die nach ganz h.M. nicht unter § 28 StGB fallen, dem Teilnehmer aufgrund der Akzessorietät zugerechnet. Im Unterschied hierzu ist eine Zurechnung dieser Absichten über die Mittäterschaft nicht möglich, da es sich hierbei nicht um objektive Tatbeiträge handelt.

Diese Zurechnung gilt aber nur, soweit die Tatbeiträge vom gemeinsamen Tatplan gedeckt sind.

Bsp.: A und B überfallen gemeinsam eine Bank. A hat eine Schusswaffe bei sich.

Ob außer A auch B nach §§ 249 I, *250 I Nr. 1 lit. a Alt. 1*, 25 II StGB zu bestrafen ist, hängt davon ab, ob er von der Waffe weiß. Nur wenn dies der Fall ist, kann ihm das „Waffentragen" zugerechnet werden (vgl. auch Rn. 173).

hemmer-Methode: Beachten Sie die Rechtsprechung zu § 227 I StGB bei der Mittäterschaft: Beteiligen sich mehrere an einer Körperverletzung, so kann für deren Todesfolge, die einer der Tatbeteiligten unmittelbar herbeiführt, auch derjenige Beteiligte bestraft werden, der den Verletzungserfolg nicht mit eigener Hand ausführt, jedoch aufgrund eines gemeinsamen Tatentschlusses mit dem Willen zur Tatherrschaft zum Verletzungserfolg beiträgt.[78]
Der BGH grenzt die Mittäterschaft von der Beihilfe nach folgender Formel ab: „Ob Mittäterschaft anzunehmen ist, ist aufgrund einer Gesamtbetrachtung aller festgestellten Umstände zu prüfen. Maßgebend sind der Grad des Interesses an der Tat, der Umfang der Tatbeteiligung und die Tatherrschaft oder wenigstens der Wille dazu, sodass die Durchführung und der Ausgang der Tat maßgeblich auch vom Willen der Betroffenen abhängt."[79]

77 Vgl. Jescheck/Weigend, Strafrecht Allgemeiner Teil, § 63 I 2.

78 BGH, NStZ 1997, 82-83 = **juris**byhemmer.

79 BGH, Urteil vom 16.04.2019 – 5 StR 685/18 = **juris**byhemmer = Life&Law 01/2020, 32 ff.

b) Aufbau

zwei Aufbaukonstellationen

Bei der Mittäterschaft lassen sich *zwei Aufbaukonstellationen* unterscheiden, die unterschiedlich zu bearbeiten sind:

getrennter Aufbau

Der getrennte Aufbau ist immer dann zu wählen, wenn erhebliche Strafbarkeitsunterschiede zwischen den einzelnen Beteiligten bestehen; sei es, dass ein Mittäter nur Vorsatz hinsichtlich eines minder schweren Delikts hatte, oder dass nur er strafbefreiend vom Versuch zurückgetreten ist. 157

Wenn dagegen beide Täter sämtliche Tatbestandsmerkmale identisch verwirklicht haben, *kann* zwar auch erst der eine, dann (mit einigen Verweisungen) der andere geprüft werden. *Ökonomischer* ist es allerdings regelmäßig, beide gemeinsam zu prüfen. 157a

gemeinsamer Aufbau

Dagegen *muss* für eine sinnvolle Lösung der gemeinsame Aufbau immer dann gewählt werden, wenn die Beteiligten das Delikt in arbeitsteiliger Weise begehen. Nur durch eine Zusammenschau aller Tatbeiträge ergibt sich nämlich dann das Vorliegen aller Tatbestandsmerkmale (vgl. das Beispiel oben, Rn. 156). 158

Prüfung der Mittäterschaft

Probleme aufwerfen kann die Frage, wo in dieser Konstellation die Voraussetzungen einer Mittäterschaft zu prüfen sind. 159

Dogmatisch am saubersten wäre es, das arbeitsteilige Handeln im objektiven, den gemeinsamen Tatentschluss im subjektiven Tatbestand zu prüfen.

Da dann aber erst nach dem subjektiven Tatbestand endgültig feststünde, dass eine Mittäterschaft vorliegt, im objektiven Tatbestand aber u.U. schon eine wechselseitige Zurechnung zu erfolgen hat, sollte man schon in den objektiven Tatbestand einen Vorgriff auf den gemeinsamen Tatplan einbauen, um die Mittäterschaft zu begründen. Umgekehrt wird aber auch zum Teil vorgeschlagen, die Mittäterschaft erst als Annex nach dem subjektiven Tatbestand zu prüfen.

hemmer-Methode: Wichtig ist, dass die Mittäterschaft jedenfalls nicht abstrakt vorneweg dargestellt werden darf, sondern stets im Zusammenhang mit einem speziellen Delikt geprüft werden muss. Dabei kann man aber gerade bei idealkonkurrierenden Delikten ab dem zweiten Tatbestand meist im Wesentlichen nach oben verweisen.

III. Teilnahme, §§ 26, 27 StGB

1. Teilnahmeformen und Strafgrund

Teilnahmeformen

Das StGB kennt *zwei Formen der Teilnahme:* die *Anstiftung* nach *§ 26 StGB* und die *Beihilfe* nach *§ 27 StGB*. 160

Diese beiden Teilnahmeformen stehen in einem Stufenverhältnis, d.h. die Anstiftung verdrängt die Beihilfe als speziellere Teilnahmeform.

hemmer-Methode: Scheitert die Anstiftung beim zur Tat bereits fest Entschlossenen (lat.: „omnimodo facturus") am fehlenden Hervorrufen des Tatentschlusses (vgl. unten, Rn. 164 f.), so wird häufig übersehen, dass dies nicht automatisch zur Straflosigkeit führt, sondern eine Strafbarkeit wegen psychischer Beihilfe in Betracht kommt. Prüfen Sie also (zumindest gedanklich) die in Betracht kommenden Beteiligungsformen immer in der Reihenfolge Täterschaft – Anstiftung – Beihilfe bei den einzelnen Tatbeteiligten durch.

Akzessorietät

Anstiftung und Beihilfe setzen die Existenz einer *vorsätzlichen und rechtswidrigen Haupttat* i.S.d. *§ 11 I Nr. 5 StGB* voraus (sog. limitierte *Akzessorietät*). Diese Akzessorietät sollte man bereits in seinem Prüfungsobersatz klarstellen. Grundsätzlich sollte im Paragraphenzitat zuerst die vom Haupttäter begangene Tat und erst anschließend die dem Beteiligten zur Last gelegte Beteiligungsform aufgeführt werden. **161**

> ***Bsp.:*** *Stiftet A den B dazu an, einen Totschlag durch Unterlassen (§§ 212 I, 13 I StGB) zu begehen, so ist die Formulierung wie folgt zu bilden: Anstiftung des A zum Totschlag durch Unterlassen (§§ 212 I, 13 I, 26 StGB).*

limitierte Akzessorietät

Im Gegensatz zum früher geltenden Grundsatz der *strengen Akzessorietät,*[80] nach dem eine „strafbare" Handlung, d.h. also eine auch *schuldhafte* Haupttat erforderlich war, gilt heute das *Prinzip der limitierten Akzessorietät.* Aus §§ 26, 27, 29 StGB ergibt sich, dass jeder Beteiligte ohne Rücksicht auf die Schuld des anderen nach *seiner Schuld* bestraft wird. Die Haupttat muss daher nur noch eine „mit Strafe bedrohte Handlung" sein, d.h. eine *tatbestandsmäßige und rechtswidrige Tat.* **162**

hemmer-Methode: Folglich ist – entgegen einem häufig begangenen Fehler – eine Strafbarkeit wegen Anstiftung auch dann möglich, wenn der Täter ohne Schuld handelt! Regelmäßig wird dann aber auch eine Konstellation der mittelbaren Täterschaft vorliegen, welche der Anstiftung vorgeht.

vorsätzliche Haupttat

Eine Teilnahme ist nur bei einer *vorsätzlichen* Haupttat möglich. Auf dieses Erfordernis verzichtet der Grundsatz der limitierten Akzessorietät nicht. Strafbar ist nur die *vorsätzliche* Teilnahme an einer *vorsätzlich begangenen Haupttat.* **163**

---

80 Vgl. Jescheck/Weigend, Strafrecht Allgemeiner Teil, § 61 VII 1 m.w.N.

	Anstiftung	Beihilfe
Objektiver Tatbestand	1. Vorsätzliche rechtswidrige Haupttat 2. Bestimmen	1. Vorsätzliche rechtswidrige Haupttat 2. Hilfeleisten
Subjektiver Tatbestand	1. Vorsatz hinsichtlich Haupttat 2. Vorsatz hinsichtlich Bestimmen	1. Vorsatz hinsichtlich Haupttat 2. Vorsatz hinsichtlich Hilfeleisten
Rechtswidrigkeit	wenn Rechtfertigungsgründe (-)	wenn Rechtfertigungsgründe (-)
Schuld	wenn Schuldausschließungs-/ Entschuldigungsgründe (-)	Wenn Schuldausschließungs-/ Entschuldigungsgründe (-)

2. Teilnahmehandlungen

Teilnahmehandlungen

Als Teilnahmehandlung verlangt § 26 StGB ein „Bestimmen" zur Tat, § 27 StGB ein „Hilfeleisten". 164

§ 26 StGB: Bestimmen

a) Das „Bestimmen" ist dabei als Hervorrufen des Tatentschlusses zu verstehen. Zwar muss die Anstiftungshandlung nicht einziger Grund für die Tat sein; ein Bestimmen kommt aber jedenfalls dann nicht mehr in Betracht, wenn der Täter ohnehin fest entschlossen war, die Tat so auszuführen (lat.: „omnimodo facturus").[81] 165

Umstritten ist dagegen der Fall, in dem der zum Grunddelikt bereits fest Entschlossene dazu überredet wird, einen Qualifikationstatbestand zu begehen:

> ***Bsp.:*** *A berichtet B, er wolle C verprügeln. B rät ihm, doch einen Knüppel mitzunehmen und einzusetzen, was A auch tut.*
>
> Lösung: Strafbarkeit des A: §§ 223 I, 224 I Nr. 2 Alt. 2, (5) StGB (+) (Knüppel als gefährliches Werkzeug, u.U. auch eine das Leben gefährdende Behandlung).

Strafbarkeit des B: §§ 223, 224, 26 StGB?

> B könnte sich dadurch, dass er dem A riet, einen Knüppel mitzunehmen, wegen Anstiftung zur gefährlichen Körperverletzung strafbar gemacht haben. Fraglich ist allerdings, ob B den A zur Tat „bestimmt", d.h. den Tatentschluss hervorgerufen hat. Hinsichtlich des Grunddelikts war A nämlich bereits zur Tat entschlossen, sodass nach ganz h.M. eine Anstiftung ausscheidet.

81 Vgl. Hemmer/Wüst, Strafrecht AT II, Rn. 273.

Fraglich ist, wie es sich auswirkt, dass A auf Grund des Rates des B nun eine gefährliche Körperverletzung begangen hat. Während eine Ansicht stets oder zumindest bei einer (bei Qualifikationen regelmäßig gegebenen) Unwertsteigerung eine Anstiftung zum qualifizierten Delikt bejaht,[82] bleibt die Gegenansicht dabei, dass hinsichtlich des (in der Qualifikation enthaltenen!) Grunddelikts eine Anstiftung ausscheidet. Daher kommt – wenn das qualifizierende Element nicht selbständig unter Strafe steht (so z.B. die Nötigung, § 240 StGB, die von § 242 StGB zu § 249 StGB führt) – nur eine psychische Beihilfe zum Tatganzen in Frage.[83]

hemmer-Methode: Letztlich gibt es kein entscheidendes Argument für die eine oder die andere Theorie. Da der omnimodo facturus zur *selben* Tat unstreitig nicht, zu einer *anderen* Tat aber ebenso unstreitig durchaus angestiftet werden kann, ist die entscheidende Wertungsfrage, ob eine Qualifikation als „andere Tat" zu sehen ist oder nicht.
Folgen Sie in der Klausur der Ansicht, die klausurtaktisch günstiger erscheint und für die Sie die überzeugenderen Argumente vortragen können.

§ 27 StGB: Hilfe leisten

b) „Hilfeleisten" bedeutet jede Förderung der Haupttat durch psychische oder physische Unterstützung. Nach der Rechtsprechung ist dabei nicht erforderlich, dass die Gehilfenhandlung kausal für den Erfolgseintritt ist, nach Ansicht der h.L. muss dagegen zumindest eine Mitursächlichkeit vorliegen. 166

hemmer-Methode: Denken Sie daran, dass eine Beihilfe auch durch Unterlassen begangen werden kann, wenn eine Garantenpflicht zu einem Einschreiten verpflichtet.[84]

3. Subjektiver Tatbestand

doppelter Teilnehmervorsatz

Sowohl Anstiftung als auch Beihilfe verlangen einen sog. *doppelten Teilnehmervorsatz*. Dieser ist zum einen auf die Teilnahmehandlung (Bestimmen bzw. Hilfeleisten), zum anderen auf die Vollendung der vorsätzlichen rechtswidrigen Haupttat gerichtet. Dabei muss der Vorsatz hinsichtlich der Haupttat einerseits nicht sämtliche Einzelheiten umfassen, sich aber andererseits durchaus auf eine bestimmte Tat beziehen.[85] Da der Gehilfe den Tatentschluss des Täters nicht hervorruft, sondern sich gleichsam an einen bereits vorhandenen Entschluss „anhängt", sind bei ihm tendenziell geringere Anforderungen an die Bestimmtheit des Vorsatzes zu stellen.[86] 167

[82] Vgl. BGHSt 19, 339-342.

[83] Vgl. Schönke/Schröder, § 26 StGB, Rn. 6; SK-Samson, § 26 StGB, Rn. 4.

[84] Vgl. Life&Law 07/2000, 477.

[85] Vgl. BGH, NStZ 2005, 381-383 = **juris**byhemmer = Life&Law 09/2005, 603 ff. Interessant auch im Hinblick auf die sog. „Kettenanstiftung".

[86] Vgl. dazu auch BGH, NJW 1996, 2517-2518 = **juris**byhemmer.

hemmer-Methode: Will der Anstifter die Voll- bzw. Beendung der Haupttat nicht, denken Sie an die Figur des „agent provocateur".[87]

„Rose-Rosahl-Konstellation"

Beim Vorsatz hinsichtlich der Haupttat ist im Aufbau das klassische Problem einzuordnen, wie sich ein error in persona beim Täter auf die Strafbarkeit des Teilnehmers, v.a. auf die des Anstifters, auswirkt (bekannt als Rose-Rosahl-Fall nach der Entscheidung des Preußischen Obertribunals GA 7 (1859), 322 ff.).[88] 168

***Bsp.:** A stiftet T an, O zu erschießen. T lauert daraufhin dem O auf. Als S des Weges kommt, hält T ihn in der Dämmerung für O und erschießt diesen. Wie haben sich A und T strafbar gemacht?*

T hat sich nach § 212 I StGB (u.U. auch nach § 211 StGB, der hier aber nicht interessieren soll) strafbar gemacht. Die Identitätsverwechslung (error in persona) ist unbeachtlich.

Problematisch und umstritten ist dagegen die Frage, ob der error in persona des T auch für A unbeachtlich ist.

Dies alleine mit einem Hinweis auf § 26 StGB („wie ein Täter zu bestrafen") zu bejahen, erscheint allzu formalistisch.

Die früher h.L. behandelte den Fall einheitlich als aberratio ictus für den Anstifter, da es keinen Unterschied mache, ob ein angestifteter Täter gleichsam als menschliches Werkzeug versage oder ob z.B. eine Pistolenkugel fehlgehe.

Außerdem müsse die Unbeachtlichkeitstheorie in Fällen, in denen der Täter im zweiten (oder dritten, vierten, usw.) Anlauf endlich das richtige Opfer trifft, entweder hinsichtlich diesem einen Exzess annehmen oder den Anstifter „für die ganze Metzelei" verantwortlich machen, was beides unbefriedigende Ergebnisse seien.

Demgegenüber vertritt der BGH[89] die Auffassung, dass die Konstellation als Problem des Irrtums über den Kausalverlauf zu behandeln ist. Danach ist der Irrtum des T für die Strafbarkeit des A nur beachtlich, wenn er wesentlich, d.h. nach allgemeiner Lebenserfahrung unvorhersehbar war. Ob dies der Fall ist, ist eine Frage des Einzelfalls (z.B. nähere Tatumstände, Ausmaß der Konkretisierung bzw. Individualisierung durch den Täter), wird im Zweifel aber eher zu verneinen sein. Wird ein Dritter als Täter eingeschaltet, kann es i.d.R. durchaus passieren, dass dieser das „verkehrte Opfer" trifft.[90]

---

87 Zu dieser Problematik Hemmer/Wüst, Strafrecht AT II, Rn. 293, 294.

88 Zu dieser Problematik und der dazu ergangenen Entscheidung vgl. BGHSt 37, 305 (312 ff.) = **juris**byhemmer.

89 BGHSt 37, 305-315 (312) = **juris**byhemmer.

90 Näher zu diesem Problem m.w.N. Hemmer/Wüst, Strafrecht AT II, Rn. 288 ff.

hemmer-Methode: Je eher der Irrtum des Vordermanns als nachvollziehbares Missgeschick erscheint, desto eher wird dieser Irrtum auch für den Anstifter als Hintermann als unbeachtlich angesehen.

B. Strafbarkeitsunterschiede zwischen den einzelnen Tatbeteiligten

Strafbarkeitsunterschiede zwischen den Beteiligten

Aufgrund der wechselseitigen Zurechnung der objektiven Tatbeiträge bei der Mittäterschaft und des Akzessorietätsgrundsatzes, der die Strafbarkeit des Teilnehmers an die des Täters knüpft, ist grundsätzlich davon auszugehen, dass alle Beteiligten, die einen irgendwie kausalen Beitrag zu einem bestimmten Tatgeschehen geleistet haben, sich aus denselben Straftatbeständen strafbar machen. Diese Tatsache ist aufbautechnisch insoweit von Bedeutung, als die Prüfung der Teilnehmerstrafbarkeit sich zunächst daran zu orientieren hat, wie sich der Haupttäter strafbar gemacht hat. 169

Bsp.: Der Haupttäter hat sich wegen schweren Raubes (§ 250 StGB) strafbar gemacht, da er bei seinem Überfall eine Waffe mit sich führte (§ 250 I Nr. 1 lit. a Alt. 1 StGB). Wusste der Anstifter nichts von dieser Waffe, so ist aufgrund des Akzessorietätsgrundsatzes dennoch zunächst die am fehlenden Tatbestandsvorsatz scheiternde Strafbarkeit aus §§ 249 I, 250 I, 26 StGB anzuprüfen, bevor auf die tatsächlich einschlägigen §§ 249 I, 26 StGB eingegangen wird (was allerdings durchaus unter einer gemeinsamen Überschrift – §§ 249 I, 250 I, 26 StGB – möglich ist).

Unterschiede in der Strafbarkeit zwischen den einzelnen Beteiligten werden insbesondere durch § 16 I S. 1 StGB und § 28 StGB ermöglicht. Diese beiden Vorschriften unterscheiden sich in ihrem Anwendungsbereich und ihrer Systematik. Grundlegendes Unterscheidungskriterium ist nach h.M. die Einordnung der Tatbestandsmerkmale des Besonderen Teils in tat- und täterbezogene Merkmale. 170

täterbezogene Merkmale, § 28 StGB

§ 28 StGB erfasst nur die sog. *täterbezogenen* besonderen persönlichen Merkmale, *nicht* die sog. *tatbezogenen* Merkmale. Letztere kennzeichnen den *sachlichen Unrechtsgehalt* der Tat näher; sie beschreiben den tatbestandlichen Erfolg, die Tatmittel und die Begehungsweise.[91]

Täterbezogene Merkmale sind dagegen solche, welche die Eigenschaften, Verhältnisse und anderen Umstände kennzeichnen, die vornehmlich mit der Person des Beteiligten verknüpft sind und das Unrecht, die Schuld oder die Strafbarkeit mitbestimmen. 171

91 Vgl. näher BGHSt 22, 375-385 = **juris**byhemmer; Jescheck/Weigend, Strafrecht Allgemeiner Teil, § 61 VII 4.

Die Einordnung richtet sich nicht nach dem abstrakten Inhalt des Merkmals, sondern nach dessen Funktion im Straftatbestand, sodass die Abgrenzung im Einzelfall schwierig und in Rechtsprechung und h.L. in vielen Fällen umstritten ist. Keinesfalls sind objektive Merkmale mit tatbezogenen und subjektive Merkmale mit täterbezogenen gleichzusetzen.[92]

Bspe.:

- Tatbestandsvorsatz und besondere Absichten (Bereicherungsabsicht, Zueignungsabsicht) ⇨ tatbezogen (z.B. bei den §§ 242, 253, 259, 263 StGB)
- Mordmerkmale nach § 211 II StGB: 1./3. Gruppe

  ⇨ täterbezogen[93]
- Mordmerkmale nach § 211 II StGB: 2. Gruppe

  ⇨ tatbezogen[94]
- besondere Pflichtenstellungen höchstpersönlicher Art

  ⇨ täterbezogen, z.B. Amtsträger; Garantenstellung bei unechten Unterlassungsdelikten; Vermögensbetreuungspflicht bei § 266 StGB, Anvertrautsein bei § 246 II StGB

§ 28 StGB

Die *Akzessorietätslockerungen* des § 28 StGB greifen dann, wenn der Beteiligte das entsprechende *täterbezogene* Merkmal nicht verwirklicht. 172

Bsp.: *A begeht einen Mord aus Habgier (§ 211 II Gruppe 1 Var. 3 StGB). Handelt Mittäter B nicht aus diesem Motiv heraus und hat er auch sonst kein täterbezogenes Mordmerkmal in seiner Person verwirklicht, kann er nach h.L. wegen § 28 II StGB (vgl. unten) nicht wegen Mordes, sondern nur aus dem Totschlagstatbestand gem. § 212 I StGB bestraft werden. Gänzlich unerheblich ist hierbei, ob B von den Motiven des A (hier: Habgier) wusste.*

bei tatbezogenen Merkmalen allenfalls § 16 StGB

Bei den sog. tatbezogenen Merkmalen reicht es dagegen für eine Strafaufhebung oder -milderung nicht aus, dass einer der Beteiligten dieses Merkmal nicht selbst verwirklicht. Vielmehr ist zusätzlich erforderlich, dass er bezüglich der Verwirklichung durch den Mit- oder Haupttäter vorsatzlos handelt, also insoweit ein Exzess vorliegt. 173

Bsp. *(vgl. bereits oben, Rn. 156):*

A und B begehen gemeinschaftlich einen Raubüberfall auf eine Bank. Lediglich A führt dabei eine Schusswaffe mit sich. B weiß jedoch davon und zeigt sich einverstanden.

---

92 Vgl. Jescheck/Weigend, Strafrecht Allgemeiner Teil, § 61 VII 4a.

93 Vgl. BGHSt 22, 375-385 (378) = **juris**byhemmer.

94 Vgl. BGHSt 23, 103-108; BGHSt 24, 106-111 (108).

Hier werden sowohl A als auch B aus § 250 I Nr. 1 Nr. 1 lit. a StGB bestraft. Die Tatsache, dass B selbst keine Waffe bei sich führt, kommt ihm nicht zugute, solange er von der Existenz der Schusswaffe bei A weiß (Grund: § 250 I Nr. 1 lit. a StGB: „... oder ein anderer Beteiligter...“).

Gäbe es diese spezielle Formulierung nicht, würde sich das gleiche Ergebnis über die wechselseitige Zurechnung der objektiven Tatbeiträge bei Mittätern ergeben. Anders wäre dagegen zu entscheiden, wenn A dem B vorgegaukelt hätte, keine Schusswaffe bei sich zu führen. Dann läge ein Exzess des A vor, und B könnte wegen § 16 I S. 1 StGB (nicht Abs. 2) nur aus § 249 I StGB bestraft werden.

§ 28 I StGB

Innerhalb des § 28 StGB ist weiter danach zu unterscheiden, **174** ob das besondere persönliche Merkmal strafbegründend (dann § 28 I StGB) oder strafmodifizierend oder strafausschließend (dann § 28 II StGB) ist.

Die Strafe des Teilnehmers ist nach §§ 28 I, 49 I StGB zu mildern, wenn beim Teilnehmer *besondere persönliche Merkmale* (Legaldefinition in § 14 I StGB) *fehlen*, welche beim Täter gerade die Strafbarkeit *begründen*. § 28 I StGB gilt *nur für den Teilnehmer*. Es handelt sich um eine *obligatorische Strafmilderung*; daher dürfen derartige Erörterungen in der Klausur erst nach Bejahung von Tatbestand, Rechtswidrigkeit und Schuld *im Rahmen des Prüfungspunktes Strafzumessung* erfolgen.

Bsp.: *A stiftet den Beamten T zu einer Falschbeurkundung im Amt gem. § 348 I StGB an. Da A selbst kein Amtsträger ist, wird seine Strafe wegen Anstiftung nach §§ 348 I, 26 StGB über die §§ 28 I, 49 I StGB gemildert.*

§ 28 II StGB

Nach § 28 II StGB gelten *besondere persönliche Merkmale*, wel- **175** che die Strafe (für jeden Beteiligten!) *schärfen, mildern oder ausschließen*, nur für den Beteiligten (Täter oder Teilnehmer), bei dem sie vorliegen.[95] § 28 II StGB kann zur Verschiebung des Tatbestands führen, aus dem der jeweilige Beteiligte verurteilt wird, und ist daher im Klausuraufbau *auf der Ebene des Tatbestands zu prüfen.* Die Tatbestandsverschiebung kann sowohl zugunsten als auch zu Lasten des jeweiligen Beteiligten ausfallen.

Bsp.: *A stiftet den Beamten T dazu an, eine Körperverletzung im Amt nach § 340 I S. 1 StGB zu begehen. T ist als Amtsträger nach § 340 I S. 1 StGB zu bestrafen, A als Anstifter nach §§ 223 I, 26, 28 II StGB.*

95 Vgl. Jescheck/Weigend, Strafrecht Allgemeiner Teil, § 61 VII 4.

hemmer-Methode: Die eben genannten Beispiele machen deutlich, dass sich bei der Frage nach Tat- oder Täterbezogenheit jede pauschale Einordnung verbietet und immer delikts- und einzelfallspezifisch entschieden werden muss: Die Amtsträgereigenschaft wirkt bei § 348 StGB strafbegründend (da die inhaltliche Richtigkeit von Urkunden von Privatpersonen i.d.R. gar nicht strafrechtlich geschützt ist), bei § 340 StGB dagegen nach h.M. strafschärfend (da eine einfache Körperverletzung durch jedermann strafbar ist).
In der Klausur wird § 28 I, II StGB besonders gerne mit § 211 StGB kombiniert, da dann zusätzlich die Frage nach dem Verhältnis von § 211 StGB zu § 212 StGB auftritt. Dafür sollten Sie sich z.B. die hier vorgeschlagene Einteilung der h.M. (vgl. unten, Rn. 277 ff.) einprägen.[96] Sollte ein unbekannter Tatbestand auftauchen, wird von Ihnen nicht verlangt zu wissen, ob besondere persönliche Merkmale vorliegen oder nicht (z.B. die „Verwandtschaft" in § 173 StGB)[97]. Hier kommt es nur darauf an, dass Sie das Problem ansprechen und argumentativ (z.B. über Sinn und Zweck) zu einem vertretbaren Ergebnis kommen.

	§ 28 I StGB	**§ 28 II StGB**
Voraussetzungen der Anwendung	- besonderes persönliches Merkmal im Tatbestand - strafbegründende Funktion	- besonderes persönliches Merkmal im Tatbestand - strafschärfende, strafmildernde bzw. strafausschließende Funktion
Rechtsfolge	Zwingende Strafmilderung beim Teilnehmer gemäß § 49 I StGB	„Tatbestandsverschiebung" zu Lasten / zu Gunsten eines der Beteiligten
Prüfung im Aufbau	Nach der Schuld	Auf Tatbestandsebene

§ 29 StGB

§ 29 StGB stellt eine weitere Akzessorietätslockerung dar. Jeder Beteiligte wird nur nach seiner eigenen Schuld bestraft, ohne Rücksicht auf die Schuld des anderen. Spezielle Schuldmerkmale, wie Schuldausschließungs- oder Schuldminderungsgründe, werden daher nur bei dem Beteiligten beachtet, bei dem sie vorliegen.[98] So bleibt der Teilnehmer insbesondere strafbar, wenn der Täter mangels Schuld straflos bleibt (z.B. wegen § 20 StGB, entschuldigenden Notstands oder Notwehrexzesses). 176

96 Zur Frage, ob § 211 StGB gegenüber § 212 StGB einen eigenen Tatbestand darstellt (dann wäre § 28 I StGB anzuwenden) oder eine Qualifikation zu § 212 StGB ist (dann wäre § 28 II StGB anzuwenden), siehe Berberich/Greger, Life&Law 12/2017, 865 ff. (mit Beispielsfällen u.a. auch zu den „gekreuzten Mordmerkmalen").

97 Nach BGH handelt es sich bei der „Blutsverwandtschaft" um kein spezifisch personales Tatbestandsmerkmal, so dass § 28 I StGB hier nicht zur Anwendung kommt, vgl. BGHSt 39, 328 ff. = jurisbyhemmer.

98 Vgl. Jescheck/Weigend, Strafrecht Allgemeiner Teil, § 61 VII 4c.

§ 4 DER VERSUCH

A. Einführung

Bedeutung der Versuchsstrafbarkeit in der Klausur

Die Versuchsstrafbarkeit spielt – vom kleinen Strafrechtsschein 177
bis hin zum Examen – eine große Rolle und bietet sich für die Ersteller einer Klausur v.a. aus zwei Gründen an:

Der Versuch lässt sich gut mit anderen Problemkonstellationen verbinden, z.B. mit der Irrtumslehre. So kann bei der aberratio ictus oder dem beachtlichen Irrtum über den Kausalverlauf eine Versuchsstrafbarkeit hinsichtlich des anvisierten Objekts bzw. des geplanten Delikts vorliegen.

Im Prüfungsschema zum Versuch (vgl. unten, Rn. 183) warten an mehreren Stellen klassische Probleme auf den Bearbeiter, an denen er strafrechtliche Kenntnisse und Argumentationsvermögen beweisen muss.

Verwirklichungsstufen der Straftat

Einordnung und Aufbau des Versuchs können besser verstanden 178
werden, wenn man sich vorweg die möglichen Verwirklichungsstufen einer Straftat vergegenwärtigt.

Die Strafbarkeit in den verschiedenen Stadien der Tat (Zeitstrahl)

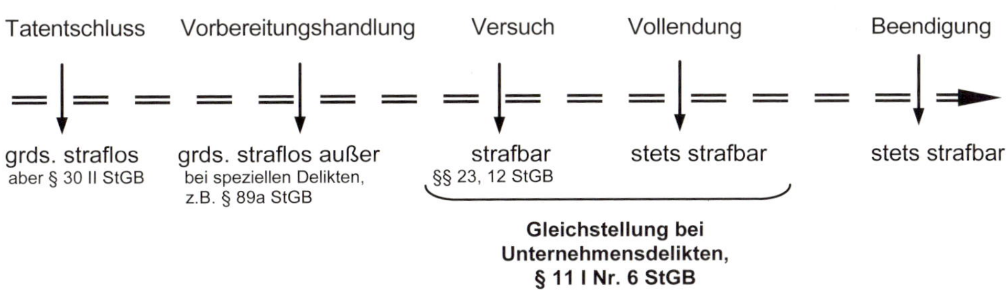

☑ **hemmer-Methode: Selbstverständlich ist dieses Schema nur für Vorsatzdelikte zutreffend, da bei Fahrlässigkeitsdelikten (vgl. unten, Rn. 231 ff.) eine Planung der Tat i.d.R. nicht stattfindet. Soweit sich Vorsatzdelikte aus einer spontanen Situation heraus ergeben, schrumpfen die einzelnen Phasen zeitlich bis hin zur weitgehenden Identität zusammen.**

Tatentschluss

Am Beginn der Verwirklichung einer Straftat steht der *Entschluss*, 179
die Tat zu begehen. Dieser ist grds. strafrechtlich irrelevant. Eine Ausnahme gilt nach § 30 II StGB aber, wenn mehrere Personen sich in irgendeiner Form auf die Begehung eines Verbrechens verständigen. Wegen der gefährlichen Gruppendynamik in solchen Fällen sind schon das Sich-Bereit-Erklären, die Annahme des Erbietens oder die Verabredung zu einem Verbrechen i.S.d. § 12 I StGB strafbar.

> ***Ausgangsbeispiel:*** *T hat erfahren, dass der Bankier O verreist ist, und beschließt, in dessen Villa einzusteigen und eine kostbare Münzsammlung zu entwenden.*
>
> *Dieser Entschluss für sich allein ist strafrechtlich irrelevant.*

> ***Bsp. zu § 30 II StGB:*** *A und B, die über den Niedergang der deutschen Kultur besorgt sind, kommen auf die Idee, den Programmchef eines privaten Fernsehsenders zu töten.*
>
> *Solange sie ohne ernste Absicht nur darüber reden, liegt noch nicht einmal ein ernsthafter Tatentschluss vor. Sobald sie aber übereinkommen, dieses Vorhaben durchzuführen, liegt eine strafbare Verabredung zu einem Verbrechen vor.*

Vorbereitungshandlungen

Häufig sind zwischen Entschluss und Verwirklichung des Tatbe- 180
stands *Vorbereitungshandlungen* erforderlich. Auch diese sind nach der Konzeption des StGB grds. straflos. Allerdings hat der Gesetzgeber in einzelnen Fällen die Vorbereitungshandlungen eigens unter Strafe gestellt, v.a. zum Schutz überragend wichtiger Rechtsgüter.

> *Beispiele für strafbare Vorbereitungshandlungen finden sich in den §§ 83, 87, 98 (Staatsschutzdelikte), 149 (Geldfälschung), 316c IV StGB (Angriffe auf den Luft- und Seeverkehr). Auch die Vorschrift des § 265 StGB (Versicherungsmissbrauch) fungiert wie eine strafbare Vorbereitungshandlung zum (Versicherungs-)Betrug.*
>
> *In unserem Ausgangsbeispiel läge eine (straflose) Vorbereitungshandlung z.B. im Kauf einer Leiter oder im Ausspähen, ob O auch tatsächlich sein Haus verlässt, vor.*

Versuch

Wenn die Vorbereitungshandlungen abgeschlossen sind, kann 181
der Täter die Begehung des Delikts angehen. In dieser Phase, in der die Vorbereitungshandlungen abgeschlossen, aber die Tatbestandsmerkmale noch nicht (alle) verwirklicht sind, „*versucht*" der Täter die Straftat, wenn er „nach seiner Vorstellung von der Tat zur Verwirklichung des Tatbestands unmittelbar ansetzt" (§ 22 StGB). Wann dies im Einzelnen erfolgt, ist umstritten. Dieses häufige Schwerpunktproblem in der Klausur wird sogleich näher dargestellt (vgl. Rn. 190 ff.).

> In unserem Ausgangsbeispiel ist der Beginn des Versuchs nicht ganz einfach festzustellen: Man könnte diesen schon im Anlegen der Leiter an die Hauswand sehen.

Jedenfalls liegt regelmäßig ein unmittelbares Ansetzen dann vor, wenn T beginnt, durch das Fenster ins Haus einzudringen. Der versuchte Diebstahl ist strafbar, §§ 242 I, II, 23 I Alt. 2 StGB.

Vollendung und Beendigung

Sind alle Merkmale des gesetzlichen Tatbestands erfüllt, ist die Straftat vollendet. Davon zu unterscheiden ist die Beendigung der Straftat, die gegeben ist, wenn das Tat*geschehen* seinen *tatsächlichen* Abschluss gefunden hat. 182

Die Beendigung hat dabei in erster Linie formellrechtliche Relevanz bei der Strafverfolgung (insbes. Verjährung, vgl. § 78a StGB), aber auch materiellrechtlich besitzt sie u.U. eine eigenständige Bedeutung, z.B. für die Frage der Abgrenzung zwischen Teilnahme an der Haupttat und Begünstigung gem. § 257 StGB: Nach der Beendigung der Tat kann ein Hilfeleisten nur noch als Begünstigung gemäß § 257 StGB strafbar sein.

Umstritten ist, ob bei einem Hilfeleisten zwischen Vollendung der Tat und deren Beendigung Teilnahme an der Haupttat oder Begünstigung einschlägig ist. Nach einer Ansicht kommt nach Vollendung der Tat nur eine Strafbarkeit wegen Begünstigung in Betracht. Der BGH hält dagegen auch zwischen Vollendung und Beendigung der Tat eine Beihilfe für möglich (sog. „sukzessive Beihilfe“). Zwischen der sukzessiven Beihilfe und der Begünstigung grenzt der BGH nach der inneren Willensrichtung des Helfenden ab. Geht es dem Helfer um den erfolgreichen Abschluss der Tat, ist wegen Beihilfe zu bestrafen. Soll der Täter primär vor der Entziehung des erlangten Vorteils geschützt werden, ist nach § 257 StGB zu bestrafen.[99]

☑

hemmer-Methode: Wenngleich es in einer Klausur zumeist auf die Vollendung ankommen wird, sollten Sie auf begriffliche Genauigkeit achten: §§ 11 I Nr. 6, 24 I, II StGB sprechen von *Vollendung*, §§ 2 II, III, 78a S. 1 StGB hingegen von *Beendigung* der Tat – die begriffliche Unterscheidung trifft der Gesetzgeber also bereits selbst.
Ein Unterschied besteht zwischen Vollendung (d.h. vollständiger Erfüllung des Tatbestands) und materieller Beendigung v.a. bei Delikten, deren Tatbestand schon „sehr früh“ vollendet ist, so z.B. beim Diebstahl, § 242 I StGB, der nur die Wegnahme in Zueignungsabsicht, nicht aber die Zueignung voraussetzt. Dagegen ist z.B. ein Tötungsdelikt im Zeitpunkt der Vollendung gleichzeitig auch beendet. Eine sukzessive Tatbeteiligung ist deshalb hier auch nach dem BGH nicht möglich.
Da der Zeitpunkt der Beendigung sich aus einer *teleologischen* Bewertung des jeweiligen Tatbestands ergibt, kann eine allgemeine Formel, wann eine Beendigung vorliegt, nicht gegeben werden.

[99] Siehe dazu ausführlich Life&Law 10/2005, 679 ff. Im Übrigen geht es bei der zugrunde liegenden Entscheidung des BGH um die Frage, ob ein Versicherungsmissbrauch Vortat der Hehlerei sein kann, vgl. BGH, NStZ 2005, 447-448 = **juris**byhemmer.

Achten Sie schließlich noch darauf, dass die „Beendigung *der Tat*" nicht mit der klausurrelevanten Frage nach der „Beendigung *des Versuchs*" zu verwechseln ist (vgl. Rn. 201 ff.)

In unserem Ausgangsbeispiel liegt Vollendung vor, wenn T neuen Gewahrsam an der Münzsammlung begründet hat. Hat er die Münzen separat in seine Hosentasche gesteckt, könnte schon hier eine vollendete Wegnahme vorliegen, hat er sie in einem größeren Münzkoffer des O belassen, wird man Gewahrsam des T erst annehmen können, wenn er das Haus oder sogar erst das Grundstück des O verlassen hat.

Materielle Beendigung der Tat liegt dagegen erst vor, wenn T seine Beute gesichert hat, also z.B. zu Hause damit angekommen ist. Unterstützt ihn dabei der G dadurch, dass er ihn nach Hause fährt, kann nach BGH noch eine Beihilfe zum Diebstahl in Betracht kommen. Diese wäre dann zur Begünstigung, § 257 StGB, abzugrenzen.

B. Prüfungsschema zum Versuch

Prüfungsschema zum Versuch

Obiger Einordnung des Versuchs in die Verwirklichungsstufen 183
des vorsätzlichen Delikts entsprechend, ist die Prüfung des strafbaren Versuchs anhand folgenden Schemas möglich:

Prüfungsschema zum Versuch:

I. Vorprüfung
  1. Keine Vollendung
  2. Strafbarkeit des Versuchs, §§ 23 I, 12 StGB

II. Tatentschluss
  1. Vorsatz hinsichtlich aller objektiven Tatbestandsmerkmale
  2. Erforderlichenfalls sonstige subjektive Merkmale

III. Unmittelbares Ansetzen, § 22 StGB

IV. Rechtswidrigkeit

V. Schuld

VI. Strafaufhebungsgründe, Absehen von Strafe
  1. Strafbefreiender Rücktritt, § 24 StGB
  2. Absehen von Strafe oder Strafmilderung, § 23 II, III StGB

I. Vorprüfung

Vorprüfung

Eine Bestrafung wegen versuchten Delikts kommt nur in Betracht, wenn keine Vollendung vorliegt und der Versuch als solcher strafbar ist.

1. Keine Vollendung

keine Vollendung

184 Zumindest idealtypisch durchläuft jedes Vorsatzdelikt mehrere (zeitlich oft eng verknüpfte) Verwirklichungsstufen (vgl. oben, Rn. 178). Da jeder Vollendung ein Versuchsstadium vorausgeht, ergibt sich zwingend, dass die Versuchsstrafbarkeit hinter die des vollendeten Delikts zurücktritt. Deshalb sollte in der Vorprüfung zur Versuchsstrafbarkeit festgestellt werden, dass keine Strafbarkeit wegen Vollendung vorliegt.

hemmer-Methode: Ist die Vollendung problematisch (z.B. bei der Frage nach der Vollendung des Diebstahls an kleinen Gegenständen, vgl. unten, Rn. 314), ist eine längere Vorprüfung nicht zu empfehlen. Es sollte besser zuerst die Vollendung des Delikts und – nachdem diese abgelehnt wurde – in einem neuen Punkt der Versuch geprüft werden, wobei dann in der Vorprüfung einfach nach oben verwiesen werden kann.
Denken Sie auch noch an Folgendes: „Keine Vollendung" liegt auch dann vor, wenn es zwar zum tatbestandlichen Erfolg gekommen ist, dieser aber dem Täter nicht objektiv zurechenbar ist. „Keine Vollendung" meint insoweit „keine Strafbarkeit wegen Vollendung".

2. Strafbarkeit des Versuchs

Strafbarkeit des Versuchs, §§ 23 I, 12 StGB

185 Der Versuch ist nach § 23 I StGB bei Verbrechen stets, bei Vergehen nur dann strafbar, wenn dies im Gesetz ausdrücklich bestimmt ist.

hemmer-Methode: Ein Sonderproblem bei der Frage nach der Versuchsstrafbarkeit ist die Strafbarkeit nach §§ 242, 243, 22, 23 I StGB (Diebstahl in einem besonders schweren Fall). Da es sich bei § 243 StGB um keinen Straftatbestand, sondern nur um eine Strafzumessungsregel handelt, kann für sich gesehen § 243 StGB nicht versucht werden (vgl. hierzu Rn. 331).

Die ausdrückliche Bestimmung im Gesetz bereitet keine Schwierigkeiten; die Bestimmung eines Tatbestandes als Verbrechen richtet sich nach § 12 I StGB und ist i.d.R. anhand des angedrohten Strafrahmens problemlos vorzunehmen.

Problem: Versuch beim erfolgsqualifizierten Delikt?

Eine wichtige Frage, die sich an dieser Stelle noch stellen kann, **186**
ist, ob der Versuch des erfolgsqualifizierten Delikts[100] (z.B. §§ 226 I, 227, 239 IV, 251 StGB) strafbar ist.

Beim Normalfall des erfolgsqualifizierten Delikts, wenn also bei vorsätzlicher Begehung des Grunddelikts eine mindestens fahrlässig zu verantwortende schwere Folge eintritt, sind drei Varianten des Versuchs denkbar:

	Grunddelikt	**Erfolgsqualifikation**
Konstellation 1	versucht	eingetreten
Konstellation 2	vollendet	Erfolgseintritt billigend in Kauf genommen, aber nicht eingetreten
Konstellation 3	versucht	Erfolgseintritt billigend in Kauf genommen, aber nicht eingetreten

a) Das Grunddelikt bleibt im Versuch stecken, die schwere Folge tritt aber ein (sog. erfolgsqualifizierter Versuch). Hier soll nach h.M. ein strafbarer Versuch möglich sein, wenn das Gesetz den qualifizierenden Erfolg an die tatbestandliche Handlung (und nicht erst an den Erfolg) des Grunddelikts anknüpft, was durch Auslegung zu ermitteln ist.

So knüpft z.B. § 251 StGB (Raub mit Todesfolge) nicht maßgeblich an den Taterfolg im Sinne einer vollendeten Wegnahme), sondern an den Einsatz der qualifizierten Nötigungsmittel an. Kommt das Opfer beim Versuch eines Raubes zu Tode, ist deshalb eine Bejahung der §§ 249 I, 251, 22, 23 I StGB grundsätzlich möglich.

b) Das Grunddelikt wird vollendet, die schwere Folge tritt aber nicht ein, obwohl der Täter diesbezüglich zumindest mit dolus eventualis handelte (sog. Versuch der Erfolgsqualifikation). Auch hier ist nach h.M. regelmäßig ein strafbarer Versuch des erfolgsqualifizierten Delikts möglich.

hemmer-Methode: Denken Sie in diesen Fällen daran, dass häufig bei dolus eventualis hinsichtlich der schweren Folge auch ein anderer Tatbestand in Betracht kommt. Treffen bedingter Tötungsvorsatz und Körperverletzung zusammen, sind die §§ 212 I, 22, 23 I StGB zu prüfen. Auf die §§ 227, 22, 23 I StGB ist dann in der Klausur gar nicht mehr einzugehen, da diese nach h.M. verdrängt werden.

[100] Zum erfolgsqualifizierten Delikt vgl. näher Hemmer/Wüst, Strafrecht AT I, Rn. 684 ff.; instruktiv zum erfolgsqualifizierten Versuch BGH, NJW 2003, 150-155 = **juris**byhemmer = Life&Law 03/2003, 185 ff.

c) Das Grunddelikt wird weder vollendet, noch tritt die schwere Folge ein, der Täter handelte jedoch mit Vorsatz bezüglich des Eintritts der schweren Folge. Auch hier wird ein Versuch für möglich gehalten, wobei die Einschränkungen der ersten Fallgruppe gelten müssen.

hemmer-Methode: Das Problem des „erfolgsqualifizierten Versuchs“ muss nicht bereits in der „Vorprüfung“ ausführlich abgehandelt werden. Die Frage, ob die Erfolgsqualifikation an Tathandlung oder Taterfolg anknüpft, gilt als ein Sonderproblem i.R.d. „Unmittelbarkeitszusammenhangs“ (vgl. etwa Rn. 298).

II. Tatentschluss

Tatentschluss (insbes. Vorsatz)

1. Der Täter muss einen Tatentschluss gefasst haben. Neben 187
evtl. erforderlichen sonstigen subjektiven Merkmalen (z.B. der Zueignungsabsicht i.S.d. § 242 I StGB) muss Vorsatz hinsichtlich aller Merkmale des objektiven Tatbestands vorliegen.

> **Bsp.:** *Der Täter muss beim versuchten Diebstahl wissen, dass die Sache, die er wegnehmen will, fremd ist.*
>
> *Beim versuchten Unterlassungsdelikt muss der Täter seine Garantenstellung kennen und um die Quasikausalität seines Unterlassens wissen.*
>
> *Beim versuchten Mord müssen mögliche subjektive Mordmerkmale (z.B. niedrige Beweggründe) und/oder Vorsatz hinsichtlich objektiver Mordmerkmale (z.B. bzgl. einer heimtückischen Begehungsweise) sowie Vorsatz hinsichtlich der Tötung eines anderen vorliegen.*

Bestimmtheit des Tatentschlusses

2. Dieser Entschluss muss bestimmt gefasst sein, bloße Tatge- 188
neigtheit genügt nicht. Andererseits reicht dolus eventualis oder ein Tatentschluss auf einer bewusst unsicheren Tatsachengrundlage aus.[101]

untauglicher Versuch

3. Hat der Täter in seinen Tatentschluss irrige Vorstellungen über 189
die Tauglichkeit des Tatobjekts oder des Tatmittels aufgenommen, liegt ein sog. *untauglicher Versuch* vor, der grds. strafbar ist, argumentum e contrario (= Gegenschluss) aus § 23 III StGB. Ausnahmen bilden der nach h.M. straflose abergläubische Versuch (z.B. Tatentschluss, einen anderen tot zu hexen) und der in § 23 III StGB ausdrücklich geregelte untaugliche Versuch aus grobem Unverstand (z.B. Abschießen eines Flugzeugs mit einer Schreckschusspistole), bei dem von der Strafbarkeit abgesehen oder die Strafe gemildert werden kann.

---

[101] Vgl. dazu näher Hemmer/Wüst, Strafrecht AT II, Rn. 47 ff.

Die h.M. stellt dabei strenge Anforderungen an die Straflosigkeit wegen groben Unverstands, wie der „Insektengiftfall" des BGH[102] zeigt. Hier besprühte eine Frau das Vesperbrot ihres Mannes 2-3-mal kurz mit Insektengift, um ihn zu töten. Die Menge Gift, die erforderlich gewesen wäre, um einen Menschen bei oraler Einnahme zu töten, wäre aber erst in einigen Dosen des Insektengiftes enthalten gewesen. Der BGH lehnte eine Straflosigkeit wegen groben Unverstandes ab, da die verwendete Substanz zumindest grundsätzlich zu einer Tötung tauglich gewesen wäre.

hemmer-Methode: In dieser Darstellung wird § 23 III StGB wegen des engen Zusammenhangs mit dem strafbaren untauglichen Versuch i.R.d. Tatentschlusses gleich mitbehandelt. Machen Sie sich aber seinen Prüfungsstandort innerhalb der Klausur klar: Da das Gericht von Strafe absehen bzw. diese mildern kann, ist § 23 III StGB erst ganz am Ende nach Schuld und Rücktritt zu prüfen. Bei einer schulmäßigen Prüfung des obigen Insektengiftfalls würde also i.R.d. Tatentschlusses nur dargelegt, dass die Frau das Gift für tödlich hielt und daher ein tauglicher Tatentschluss vorlag. Erst nach Schuld und Rücktritt wären dann die Voraussetzungen des § 23 III StGB zu prüfen.
Den „abergläubischen Versuch" sieht die h.M. nicht als Fall des § 23 III StGB, sondern bereits als außerhalb des Anwendungsbereiches des staatlichen Strafrechts gelegen. Überwiegend wird daher ein strafbarer „Deliktsverwirklichungswille" im Rahmen des Tatentschlusses verneint.

Vom untauglichen Versuch zu unterscheiden ist das sog. Wahndelikt. Bei diesem erfasst der Täter die tatsächlichen Umstände richtig, nimmt aber irrtümlich an, das entsprechende Verhalten sei strafbar. *189a*

Bsp.: *A hält es für strafbar, in der Ehe fremdzugehen.*

hemmer-Methode: Zu differenzieren ist insoweit danach, ob die Fehlvorstellung überwiegend im tatsächlichen oder im rechtlichen Bereich stattfindet. Schlagwortartig kann man sagen: Der umgekehrte Tatbestandsirrtum führt zum untauglichen Versuch, der umgekehrte Verbotsirrtum zum (straflosen) Wahndelikt.

III. Unmittelbares Ansetzen

unmittelbares Ansetzen (Abgrenzung zur Vorbereitungshandlung)

Die Abgrenzung zwischen (grds. strafloser) Vorbereitungshandlung und (möglicherweise strafbarem) Versuch ist nach Maßgabe des § 22 StGB zu treffen. Danach versucht eine Straftat, wer nach seiner Vorstellung zu ihrer Verwirklichung unmittelbar ansetzt. *190*

---

102 BGHSt 41, 94-95 = **juris**byhemmer.

Das Gesetz kombiniert objektive und subjektive Kriterien, was von der h.M. durch das Zurückgreifen auf die *gemischt subjektiv-objektive Theorie* umgesetzt wird.

hemmer-Methode: Die v.a. früher vertretenen formal- und materiell-objektiven und streng subjektiven Theorien[103] spielen keine große Rolle mehr, zumal sie z.T. auf der Grundlage eines anderen Gesetzeswortlauts entwickelt wurden und mit § 22 StGB nur noch schwer zu vereinbaren sind. In einer Klausur können sie deshalb weggelassen oder nur kurz erwähnt werden. Auch in Problemfällen ist eine saubere Subsumtion auf der Grundlage der h.M. wichtiger als das Auflisten kaum mehr vertretener Mindermeinungen.

Nach der gemischt subjektiv-objektiven Theorie sind also zwei Faktoren zu beachten:

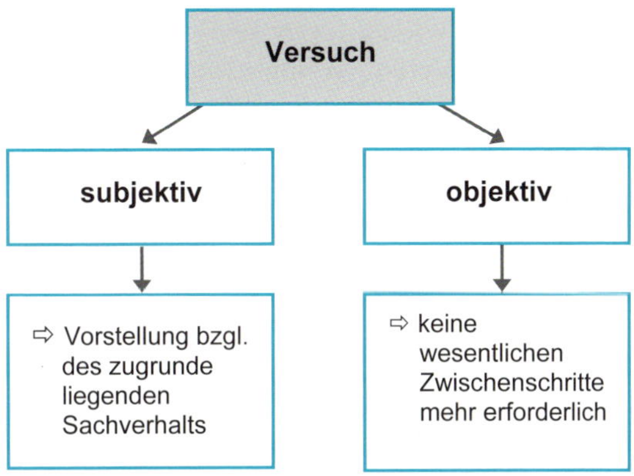

subjektiver Faktor

1. Zur Ermittlung des subjektiven Faktors sind der individuelle Tatplan und die Sicht des Täters von der äußeren Tatsachenlage ausschlaggebend. Somit kann bei objektiv bereits bestehender Gefahr für das anvisierte Rechtsgut ein Versuch zu verneinen sein, wenn der Täter subjektiv sein Loslegen noch von Umständen abhängig machen möchte, die (aus seiner Sicht) noch nicht eingetreten sind. 191

objektiver Faktor

2. Der objektive Faktor ist gegeben, wenn der Täter – seine Vorstellung als richtig unterstellt – bereits ein Tatbestandsmerkmal erfüllt oder unmittelbar dazu angesetzt hat. 192

hemmer-Methode: Die objektive Auslegung knüpft insoweit an die konkrete Tätervorstellung als Ausgangspunkt an.

unproblematisch, wenn Tatbestandsmerkmal objektiv erfüllt

a) Ist ein Merkmal bereits erfüllt, ergeben sich in der Klausur regelmäßig keine Schwierigkeiten, so wenn der Täter z.B. i.R.d. § 249 StGB Gewalt gegen eine Person angewendet hat. 193

[103] Vgl. dazu m.w.N. Hemmer/Wüst, Strafrecht AT II, Rn. 77 ff.

sonst Prüfung des unmittelbaren Ansetzens

b) Manchmal ist die Bestimmung des unmittelbaren Ansetzens mit großen Schwierigkeiten verbunden. Die wohl h.M., auf die im Kern auch die Rechtsprechung aufbaut, folgt der sog. Zwischenaktstheorie, nach der ein unmittelbares Ansetzen dann zu bejahen ist, wenn nach dem Tatplan zwischen der in Frage stehenden Handlung und der Tatbestandsverwirklichung keine wesentlichen Zwischenschritte mehr liegen. Subjektiv verlangt die Rechtsprechung, dass der Täter die Grenze zum „Jetzt geht's los" überschritten hat.[104] *194*

hemmer-Methode: Wenn Sie hier sauber arbeiten und Ihre Entscheidung begründen, können Sie nicht so viel verkehrt machen. Entweder handelt es sich um einen der (gar nicht seltenen) eindeutigen Fälle, in denen z.B. der Täter bereits auf sein Opfer geschossen, es aber verfehlt hat. Dann können Sie ohne große Erklärungen das unmittelbare Ansetzen bejahen. Oder es handelt sich um einen kritischen Grenzfall. Dann ist das Ergebnis häufig zweitrangig. Aus klausurtaktischer Sicht ist allerdings zu beachten, dass die Ablehnung des Versuchs interessante Folgeprobleme, besonders beim Rücktritt, verschließen kann.

unmittelbares Ansetzen

c) Ein Sonderproblem in der Klausur kann das unmittelbare Ansetzen bei Mittäterschaft und mittelbarer Täterschaft sowie beim unechten Unterlassungsdelikt darstellen: *195*

- Bei Mittäterschaft (vgl. Rn. 156 ff.) genügt wegen des Prinzips der Zurechnung von objektiven Elementen (vgl. Rn. 156) nach h.M. bereits das unmittelbare Ansetzen eines Mittäters entsprechend des gemeinschaftlichen Tatplans, damit auch die übrigen ins Versuchsstadium gelangen (sog. „Gesamtlösung").[105] *195a*

  Das unmittelbare Ansetzen eines Mittäters ist den anderen außerdem nur dann zuzurechnen, wenn sich dieses i.R.d. gemeinsamen Tatplans hält. Ein Exzess des unmittelbar ansetzenden Mittäters schließt also auch beim Versuch die Zurechenbarkeit des Handelns aus.

- Bei mittelbarer Täterschaft (vgl. Rn. 147 ff.) beginnt nach h.M. der Versuch, wenn der mittelbare Täter sein Werkzeug aus seinem Machtbereich entlassen und damit das Geschehen so aus der Hand gegeben hat, dass nach seiner Vorstellung damit das geschützte Rechtsgut unmittelbar gefährdet ist. Diese Grundsätze gelten auch dann, wenn das Opfer quasi als Werkzeug gegen sich selbst eingesetzt wird. Lesen Sie dazu vergleichend den den Autobombenfall[106] und die Giftfallenentscheidung.[107] *195b*

---

104 Lesenswert insoweit Kudlich, JuS 2005, 186 ff., mit Besprechung von BGH, NStZ-RR 2004, 361-362 = **juris**byhemmer.

105 Zum interessanten Problem des unmittelbaren Ansetzens bei nur vermeintlicher Mittäterschaft vgl. BGH, NJW 1993, 2251-2252 einerseits und BGH, NJW 1995, 142-143 andererseits; **alle Entscheidungen = juris**byhemmer.

106 BGH, NStZ 1998, 294-295 = **juris**byhemmer = Life&Law 07/1998, 455 ff.

107 BGHSt 43, 177-183 = **juris**byhemmer = Life&Law 03/1998, 170 ff.

➲ Beim unechten Unterlassungsdelikt (vgl. Rn. 217 ff.) liegt nach h.M. ein unmittelbares Ansetzen noch nicht beim Verstreichenlassen der ersten, aber auch nicht erst beim Verstreichenlassen der letzten Rettungschance vor, sondern dann, wenn sich durch das Untätigbleiben die Lage des Opfers entscheidend verschlechtert hat. Dies kann natürlich gerade bei akuter Lebensgefahr im Einzelfall auch schon beim Verstreichenlassen der ersten Rettungschance der Fall sein. 195c

IV. Rechtswidrigkeit

Rechtswidrigkeit

Hinsichtlich der Rechtswidrigkeit bzw. der Rechtfertigungsgründe gilt beim Versuch grds. nichts anderes als beim vollendeten vorsätzlichen Begehungsdelikt (vgl. oben, Rn. 73 ff.). 196

V. Schuld

Schuld

Auch hinsichtlich der Schuld gelten grds. bei der Versuchsprüfung keine Besonderheiten. 197

VI. Rücktritt, § 24 StGB

Rücktritt, § 24 StGB (h.M.: Strafaufhebungsgrund)

Die h.M. sieht im Rücktritt einen (nach der Schuld zu prüfenden) persönlichen Strafaufhebungsgrund, dessen rechtstheoretische Begründung umstritten ist.[108] Angeführt werden die Kriterien der Verdienstlichkeit, der Schulderfüllung, der „Goldenen Brücke“ für den Täter zurück in die Legalität und des Opferschutzes (= der Täter, der noch straffrei werden kann, hat einen Grund zur Schonung des Opfers). 198

hemmer-Methode: In der Klausur können Sie zu diesen Begründungen kaum umfassend Stellung nehmen. Im Einzelfall bieten die verschiedenen Ansätze aber Argumente dafür, weshalb man im konkreten Fall einen strafbefreienden Rücktritt bejaht oder verneint.

Zu unterscheiden sind zunächst § 24 I und § 24 II StGB, wobei Absatz 2 eine Sonderregelung für mehrere Beteiligte darstellt und im Anschluss erläutert wird.

1. § 24 I StGB

§ 24 I StGB (für Einzeltäter)

Der Rücktritt des Einzeltäters richtet sich nach § 24 I StGB. In Anlehnung an dessen Wortlaut kann man folgende Prüfungsschritte unterscheiden: 199

108 Vgl. dazu näher Hemmer/Wüst, Strafrecht AT II, Rn. 115.

- ➲ Vorliegen eines fehlgeschlagenen Versuchs? (⇨ wenn (+), kein Rücktritt möglich)
- ➲ beendeter oder unbeendeter Versuch? (⇨ ausschlaggebend für die Anforderungen an die Rücktrittshandlung)
- ➲ Freiwilligkeit des Rücktritts?

Rücktritt ausgeschlossen bei fehlgeschlagenem Versuch

a) Die dogmatische Einordnung des sog. *fehlgeschlagenen Versuchs*[109] ist umstritten. Nach h.M. handelt es sich um eine selbständige Rechtsfigur, bei deren Vorliegen ein strafbefreiender Rücktritt von vornherein ausgeschlossen ist. 200

Die Figur ist zwar nicht im Gesetzeswortlaut verankert, wird aber als in der Struktur des § 24 StGB immanent angelegt betrachtet. Ein fehlgeschlagener Versuch liegt dabei vor, wenn der Täter *nach seiner Vorstellung* den Erfolgseintritt in unmittelbar räumlichem und zeitlichem Zusammenhang mit den ihm zur Verfügung stehenden Mitteln nicht herbeiführen kann. Es ist also eine subjektive Betrachtungsweise ausschlaggebend.

Dabei ist nach h.M. nicht jeder Einzelakt zu betrachten (so die *Einzelaktstheorie*), sondern – innerhalb eines zusammenhängenden Geschehens – der gesamte Tathergang, der sonst lebensfern auseinander gerissen würde (sog. *Gesamtbetrachtungslehre*).

Bsp.: *Die T möchte O töten, weil O sie verlassen hat. T lauert ihm auf, um ihn mit der einzigen in ihrer Pistole befindlichen Kugel zu erschießen, verfehlt ihn aber. Da fällt ihr ein, dass sie noch ein Messer bei sich hat, mit dem sie auf ihn einsticht, aber abgleitet, sodass die Klinge abbricht. Schließlich fängt sie an, den ihr körperlich unterlegenen O zu würgen, lässt aber – durch sein Flehen erweicht – von ihm ab.*

Nach der Einzelaktstheorie liegt ein Fehlschlagen schon nach dem verfehlten (einzig möglichen) Schuss bzw. nach dem Abbrechen des Messers vor. Für die rücktrittsfreundlichere Gesamtbetrachtungslehre liegt dagegen noch kein fehlgeschlagener Versuch vor, da aus Sicht von T bei einheitlicher Betrachtungsweise der Tod des O noch möglich erscheint.

Unterscheidung beendeter ↔ unbeendeter Versuch

b) Die *Unterscheidung zwischen beendetem und unbeendetem Versuch*[110] ist für die Rücktrittshandlung von Bedeutung. Beim unbeendeten Versuch genügt ein bloßes „Nicht-weiter-Handeln". 201

Beim beendeten Versuch muss der Täter die Vollendung verhindern oder, wenn ein (unerkannt) untauglicher Versuch vorliegt oder die Tat ohne Zutun des Täters nicht vollendet wird (§ 24 I S. 2 StGB), sich zumindest ernsthaft um die Verhinderung bemühen.

---

109 Vgl. Hemmer/Wüst, Strafrecht AT II, Rn. 120 ff.

110 Vgl. Hemmer/Wüst, Strafrecht AT II, Rn. 133 ff.

Ob der Versuch beendet ist oder nicht, richtet sich wieder nach der Sicht des Täters. Beendet ist ein Versuch, wenn der Täter davon ausgeht, alles für den Eintritt des Erfolges Erforderliche und Ausreichende getan zu haben. Macht sich der Täter keine Gedanken darüber, ob er alles Erforderliche getan hat, soll nach dem BGH stets ein beendeter Versuch vorliegen.[111]

Dabei stellt die heute h.M. nicht auf die Vorstellung des Täters zu Beginn seiner Ausführungshandlung ab (so die sog. *Tatplantheorie*), sondern auf seine Vorstellung im Zeitpunkt seiner letzten Ausführungshandlung bzw. des Verhaltens, das als Rücktritt gerade zu prüfen ist (sog. *Lehre vom Rücktrittshorizont*). 202

In obigem Beispiel kommt es also nach h.M. darauf an, ob T zu dem Zeitpunkt, in dem sie mit dem Würgen aufhört, davon ausgeht, alles zur Tötung des O Erforderliche getan zu haben. Dies ist vorliegend zu verneinen.[112]

Für die Lehre vom Rücktrittshorizont spricht, dass nach der Tatplantheorie derjenige Täter leichter zurücktreten könnte, der sich schon von Beginn an für alle Eventualitäten Ersatzmittel überlegt und mitgenommen hat. Der Täter mit der größeren kriminellen Energie würde sonst bevorzugt.

☑ **hemmer-Methode: Die Zuordnung der (sich z.T. ohnehin überschneidenden) Theorienpaare Einzelakt – Gesamtbetrachtung und Tatplan – Rücktrittshorizont zu den Problemen des fehlgeschlagenen und des unbeendeten/beendeten Versuchs wird in der Literatur oft nicht klar herausgearbeitet, zumal schon in den Begrifflichkeiten z.T. Unterschiede bestehen. Teilweise werden die Theorien, die verschiedene Entwicklungslinien nachzeichnen, auch an anderen Stellen geprüft. Wichtig ist für Sie, dass Sie ihren Inhalt kennen und in der Klausur den Sachverhalt darunter subsumieren können. Die hier vorgeschlagene Einordnung der Theorien in den Prüfungsablauf des Rücktritts wird zu vertretbaren Ergebnissen führen.**

Freiwilligkeit (= Handeln aus autonomen Motiven)

c) Schließlich ist für den strafbefreienden Rücktritt nach dem Wortlaut des § 24 StGB immer erforderlich, dass er *freiwillig* erfolgt. Dabei kommt es weniger auf die konkreten Motive an, insbesondere müssen diese nicht ethisch hochstehend sein. 203

Täter muss Herr seiner eigenen Entschlüsse bleiben

Nach h.M. ist vielmehr ausschlaggebend, ob der Täter aus *autonomen Motiven* handelt, also noch selbst Herr seiner eigenen Entschlüsse ist, oder ob *heteronome Motive* ihn zum Rücktritt bewegen.

---

111 Vgl. BGH, NJW 1995, 974 ff. = **juris**byhemmer.

112 Der BGH hat festgestellt, dass an die Annahme eines unbeendeten Versuchs bei gefährlichen Gewalthandlungen und schweren Verletzungen strenge Anforderungen zu stellen sind. Es liege regelmäßig auf der Hand, dass der Täter die Möglichkeit eines tödlichen Verlaufs erkannt hat. Vgl. zum korrigierten Rücktrittshorizont auch BGH, NStZ 1998, 614-615 = **juris**byhemmer = Life&Law 02/1999, 98 und BGH, NStZ 1999, 299 = **juris**byhemmer.

Darunter fallen solche, die von seinem Willen unabhängig sind und die Sachlage so wesentlich zu seinen Ungunsten verändern, dass er die damit verbundenen Risiken vernünftigerweise nicht mehr in Kauf nehmen kann (z.B. die Gefahr des Entdecktwerdens).

Problem der außertatbestandlichen Zielerreichung

d) Ein klausurträchtiges Sonderproblem stellt die Frage dar, ob ein Rücktritt in Betracht kommt, wenn der Tatentschluss nur mit dolus eventualis gefasst wurde, ein zusätzliches außertatbe- 204
standliches Ziel aber schon mit dem Versuch erreicht wurde (sog. „Denkzettel-Fälle").[113]

> **Bsp.:** *T wurde von O gekränkt und möchte ihm einen „Denkzettel" verpassen. Dazu sticht er ihm mit einem langen Fleischermesser in den Brustkorb, wobei er seinen Tod billigend in Kauf nimmt. T sieht, dass O nicht tödlich getroffen wurde, sticht aber nicht weiter zu, weil er sein Ziel, den Denkzettel für O, erreicht hat.*

Eine Ansicht verneint die Möglichkeit eines Rücktritts. Ein Wei- 205
terhandeln trotz Erreichen des außertatbestandlichen Ziels sei nämlich bereits ein neuer Tatentschluss, dessen Unterlassen allein keinen Rücktritt darstelle. Außerdem fehle es beim Täter an einer honorierungswürdigen Verzichtsleistung.

Dagegen wird vorgebracht, dass der mit dolus eventualis handelnde Täter dadurch *systemwidrig* gegenüber dem mit dolus directus Handelnden benachteiligt würde, weshalb auch hier ein Rücktritt durch bloßes Nichtweiterhandeln möglich sein müsse.

jetzt h.M.: Rücktritt möglich (Gründe: v.a. Wortlaut und Opferschutz)

Dem haben sich im Ergebnis der Große Senat des BGH[114] und 206
die mittlerweile h.M. angeschlossen. Der BGH (GS) stellt dabei zum einen auf den Wortlaut des § 24 I S. 1 StGB ab, der nur vom Aufgeben der *weiteren Ausführung der Tat* spricht.

Damit ist nur die Tatbestandsverwirklichung (hier also die Tötung) und nicht die Erreichung außertatbestandlicher Ziele gemeint. Deren Berücksichtigung würde also den Rücktritt über den Wortlaut des § 24 StGB hinaus unzulässig erschweren.

Zum anderen argumentiert der BGH mit dem Opferschutz als einem weiteren Grund für die strafbefreiende Wirkung des Rücktritts vom Versuch. Wenn der Täter nach Erreichung seines tatbestandlichen Zieles noch strafbefreiend zurücktreten könne, hätte er einen Grund, nicht mehr weiter zu handeln und die Rechtsgutsverletzung nicht zu vollenden. Hätte er sich dagegen schon unwiederbringlich strafbar gemacht, hätte er keinen Grund,[115] die Tat nicht doch noch zu vollenden.

---

[113] Vgl. Hemmer/Wüst, Strafrecht AT II, Rn. 129 ff.

[114] Vgl. die Entscheidung des GSSt des BGH, NJW 1993, 2061-2063 = **juris**byhemmer.

[115] Bzw. durch die fakultative Strafmilderung beim Versuch im Vergleich zum vollendeten Delikt nur einen sehr schwachen Grund.

hemmer-Methode: Hier handelt es sich um eine der Konstellationen, in denen es für das Ergebnis eine Rolle spielen kann, welchen Grund man für die Straflosigkeit beim Rücktritt annimmt: Betont man den Opferschutzgedanken, ist ein strafbefreiender Rücktritt nach wie vor sinnvoll; fordert man eine honorierbare Verzichtsleistung des Täters, wäre beim Erreichen des anvisierten (außertatbestandlichen) Ziels eine solche nicht erkennbar.

2. § 24 II StGB[116]

§ 24 II StGB (mehrere Beteiligte)

§ 24 II StGB regelt den Rücktritt bei mehreren Tatbeteiligten, d.h. die Fälle, in denen auch Mittäter, Gehilfen oder Anstifter vorhanden sind. Dabei kann für viele Einzelheiten auf die Ausführungen zu § 24 I StGB verwiesen werden. Folgende Gesichtspunkte bzw. Abweichungen sind aber in jedem Fall zu beachten: 207

Rücktritt wirkt nur für den Beteiligten, der zurücktritt

a) Der Rücktritt wirkt jeweils nur für den zurücktretenden Beteiligten selbst und ist somit für jeden einzelnen grds. separat zu prüfen. Es kann allerdings als Rücktrittshandlung ausreichen, dass sich ein Beteiligter mit der Rücktrittshandlung des anderen ersichtlich einverstanden zeigt.[117] 208

keine Unterscheidung beendeter/unbeendeter Versuch

b) Es findet keine Unterscheidung zwischen beendetem und unbeendetem Versuch statt; vielmehr ist es grundsätzlich erforderlich, dass der Beteiligte die Tat verhindert. Gelingt ihm dies trotz seiner Bemühungen nicht, trägt er das Rücktrittsrisiko. 209

hemmer-Methode: Ist allerdings der Tatplan so gefasst, dass eine Verwirklichung ohne das Mithandeln eines bestimmten Beteiligten keinesfalls möglich ist, liegt quasi schon eine Verhinderung des Erfolges im bloßen „Nicht-mehr-weiter-Mithandeln" vor.
Dies ist z.B. regelmäßig der Fall, wenn der angestiftete Täter die Ausführung seiner Tat aufgibt: Allein dadurch kann die Tat nicht vollendet werden und er ist straffrei, während dem Anstifter der Rücktritt nicht zugute kommt und er sich sogar wegen vollendeter Anstiftung strafbar macht (vgl. „limitierte Akzessorietät").

Allerdings genügen seine ernsthaften Bemühungen, wenn 210

- die Tat auch ohne sein Zutun nicht vollendet wird (§ 24 II S. 2 Alt. 1 StGB, insoweit ähnlich wie § 24 I S. 2 StGB) oder

[116] Vgl. Hemmer/Wüst, Strafrecht AT II, Rn. 148 ff.

[117] Vgl. auch BGH, NJW 1999, 589-590 = **juris**byhemmer.

- ➲ die Tat unabhängig von seinem Beitrag vollendet wird; hier werden aber strenge Anforderungen gestellt, insbesondere darf sein Beitrag nicht mehr weiterwirken (§ 24 II S. 2 Alt. 2 StGB).

Freiwilligkeit

c) Auch bei mehreren Beteiligten ist stets die Freiwilligkeit erforderlich, und es darf kein fehlgeschlagener Versuch vorliegen (vgl. oben zu § 24 I StGB). 211

hemmer-Methode: Somit ist also ein strafbefreiender Rücktritt in folgenden Fällen *nicht* gegeben:
Ein Beteiligter gibt nur seine weitere Beteiligung auf (wenn darin nicht eine faktische Verhinderung liegt); dies gilt selbst dann, wenn die Tat aus anderen Gründen nicht vollendet wird.
Dem Beteiligten gelingt es trotz seiner Bemühungen nicht, die Vollendung zu verhindern, wobei sein Tatbeitrag noch fortwirkt.

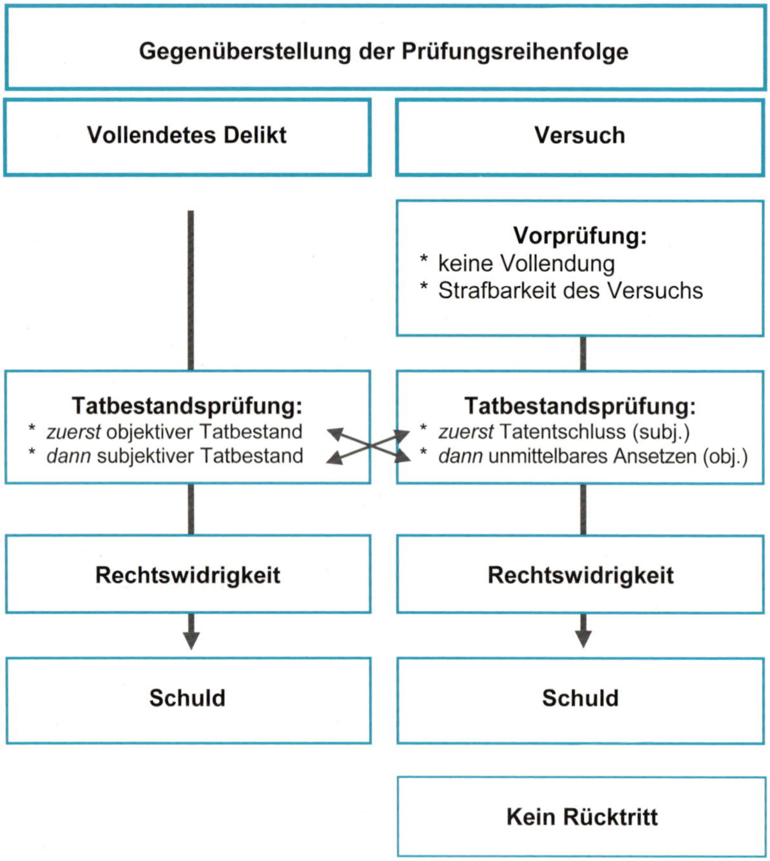

C. Regelung des § 30 StGB

§ 30 StGB

Auch § 30 StGB, der systematisch zu den Vorschriften über Täterschaft und Teilnahme gehört, kann seinem Regelungszusammenhang nach dem Versuch bzw. den Verwirklichungsstufen bei Begehung einer Straftat zugeordnet werden. 212

I. § 30 I StGB[118]

§ 30 I StGB

§ 30 I StGB stellt die versuchte Anstiftung und die versuchte „Kettenanstiftung" zu Verbrechen[119] (§ 12 I StGB) unter Strafe. 213

hemmer-Methode: Unterscheiden Sie hier genau: § 30 I StGB betrifft nicht die Teilnahme am Versuch, die stets strafbar ist, wenn die versuchte Haupttat unter Strafe steht. Vielmehr wird in § 30 I StGB der Versuch der Beteiligung erfasst. Da dabei nur die versuchte Anstiftung erwähnt wird, folgt hieraus, dass die versuchte Beihilfe stets straflos ist.

Subsidiarität des § 30 I StGB

Dabei ist § 30 I StGB subsidiär und damit in der Klausur i.d.R. nicht anzusprechen, wenn es zur Haupttat (Versuch oder Vollendung) kommt. 214

II. § 30 II StGB

§ 30 II StGB

§ 30 II StGB betrifft verschiedene Varianten der Beteiligung im Vorbereitungsstadium eines Verbrechens (§ 12 I StGB). 215

Auch § 30 II StGB ist subsidiär und deshalb in der Klausur selten. Man sollte aber an diese Vorschrift denken, wenn eine Strafbarkeit wegen Versuchs, etwa mangels eines unmittelbaren Ansetzens, ausscheidet.

III. § 31 StGB

§ 31 StGB (*lesen!*) schließlich enthält die Vorschriften über den Rücktritt vom Versuch der Beteiligung, die den verschiedenen Varianten des § 30 I, II StGB entsprechen und inhaltlich den Anforderungen des § 24 StGB angeglichen sind.[120] 216

hemmer-Methode: Denken Sie bei § 30 StGB an diese spezielle Rücktrittsmöglichkeit. In diesem Zusammenhang ist zu beachten, dass bei einem strafbefreienden Rücktritt vom Versuch natürlich eine Strafbarkeit nach § 30 II StGB nicht mehr wiederaufleben kann.

---

[118] Vgl. Hemmer/Wüst, Strafrecht AT II, Rn. 309 ff.

[119] Zur Frage, für wen (Anstifter oder Täter) ein Verbrechen vorliegen muss, vgl. Hemmer/Wüst, Strafrecht AT II, Rn. 310; Lackner/Kühl, § 30 StGB, Rn. 2.

[120] Zur versuchten Anstiftung gemäß § 30 I S. 1 Var. 1 StGB sowie zum Rücktritt vom untauglichen Versuch der Anstiftung, § 31 II Var. 1 StGB, siehe BGH, NJW 2005, 2867-2868 = **juris**byhemmer = Life&Law 11/2005, 753 ff.

§ 5 DAS VORSÄTZLICHE UNTERLASSUNGSDELIKT

A. Einführung

I. Allgemeines

Unterlassen

217 Die Unterlassungsdelikte lassen sich in *zwei strukturell verschiedene Gruppen* unterteilen:[121]

➲ echte Unterlassungsdelikte

➲ unechte Unterlassungsdelikte

echte Unterlassungsdelikte

218 Bei *echten Unterlassungsdelikten* erschöpft sich die Straftat in einem *Verstoß gegen eine Gebotsnorm* und im *bloßen Unterlassen einer vom Gesetz geforderten Tätigkeit.*[122] Sie sind in eigenständigen Straftatbeständen geregelt (z.B. § 138 StGB, § 323c I StGB). § 13 StGB findet auf die echten Unterlassungsdelikte keine Anwendung. Eine Garantenstellung ist somit nicht erforderlich. Allerdings sind bei den echten Unterlassungsdelikten mit der tatsächlichen Möglichkeit der Vornahme der rechtlich gebotenen Handlung und deren Zumutbarkeit zwei zusätzliche, (z.T.) ungeschriebene Tatbestandsmerkmale zu beachten.

unechte Unterlassungsdelikte

219 Bei den *unechten Unterlassungsdelikten* ist der Unterlassende *als „Garant" zur Abwendung des Erfolgs verpflichtet*, und das *Unterlassen entspricht* wertungsmäßig der Verwirklichung des gesetzlichen Tatbestands durch *aktives Tun*, *§ 13 I StGB.*[123] Das unechte Unterlassungsdelikt stellt damit das Spiegelbild des Begehungsdeliktes als Erfolgsdelikt dar. Die unechten Unterlassungsdelikte sind daher nicht in eigenständigen Straftatbeständen geregelt. Jedes Erfolgs- bzw. Verletzungsdelikt kann sowohl durch aktives Tun als auch durch Unterlassen verwirklicht werden, wenn bei letzterem die Voraussetzungen des § 13 I StGB erfüllt sind.

II. Aufbauschema

Aufbauschema zum unechten Unterlassungsdelikt

220 Das *unechte Unterlassungsdelikt* hat im Vergleich zum vorsätzlichen Begehungsdelikt zusätzlich die Voraussetzungen des § 13 I StGB, sodass hier weitere Prüfungspunkte von Nöten sind:

[121] Vgl. zum ganzen Hemmer/Wüst, Strafrecht AT I, Rn. 530 ff.

[122] Vgl. Jescheck/Weigend, Strafrecht Allgemeiner Teil, § 58 III 2; BGHSt 14, 280, 282 (281) = **juris**byhemmer.

[123] Vgl. Jescheck/Weigend, Strafrecht Allgemeiner Teil, § 58 III 2; GrS in BGHSt 16, 155-160 = **juris**byhemmer.

Das unechte Unterlassungsdelikt:

I. Tatbestandsmäßigkeit
- **1.** Objektiver Tatbestand
  - **a)** Eintritt des tatbestandsmäßigen Erfolgs
  - **b)** Nichtvornahme der zur Erfolgsabwendung objektiv erforderlichen und dem Täter möglichen Handlung
  - **c)** Hypothetische Kausalität des Unterlassens
  - **d)** Garantenstellung
  - **e)** Evtl. Entsprechungsklausel
- **2.** Subjektiver Tatbestand
- **3.** Evtl. objektive Strafbarkeitsbedingungen

II. Rechtswidrigkeit, insb. rechtfertigende Pflichtenkollision

III. Schuld
Wie bei vorsätzlichem Begehungsdelikt; bei Entschuldigungsgründen insb. Unzumutbarkeit normgemäßen Verhaltens

B. Tatbestandsmäßigkeit

I. Abgrenzung: Aktives Tun – Unterlassen

Tun/Unterlassen

Erster Prüfungspunkt im Rahmen der Unterlassungsdelikte ist die Abgrenzung von aktivem Tun und Unterlassen. Probleme bereitet diese Abgrenzung bei *mehrdeutigen Verhaltensweisen*. Da an die Tatbestandsverwirklichung durch aktives Tun oder durch Unterlassen unterschiedliche rechtliche Voraussetzungen geknüpft sind, kann diese Abgrenzung nicht offen bleiben. 221

Energieeinsatz

Eine Ansicht versucht die Abgrenzung anhand naturalistischer Kriterien zu lösen. Danach soll ein aktives Tun vorliegen, wenn ein *Energieeinsatz* in eine bestimmte Richtung stattgefunden hat. Ein Unterlassen liegt dagegen in einem Nichteinsetzen von Energie in eine bestimmte Richtung vor.

Schwerpunkt der Vorwerfbarkeit

Die *h.M.* ist der Ansicht, dass eine rein empirische Betrachtung nicht ausreicht. Die Abgrenzung muss mittels einer *Wertung* getroffen werden. Entscheidend für die Abgrenzung zwischen aktivem Tun und Unterlassen ist, wo bei normativer – d.h. *wertender – Betrachtung* unter Berücksichtigung des *sozialen Sinngehalts* der *Schwerpunkt des strafrechtlich relevanten Handelns* liegt.

Bsp.: *Ein bei Dunkelheit ohne Licht fahrender Fahrradfahrer fährt einen Fußgänger an, der an den Folgen des Unfalls stirbt. Hier liegt der Schwerpunkt des vorwerfbaren Verhaltens eindeutig im aktiven Tun, nämlich dem Fahren ohne Licht, sodass eine Bestrafung aus § 222 StGB in Form des Begehungsdeliktes in Betracht kommt.*

Wenn hingegen der Vater, dessen Kind bei einem Waldspaziergang auf einen Baum geklettert und heruntergefallen ist, dieses liegen lässt und weitergeht, liegt der Schwerpunkt nicht auf dem „Weiterlaufen" als mit Energieeinsatz durchgeführtem Tun, sondern auf dem „Nichthelfen", also auf einem Unterlassen.

hemmer-Methode: Bei obigem Radfahrerbeispiel können Sie auch an folgendes, bei Fahrlässigkeitsdelikten häufig anwendbares Argument denken: Das Unterlassen des Lichteinschaltens ist als Unterlassen der gebotenen Sorgfalt nur eine wesensnotwendige Modalität des Fahrlässigkeitsvorwurfs, führt aber nicht dazu, dass der Schwerpunkt der Vorwerfbarkeit auf dem Unterlassen liegt.

„Rettungsfälle"

Beliebtes Klausurthema ist die Vereitelung der Rettung einer Person. Hierbei ist nach h.M. folgendermaßen zu unterscheiden:[124] 222

Bricht der Täter eine fremde Rettungsmaßnahme ab (reißt er z.B. einem Dritten das Seil aus der Hand, mit dem dieser den Ertrinkenden retten will), liegt darin stets ein aktives Tun.

Bricht der Täter dagegen seine eigene Rettungsmaßnahme ab (*zieht er also z.B. das Seil wieder zurück, das er selbst dem Ertrinkenden zugeworfen hat*), ist nach h.M. danach zu differenzieren, ob die Rettungshandlung das Opfer schon erreicht und ihm eine realisierbare Rettungsmöglichkeit eröffnet hat. Ist dies der Fall (*hat der Ertrinkende z.B. das Seil schon oder schon fast erreicht*), liegt ein Tun vor. Ist dies nicht der Fall (*zieht der Täter z.B. das Seil schon drei Meter über der Wasseroberfläche oder während der Ertrinkende noch 20 Meter entfernt ist wieder zurück*), liegt ein Unterlassen vor.

II. Erfolgseintritt und Nichtvornahme der objektiv erforderlichen und subjektiv möglichen Rettungshandlung

Nichtvornahme der Rettungshandlung

1. Der Täter muss den tatbestandlich vorausgesetzten Erfolg durch das Unterlassen einer objektiv erforderlichen, gebotenen und ihm subjektiv möglichen Rettungshandlung verursacht haben. Problematisch in der Klausur kann dabei die Frage sein, ob die Handlung dem Täter auch *subjektiv möglich* ist. 223

[124] Näher zum ganzen Hemmer/Wüst, Strafrecht AT I, Rn. 542 ff.

Bsp.: *Diese subjektive oder physisch-reale Möglichkeit fehlt insbesondere bei völliger Handlungsunfähigkeit, z.B. bei Ohnmacht des Täters oder wenn der Täter gefesselt oder gelähmt ist; ferner bei mangelnder räumlicher Nähe zur Gefahrensituation, bei Fehlen von zur Rettung nötigen Hilfsmitteln bzw. bei Fehlen der zum Gebrauch nötigen Kenntnisse oder bei individueller Unfähigkeit. So kann z.B. ein Nichtschwimmer einen Ertrinkenden nicht aus dem Wasser holen.*

Zumutbarkeit

2. Nach der *wohl h.M.* ist die Zumutbarkeit eine Frage der 224
Rechtswidrigkeit bzw. der Schuld, da diese in § 13 StGB gerade nicht vorausgesetzt wird.

Kausalzusammenhang

3. Da ein Unterlassen als solches keinen Ursachenzusammen- 225
hang auslösen kann, gibt es *bei Unterlassungsdelikten keine Kausalität im engeren Sinne.* Es wird allerdings eine sog. Quasikausalität der Art gefordert, dass *die unterlassene Handlung nicht hinzugedacht werden kann, ohne dass der tatbestandsmäßige Erfolg mit an Sicherheit grenzender Wahrscheinlichkeit entfiele.* Abzustellen ist richtigerweise auf den konkreten Erfolgseintritt. Allerdings kann es auf der Ebene der objektiven Zurechnung berücksichtigt werden, wenn das bedrohte Rechtsgut insgesamt auch bei Vornahme einer möglichen Handlung nicht gerettet würde.

Bsp.: *Die Wohnung der Familie F im 5. Stock eines Hochhauses steht in Flammen. Eine Flucht durch die Tür ist nicht möglich. Der Vater scheut sich dennoch, sein Kind aus dem Fenster in die Arme hilfsbereiter Passanten zu werfen. Das Kind erleidet daher den Flammentod.*

Das Unterlassen des Vaters, sein Kind aus dem Fenster in die Arme hilfsbereiter Passanten zu werfen, ist (hypothetisch) kausal für den Tod durch Verbrennen. Allerdings scheitert die Bestrafung – wenn davon ausgegangen wird, dass das Kind den Sturz nicht überleben kann – an der fehlenden *objektiven Zurechenbarkeit*, da es nicht der Sinn der Statuierung einer Handlungspflicht sein kann, eine Erfolgsursache durch eine andere auszutauschen.

III. Garantenstellung

§ 13 I StGB

Nach § 13 I StGB ist ein Täter bei einem Unterlassen nur dann 226
strafbar, „... wenn er rechtlich dafür einzustehen hat, dass der Erfolg nicht eintritt ...“.

Garantenstellung

Dieses „rechtliche Einzustehenhaben“ wird als sog. *Garantenstel-* 227
lung bezeichnet und stellt ein zusätzliches Zurechnungskorrektiv dar.

Nach einem unechten Unterlassungsdelikt bestraft werden soll nur derjenige, der entweder für die Unversehrtheit des verletzten Rechtsgutes (sog. *Beschützergarant*) oder für die Abschirmung der verletzenden Gefahrenquelle (sog. *Überwachungsgarant*) verantwortlich ist.

hemmer-Methode: Es gibt neben § 323c I StGB keine *allgemeine*, strafrechtlich abgesicherte Schutzpflicht des Einzelnen zur Abwendung von Gefahren. Das bedeutet umgekehrt auch, dass die durch § 323c I StGB gewährleistete Schutzpflicht alleine noch nicht zur Annahme einer Garantenstellung genügt.

Übersicht

Nach der sog. Funktionenlehre können im Einzelnen folgende Garantenpflichten unterschieden werden:[125] 228

hemmer-Methode: Eine genauere Darstellung der einzelnen Garantenpflichten an dieser Stelle würde den Rahmen des Basics-Skripts sprengen.

Garantenpflichten nach der Funktionenlehre:

I. Beschützergarantenpflichten:

1. aus Gesetz:
   z.B. §§ 1353, 1626, 1631 BGB
2. aus rechtlich fundierten Verhältnissen enger natürlicher Verbundenheit:
   z.B. Ehegatten, Verwandte in gerader Linie, Geschwister, Verlobte
3. aus anderen Lebens- und Gefahrengemeinschaften:
   z.B. nichteheliche Lebensgemeinschaft, langjährige Vertragsbeziehungen, Bergkameraden
4. aus freiwilliger Übernahme von Schutz- und Beistandspflichten
   ⇨ tatsächliche Übernahme entscheidend
   z.B. Arztvertrag, Babysitter, Bergführer, Bademeister
5. aus der mit einem besonderen Pflichtenkreis verbundenen Stellung als Amtsträger oder Organ einer juristischen Person

II. Überwachungsgarantenpflichten:

1. aus Verkehrssicherungspflichten
2. aus der Pflicht zur Beaufsichtigung Dritter kraft Autoritätsstellung, z.B. Lehrer, Vorgesetzter bei der Bundeswehr
3. aus vorangegangenem pflichtwidrigen Tun (Ingerenz)

---

[125] Vgl. im Einzelnen Hemmer/Wüst, Strafrecht AT I, Rn. 565 ff. Zu möglichen Irrtumsproblemen in diesem Bereich vgl. Kudlich, Life&Law 04/1998, 243, 247 f. sowie den hemmer-background zur Garantenstellung in Life&Law 03/2001, 182 ff.

Einer näheren Erklärung bedarf dabei noch der Begriff der „Ingerenz“: Dabei geht es um eine Garantenstellung aus vorangegangenem pflichtwidrigem Tun. Wer pflichtwidrig eine Gefahrenquelle schafft, ist dafür verantwortlich, dass diese keine Schäden an fremden Rechtsgütern verursacht. Dabei ist erforderlich, dass das Verhalten die nahe Gefahr des Eintritts des konkreten tatbestandsmäßigen Erfolgs verursacht hat.[126]

Bsp.: *T fährt den O fahrlässig mit dem Auto an. Um keine Scherereien mit der Polizei zu bekommen, lässt er O einfach liegen. O stirbt.*

Hier kommt neben einer Strafbarkeit aus § 222 StGB auch eine aus §§ 212 I, (211,) 13 I StGB wegen eines vorsätzlichen Tötungsdelikts durch Unterlassen in Betracht.

Anders, wenn O den T angreift und T ihn in Notwehr (§ 32 StGB) niederschlägt. Da das gefahrschaffende Vorverhalten des T hier nicht pflichtwidrig war, trifft ihn keine Garantenpflicht aus Ingerenz. (Möglich bleibt aber die Strafbarkeit nach § 323c I StGB).[127]

hemmer-Methode: Denken Sie auch an die mögliche Kombination mit Irrtumsfällen: Irrt sich der Täter über die tatsächlichen Voraussetzungen, die eine Garantenstellung begründen (z.B. darüber, dass er der Vater des gefährdeten Kindes ist), liegt ein Tatbestandsirrtum, § 16 I S. 1 StGB (bzw. beim umgekehrten Irrtum ein untauglicher Versuch), vor; kennt er dagegen diese Voraussetzungen und zieht daraus falsche rechtliche Schlüsse hinsichtlich einer Garantenpflicht, handelt es sich um einen Verbotsirrtum, § 17 StGB (bzw. um ein strafloses Wahndelikt).

IV. Entsprechungsklausel

§ 13 I StGB: Entsprechungsklausel

Nach *§ 13 I StGB* ist die Tatbestandsverwirklichung durch Unterlassen nur strafbar, wenn *„das Unterlassen der Verwirklichung des gesetzlichen Tatbestands durch ein Tun entspricht“*. Diese sog. Entsprechungsklausel spielt regelmäßig keine besondere Rolle. Probleme treten insbesondere bei verhaltensgeprägten Delikten auf. **229**

So stellt sich etwa die Frage, ob eine Körperverletzung durch Unterlassen mittels einer das Leben gefährdenden Behandlung im Sinne des § 224 I Nr. 5 StGB begangen werden kann. Der verhaltensbezogene Wortlaut wirft die Frage auf, ob das Unterlassen einem Tun entsprechen kann (vgl. Wortlaut des § 13 I StGB).

[126] BGH, NStZ 2000, 583 = **juris**byhemmer = Life&Law 03/2001, 178 ff.

[127] BGH, NStZ 2000, 414 f. = **juris**byhemmer = Life&Law 11/2000, 810 ff.

Bei § 224 I Nr. 5 StGB resultiert die höhere Bestrafung nach BGH aus der besonderen abstrakten Gefahr, die beim Opfer entsteht. Insoweit ist es teleologisch unerheblich, ob die Lebensgefahr durch ein Tun oder ein Unterlassen hervorgerufen wird. Eine Tatbegehung durch Unterlassen ist somit möglich.

C. Pflichtenkollision

Rechtfertigung

Eine Pflichtenkollision ist gegeben, wenn den Täter gleichzeitig mehrere Handlungspflichten treffen, er aber nur eine auf Kosten der anderen erfüllen kann. Erfüllt der Täter die höherwertige der beiden Pflichten oder eine von zwei gleichrangigen Pflichten, so ist er nach *h.M. gerechtfertigt.* Eine Mindermeinung will den Täter in diesem Fall nur *entschuldigen*. Dies wird jedoch der besonderen Situation des Täters nicht gerecht. **230**

> ***Bsp.:*** *Der Notarzt N wird zu einem Patienten P gerufen, der einen Herzanfall erlitten hat. Als N gerade seine Praxis verlassen will, wird ein lebensgefährlich verletzter Motorradfahrer eingeliefert. N versorgt diesen. Währenddessen stirbt P.*

D. Unzumutbarkeit normgemäßen Verhaltens

Schuld

Die h.M. erkennt beim unechten Unterlassungsdelikt die Unzumutbarkeit als speziellen Entschuldigungsgrund an.[128] Dies wird dadurch gerechtfertigt, dass der Unrechts- und Schuldgehalt des Untätigbleibens aufgrund des vorliegenden Motivationsdrucks weitgehend dadurch aufgehoben wird, dass ein gleichwertiges Rechtsgut vor der sicheren Vernichtung bewahrt wird. Der Gesichtspunkt der Unzumutbarkeit soll auch bei den unechten Unterlassungsdelikten als regulatives Prinzip den Umfang der Sorgfalts- und Handlungspflichten in sachgerechter Weise begrenzen.

> ***Bsp.:*** *A ist mit seinem Sohn B und dessen Spielkameraden C schwimmen. Aufgrund einer plötzlichen Welle geraten B und C in Lebensgefahr, A als sehr guter Schwimmer kann nur einen von beiden retten. Er rettet den laut um Hilfe rufenden C, sein Sohn B ertrinkt, was er billigend in Kauf nahm.*
>
> *A könnte sich bezüglich seines Sohnes gem. §§ 212 I, 13 StGB strafbar gemacht haben. Eine Rechtfertigung kraft Pflichtenkollision scheidet aus, da A seiner vorrangigen Handlungspflicht, seinen Sohn zu retten, nicht nachkam. Jedoch scheidet nach h.M. aufgrund der Unzumutbarkeit normgemäßen Verhaltens die Schuld aus.*

---

[128] BGHSt 4, S. 23; NStZ 1984, S. 164.

§ 6 DAS FAHRLÄSSIGKEITSDELIKT[129]

das Fahrlässigkeitsdelikt in der Klausur

Das Fahrlässigkeitsdelikt spielt im Vergleich zum Vorsatzdelikt eine deutlich geringere Rolle in Übungs- und Examensklausuren, wofür v.a. zwei Gründe anzuführen sind: 231

Zum einen gibt es eine Fahrlässigkeitsstrafbarkeit nur bei einer eingeschränkten Zahl von Delikten, bei denen dies im Gesetz ausdrücklich angeordnet ist, vgl. § 15 StGB.

hemmer-Methode: Wichtig für die Klausur sind dabei v.a. die §§ 222, 229 StGB, u.U. auch die §§ 315c III Nr. 2, 316 II StGB.

Zum anderen gibt es viele klausurrelevante Probleme beim Fahrlässigkeitsdelikt gerade nicht, so z.B. keinen Versuch, keinen Irrtum und keine Teilnahme.

Gleichwohl darf die Bedeutung der Fahrlässigkeitsdelikte nicht unterschätzt werden: V.a. wegen ihrer großen praktischen Bedeutung (insbesondere auch im Zusammenhang mit den sehr klausurrelevanten Verkehrsdelikten) tauchen sie in Klausuren immer wieder auf. Auch wird z.B. beim Vorliegen eines Irrtums nach § 16 I StGB (vgl. dazu oben, Rn. 60) die Prüfung eines Fahrlässigkeitsdelikts eröffnet (vgl. § 16 I S. 2 StGB). Dann aber zeigen viele Bearbeiter (vermeidbare) Unsicherheiten im Aufbau. Daher erscheint es sinnvoll, sich die grundsätzliche Struktur der Fahrlässigkeitsdelikte zu vergegenwärtigen und diese zu verinnerlichen. In einigen Detailproblemen bieten die Fahrlässigkeitsdelikte außerdem auch die Möglichkeit, mit guter Argumentation zu punkten. 232

Fahrlässigkeit als eigene Unrechtsform (⇨ auch eigene Tatbestandsprüfung)

Daraus, dass man sich mittlerweile im Wesentlichen einig darüber ist, dass Vorsatz und Fahrlässigkeit nicht als bloße Schuldformen zu begreifen sind, sondern auch eigene Unrechtsformen darstellen,[130] ergibt sich als logische Konsequenz, dass das Aufbauschema zum Fahrlässigkeitsdelikt von dem zum vorsätzlichen Begehungsdelikt wesentlich abweicht, und es nur einzelne (wenngleich wichtige, z.B. tatbestandlicher Erfolgseintritt, Kausalität) Berührungspunkte gibt. 233

hemmer-Methode: Nach mittlerweile ganz h.M. stehen also Vorsatz- und Fahrlässigkeitsdelikt in einem aliud-Verhältnis zueinander. Dies bedeutet aber nicht, dass eine Handlung nicht zugleich hinsichtlich eines Verletzungserfolgs vorsätzlich, hinsichtlich eines anderen fahrlässig sein kann, wie z.B. die erfolgsqualifizierten Delikte zeigen.

---

[129] Vgl. dazu insgesamt Hemmer/Wüst, Strafrecht AT I, Rn. 616 ff.

[130] Zu den verschiedenen Handlungsbegriffen und Verbrechenssystemen vgl. Hemmer/Wüst, Strafrecht AT I, Rn. 26 ff.

Außerdem wird der Fahrlässigkeit auch eine gewisse Auffangfunktion zugeschrieben: Kann nicht geklärt werden, ob der Täter vorsätzlich *oder* fahrlässig gehandelt hat, so wird er nicht in dubio pro reo freigesprochen, sondern aus dem Fahrlässigkeitsdelikt bestraft.

<u>Aufbauschema zum fahrlässigen Erfolgsdelikt:</u>

I. Tatbestandsmäßigkeit

- **1.** Erfolgseintritt
  - **a)** durch aktives Tun *oder*
  - **b)** durch Unterlassen
    - Garantenstellung
    - Entsprechungsklausel
- **2.** Kausalität des Verhaltens für den Erfolg
- **3.** Verletzung der objektiv gebotenen Sorgfalt
- **4.** Objektive Vorhersehbarkeit des Erfolges und des Kausalverlaufs
- **5.** Objektive Zurechnung, v.a.
  - **a)** Pflichtwidrigkeitszusammenhang
  - (⇨ Risikoerhöhungslehre)
  - **b)** Schutzzweck der Norm

II. Rechtswidrigkeit

III. Schuld

- **1.** Schuldfähigkeit und ggf. besondere Schuldmerkmale
- **2.** Subjektive Erkennbar- und Erfüllbarkeit der Sorgfaltspflicht
- **3.** Subjektive Vorhersehbarkeit des Erfolges und des Kausalverlaufs
- **4.** Unrechtsbewusstsein
- **5.** Fehlen von Entschuldigungs- und Schuldausschließungsgründen, insbesondere der Unzumutbarkeit normgemäßen Verhaltens

A. Tatbestandsmäßigkeit

I. Erfolgseintritt

Erfolgseintritt

Hinsichtlich des Erfolgseintritts gilt grds. nichts anderes, als beim vorsätzlichen Begehungsdelikt. Insbesondere gibt es auch bei der Fahrlässigkeitsstrafbarkeit Erfolgsdelikte. 234

Bsp.: *§§ 222, 229 StGB (Tod bzw. Körperverletzung)*

und schlichte Tätigkeitsdelikte, bei denen i.R.d. Sorgfaltspflichtverletzung die Erkennbarkeit der Tatbestandsverwirklichung als solche zu prüfen ist.

Bsp.: *§§ 161 I StGB (falsches Schwören), 316 II StGB (betrunkenes Fahren).*

fahrlässiges (unechtes) Unterlassungsdelikt

Ebenso ist auch i.R.d. Fahrlässigkeitsdeliktes ein (unechtes) Unterlassen[131] denkbar, bei dem genau wie beim vorsätzlichen unechten Unterlassungsdelikt (vgl. oben, Rn. 217 ff.) die Nichtvornahme der erforderlichen und gebotenen Handlung, die hypothetische Kausalität und die Garantenstellung zu prüfen sind. 235

hemmer-Methode: Das fahrlässige unechte Unterlassungsdelikt ist sogar relativ häufig, da die Nichtvornahme der gebotenen Handlung häufig auf Fahrlässigkeit beruhen wird.

II. Kausalität

Kausalität

Auch für die Kausalitätsprüfung gelten die gleichen Grundsätze wie beim Vorsatzdelikt (vgl. oben, Rn. 40 ff. bzw. Rn. 225 zur Kausalität beim Unterlassen). 236

III. Verletzung der objektiv gebotenen Sorgfalt

Sorgfaltspflichtverletzung

Zentrales Element der strafrechtlichen Fahrlässigkeit ist die Verletzung der objektiv gebotenen Sorgfalt. 237

Gewinnung des Inhalts der Sorgfaltspflicht

1. Problematisch kann hier sein, woher der Inhalt der Sorgfaltspflichten abzuleiten ist. Hier kann unterschieden werden zwischen Sorgfaltspflichten aus 238

a) speziellen (Rechts-) Normen: So z.B. aus Gesetzen (z.B. StVG, StVO, gewerbepolizeiliche Vorschriften, Gefahrstoffverordnung) oder technischen Regelwerken (z.B. DIN/VDI-Normen),

b) Verwaltungsakten: So z.B. bei Anordnungen oder Auflagen im Zusammenhang mit Genehmigungen,

c) der Verkehrssitte für bestimmte Verkehrskreise: So *z.B. Jagdregeln, Sportregeln, Regeln der ärztlichen Kunst*; hier erfolgt umgekehrt eine Tatbestandsbeschränkung durch sozialadäquates Verhalten, z.B. bei einem leichten Zusammenprall am Anfängerhügel eines Skilifts,

d) der Abwägung von Schadenswahrscheinlichkeit und Schadensrisiko (i.S.v. voraussichtlich drohender Höhe des Schadens), soweit keine speziellen Regeln bestehen. Dabei sind die Anforderungen umso höher, je größer die Schadenswahrscheinlichkeit und der drohende Schaden sind. Hinsichtlich der dann anzuwendenden Sorgfalt ist auf einen besonnenen und gewissenhaften Menschen in der konkreten Lage des Betroffenen abzustellen.

[131] Vgl. dazu Hemmer/Wüst, Strafrecht AT I, Rn. 635.

Sonderfähigkeiten des Täters

2. Des Weiteren kann im Einzelfall fraglich sein, inwiefern Son- 239
derfähigkeiten des Täters zu berücksichtigen sind:

> **Bsp.:**[132] *Der berühmte Arzt A führte eine besonders schwierige Operation durch, bei welcher der Patient starb. Dabei hatte A zwar die von einem Durchschnittschirurgen erwartete Sorgfalt beachtet, nicht aber das geleistet, was er aufgrund seiner besonderen Fähigkeiten vermocht hätte.*

Während individuelle *geringere Fähigkeiten* des Täters diesen nach h.M. erst auf der Ebene der Schuld entlasten, also die objektive Sorgfaltspflicht nicht berühren, will die h.M. *größere Sonderfähigkeiten* berücksichtigen, sodass sich A hier einer fahrlässigen Tötung strafbar gemacht haben könnte. Diese Ansicht stellt zwar eine (auch der Rechtsklarheit nicht dienliche) Benachteiligung besonders Befähigter dar, ist aber im Hinblick auf den Schutzzweck der Fahrlässigkeitsstrafbarkeit, nämlich den Rechtsgüterschutz, wohl vorzugswürdig. Etwaige Unbilligkeiten können auf der Rechtsfolgenseite sachgerecht berücksichtigt werden.

IV. Vorhersehbarkeit des Erfolgs und des Kausalverlaufs

Vorhersehbarkeit

Der Erfolg und der Kausalverlauf in seinen groben Zügen müssen 240
objektiv, d.h. aus der ex-ante-Sicht eines besonnenen und gewissenhaften Durchschnittsbetrachters in der Person und der konkreten Situation des Täters, vorhersehbar sein.

V. Objektive Zurechnung

objektive Zurechnung

Ein Problem, das bei Fahrlässigkeitsdelikten eine erheblich grö- 241
ßere Rolle spielt als beim vorsätzlichen Begehungsdelikt, ist die objektive Zurechnung. Dies liegt vor allem daran, dass bei den vorsätzlichen Begehungsdelikten erst dann überhaupt eine Strafbarkeit in Betracht kommt, wenn der Täter zumindest unmittelbar zur Tatausführung ansetzt (§ 22 StGB). Handlungen im Vorfeld scheiden damit regelmäßig als Anknüpfungspunkt aus.

Neben den – so wie beim Vorsatzdelikt zu handhabenden – Fallgruppen des völlig außerhalb der Lebenserfahrung liegenden Kausalverlaufs[133] und der eigenverantwortlichen Selbstschädigung des Opfers[134] spielen hier v.a. die Fragen nach dem Pflichtwidrigkeitszusammenhang und dem Schutzzweck der Norm eine Rolle.

---

132 Vgl. auch Hemmer/Wüst, Strafrecht AT I, Rn. 642.

133 Vgl. dazu auch oben Rn. 43 f. sowie Hemmer/Wüst, Strafrecht AT I, Rn. 125.

134 Vgl. dazu auch oben Rn. 55 f. sowie Hemmer/Wüst, Strafrecht AT I, Rn. 130 f.

1. Pflichtwidrigkeitszusammenhang

Pflichtwidrigkeitszusammenhang

a) Der Erfolg ist dem Täter beim Fahrlässigkeitsdelikt nur dann objektiv zurechenbar, wenn er bei sorgfaltspflichtgemäßem Verhalten („rechtmäßigem Alternativverhalten") mit an Sicherheit grenzender Wahrscheinlichkeit vermeidbar gewesen wäre. 242

Bsp.:[135] *T fährt mit seinem Lastzug in einem Abstand von nur 75 cm an O vorbei, der mit seinem Fahrrad am rechten Straßenrand fährt. Während des Überholvorgangs gerät O mit dem Kopf unter die Hinterreifen des Anhängers und wird dadurch getötet. Eine der Leiche später entnommene Blutprobe ergibt für den Zeitpunkt des Unfalls eine Blutalkoholkonzentration von 2,2 ‰.*

Nach Meinung des BGH ist T nicht wegen § 222 StGB zu bestrafen, da angesichts der Alkoholisierung des O nicht mit hinreichender Wahrscheinlichkeit davon ausgegangen werden könne, dass der Unfall nicht genauso passiert wäre, wenn der T den vorgeschriebenen Abstand eingehalten hätte.

hemmer-Methode: Strafbar ist also die Verursachung des Erfolges durch Pflichtwidrigkeit, nicht die Erfolgsverursachung unabhängig von einer – zufällig ebenfalls gegebenen – Pflichtwidrigkeit.

Risikoerhöhungslehre

b) Demgegenüber will die von einer beachtlichen Ansicht vertretene sog. *Risikoerhöhungslehre* die objektive Zurechnung schon dann bejahen, wenn die Wahrscheinlichkeit des Erfolgseintritts bei sorgfaltsgemäßem Verhalten geringer gewesen wäre. Die h.M. lehnt diese Lehre aber ab, da durch sie zum einen den Verletzungsdelikten ein gewisser Gefährdungsdeliktscharakter zugemessen und zum anderen der Grundsatz „in dubio pro reo" ausgehöhlt werde. Dieser kommt nach der Risikoerhöhungslehre nämlich nur zur Anwendung, wenn nicht geklärt werden kann, ob es zu einer Risikoerhöhung gekommen ist. Er greift nicht schon, wenn unklar ist, ob der Erfolg hätte vermieden werden können.[136] 243

2. Schutzzweck der Norm

Schutzzweck der Norm

Des Weiteren ist der Erfolg dem Täter nur zuzurechnen, wenn sich in ihm gerade die Gefahr realisiert hat, die durch die verletzte Norm bzw. den verletzten Sorgfaltspflichtmaßstab verhindert werden soll. 244

Bsp.: A überfährt mit dem Auto ein Kind (K), das aber so plötzlich vor sein Auto gelaufen war, dass er unmöglich bremsen konnte.

[135] Nach BGHSt 11, 1-7 (Radfahrerfall) = jurisbyhemmer.

[136] Näher zur Risikoerhöhungslehre und den dagegen vorgebrachten Argumenten Hemmer/Wüst, Strafrecht AT I, Rn. 653.

Auf Grund von Zeugenaussagen ist jedoch bekannt, dass A zwar nicht an der Unfallstelle, aber in der vorausgegangenen Tempo-30-Zone statt mit 30 km/h mit 70 km/h gefahren war. Der Staatsanwalt argumentiert, bei rechtmäßiger Fahrweise wäre K nicht getötet worden, weil A dann die Unfallstelle erst erreicht hätte, nachdem K die Straße schon überquert gehabt hätte.

Geschwindigkeitsbegrenzungen haben den Zweck, in ihrem Geltungsbereich ein besseres Reagieren auf andere Verkehrsteilnehmer zu ermöglichen. Sie sollen nicht dazu führen, zu einem bestimmten Zeitpunkt an einem bestimmten Ort angelangt zu sein oder nicht. Insoweit liegt die Tötung außerhalb des Schutzzwecks der Geschwindigkeitsbegrenzung.

Etwas anderes würde nach Ansicht des BGH gelten, wenn A *in der kritischen Situation selbst* zu schnell gefahren wäre.[137] Hier soll berücksichtigt werden können, dass z.B. das Opfer bei geringerer Geschwindigkeit durch *Eigenbewegung* die Straße bereits überquert gehabt hätte, selbst wenn A von sich aus auch bei niedrigerer Geschwindigkeit nicht mehr hätte bremsen können.

B. Rechtswidrigkeit

Rechtswidrigkeit

Auch für die Rechtswidrigkeit gelten die Ausführungen zum vorsätzlichen Begehungsdelikt (vgl. oben, Rn. 73 ff.) weitgehend entsprechend. **245**

Problematisch ist nur, dass bei fahrlässigem, also i.d.R. nicht zielgerichtetem Handeln normalerweise kein subjektives Rechtfertigungselement vorliegen kann. Auch ohne dieses ist jedoch nach ganz h.M. der Täter beim Fahrlässigkeitsdelikt nicht strafbar, wobei lediglich in der Konstruktion Unterschiede bestehen.[138]

Bsp.: *T läuft eilig durch die nächtlichen Straßen und rempelt dabei O an, der zu Boden fällt und sich die Hand bricht. Allerdings wollte O, was T nicht weiß, ihn in diesem Moment mit einem unter der Jacke bereitgehaltenen Messer gerade niederstechen und ausrauben.*

Obwohl T hier das subjektive Rechtfertigungselement fehlt, kann er im Ergebnis nicht nach § 229 StGB strafbar sein, da er O (mit entsprechendem Verteidigungswillen) sogar vorsätzlich zu Boden hätte stoßen dürfen.

[137] Vgl. BGHSt 33, 61-66 = **juris**byhemmer.

[138] Näher dazu Hemmer/Wüst, Strafrecht AT I, Rn. 673 ff.

Zur Begründung sind mehrere Wege gangbar: Möglich ist zunächst ein Verzicht auf das subjektive Rechtfertigungselement, da das Erfolgsunrecht des Fahrlässigkeitsdelikts durch die objektive Rechtfertigungslage allein entfällt. Weiterhin denkbar ist die Konstruktion über eine beim fahrlässigen Delikt gerade nicht gegebene Versuchsstrafbarkeit bei Vorliegen der objektiven, aber Fehlen der subjektiven Rechtfertigungsvoraussetzungen (vgl. oben, Rn. 78 f.). Schließlich könnte man bereits den Tatbestand des Fahrlässigkeitsdelikts als nicht erfüllt betrachten, da das, was objektiv geboten ist, nicht pflichtwidrig sein kann.

C. Schuld

Schuld (⇨ jeweils individuelle Maßstäbe)

Auch für die Schuld gelten – soweit im Einzelfall übertragbar – die Ausführungen zum Vorsatzdelikt entsprechend; zusätzlich sind aber drei Gesichtspunkte zu beachten: 246

I. Korrespondierend zum objektiven Tatbestand ist auf der Schuldebene zu prüfen (und in der Klausur auch immer kurz anzusprechen), ob der Täter auch subjektiv, d.h. nach seinen Fähigkeiten, pflichtwidrig gehandelt hat und den Erfolg sowie den Kausalverlauf in seinen groben Zügen vorhersehen konnte.

II. Im Gegensatz zum Vorsatzdelikt wird hier von der h.M. die Unzumutbarkeit normgemäßen Verhaltens als Entschuldigungsgrund anerkannt.

III. Außerdem ist als Besonderheit darauf zu achten, dass bei unbewusster Fahrlässigkeit das Unrechtsbewusstsein nur ein „potentielles" sein kann. Da derjenige, der die drohende Gefahr nicht erkannt hat, sich zwangsläufig auch keine Gedanken darüber machen kann, ob er Unrecht tut, kann nur geprüft werden, ob der Täter sein Unrecht hätte erkennen können, wenn er gewusst hätte, was er (gleich) tut.

§ 7 KONKURRENZEN[139]

A. Einführung

Bedeutung der Konkurrenzen

Hat ein Täter (auf einmal oder hintereinander) mehrere Straftatbestände rechtswidrig und schuldhaft verwirklicht, stellt sich bei der Strafbarkeit die Frage nach dem Verhältnis der verletzten Strafnormen zueinander: Sind alle Strafnormverletzungen bei der Strafbarkeit zu berücksichtigen oder nur einzelne? 247

> **Bsp.:** *Wenn T die O erschießt, hat er sie damit getötet (§§ 212 I, 211 StGB), dabei körperlich verletzt (§§ 223 I, 224 I Nr. 2 Alt. 1, 5 StGB) und womöglich durch die Kugel ihr Designerkostüm zerstört (§ 303 I StGB).*
>
> *Allerdings steckt in jeder Tötung denknotwendig (zumindest als Durchgangsstadium) eine Körperverletzung. Auch die durch den Schuss gleichzeitig herbeigeführte Sachbeschädigung scheint neben der Tötung weniger ins Gewicht zu fallen.*

Der Lehre von den Konkurrenzen kommt dabei die Aufgabe zu festzustellen, in welchem Verhältnis die verschiedenen begangenen Delikte zueinander stehen. Dadurch bildet sie die Schnittstelle zwischen dem materiellen Strafrecht und dem Recht der Strafzumessung.

hemmer-Methode: Die Bedeutung der Konkurrenzen sollte nicht unterschätzt werden, weshalb sie auch in diesem Basics-Skript wenigstens kurz Erwähnung finden. Zum einen sind sie eines der wenigen Gebiete, zu dem (zumindest in Examensklausuren) immer etwas geschrieben werden muss. Zum anderen werden sie regelmäßig am Ende der Klausur geprüft und sind so dem Korrektor bei der Bewertung am frischesten im Gedächtnis.

Prüfungsreihenfolge

In der Klausur ist im Bereich der Konkurrenzen folgende gedankliche Prüfungsreihenfolge einzuhalten:

I. Zunächst ist festzustellen, ob verschiedene Tatbestände in einer Handlungseinheit zusammengefasst werden können oder ob diese im Verhältnis der Handlungsmehrheit zueinander stehen. 248

II. Nach dieser Differenzierung ist zu fragen, ob ein Fall der tatsächlichen Konkurrenz (*Tateinheit oder Tatmehrheit,* §§ 52, 53 StGB) vorliegt. In diesem Fall bleiben die Tatbestände nebeneinander bestehen und erscheinen auch im Urteilstenor. Andernfalls liegt ein Fall der *Gesetzeskonkurrenz* vor, bei dem ein Tatbestand den anderen verdrängt.[140] 249

---

139 Vgl. zu den Konkurrenzen den Überblick bei berberich/Löper, Life&Law 12/2012, 907 ff.

140 Teilweise wird auch die umgekehrte Prüfungsreihenfolge, d.h. erst Ausscheiden der Gesetzeskonkurrenz, dann Prü-

B. Handlungseinheit und Handlungsmehrheit

Bei der Unterscheidung zwischen Handlungseinheit und Handlungsmehrheit ist zu prüfen, ob eine Handlung vorliegt. Wenn keine der im Folgenden (**I.-II.** bzw. **III.**) genannten Fallgruppen der Handlungseinheit bejaht werden kann, liegt zwangsläufig Handlungsmehrheit vor. 249a

I. Handlung im natürlichen Sinne

Handlung im natürlichen Sinne

Eine Handlung *im natürlichen Sinne* ist stets dann gegeben, wenn durch einen Willensentschluss eine Körperbewegung hervorgerufen wird. Dies gilt unabhängig davon, ob diese Handlung mehrere selbständige Außenwelterfolge herbeiführt. 250

> ***Bsp.:*** *Der Terrorist T wirft eine Bombe in einen Saal, in dem ein Staatsakt begangen wird. Hierbei werden mehrere Menschen getötet und zahlreiche Einrichtungsgegenstände zerstört.*

II. Rechtliche Handlungseinheit

rechtliche Handlungseinheit

Auch wenn mehrere Handlungen im natürlichen Sinne vorliegen, kann sich trotzdem eine Handlungseinheit unter rechtlichem Blickwinkel ergeben: 251

1. Natürliche Handlungseinheit

natürliche Handlungseinheit

Der Begriff der sog. *natürlichen Handlungseinheit* wird äußerst uneinheitlich gebraucht. Einigkeit besteht jedoch darin, dass es sich in sämtlichen Anwendungsbereichen um einen Fall der rechtlichen Handlungseinheit handelt, da hierbei mehrere selbständige Einzelakte anhand von rechtlichen Kriterien zu einer Handlungseinheit im Rechtssinne zusammengefasst werden. 252

iterative und sukzessive Tatbegehung

Zum einen wird dieser Begriff von der Rspr. bei Fällen der *iterativen* bzw. *sukzessiven* Tatbegehung gebraucht.[141]

iterative Tatbegehung

Von einer *iterativen* Tatbestandsverwirklichung kann gesprochen werden, wenn der Täter mehrere Einzelakte vornimmt, die jeweils den Tatbestand des verletzten Gesetzes selbständig verwirklichen, aber dennoch nur einen einheitlichen Deliktserfolg, bezogen auf dieselbe Strafvorschrift, herbeiführen. 253

---

fung von Handlungseinheit oder -mehrheit empfohlen. Da insoweit im Gesetz keine Vorgabe besteht, handelt es sich – wie so oft bei Aufbaufragen – um Geschmacks-, jedenfalls aber reine Praktikabilitätsfragen. Hier wird das o.g. Vorgehen vorgeschlagen, da sich die unterschiedlichen Formen der Gesetzeskonkurrenz (vgl. Rn. 259 ff.) auch leichter einordnen lassen, wenn man weiß, ob Handlungseinheit oder -mehrheit vorliegt.

141 Vgl. BGHSt 20, 269-273 (272).

Bsp.: *Der Ladendieb stiehlt während eines Supermarkt-Aufenthalts nacheinander eine Butter, frische Hefe und Zigaretten.*

sukzessive Tatbegehung

Die sog. *sukzessive* Tatbestandsverwirklichung ist gegeben, wenn der entsprechende Straftatbestand nur einmal, und zwar schrittweise, verwirklicht wird. 254

Bsp.: *Der eifersüchtige Ehemann schlägt bei fortdauerndem Tötungsvorsatz seinen Nebenbuhler zunächst nieder, überfährt ihn mit seinem Auto und stürzt ihn anschließend in den Fluss.*

Ausdehnung der Rechtsprechung

Darüber hinaus bejaht der BGH das Vorliegen einer natürlichen Handlungseinheit, wenn mehrere Verhaltensweisen derart von einem einheitlichen Willen getragen werden und aufgrund ihres räumlich-zeitlichen Zusammenhangs derart eng miteinander verbunden sind, dass das gesamte Tätigwerden objektiv für einen Dritten bei natürlicher Betrachtungsweise als ein einheitliches, zusammengehöriges Tun erscheint. Dies gilt in Abgrenzung zu den vorherigen Beispielen auch dann, wenn die Einzelakte *verschiedenartige* Straftatbestände verwirklichen. 255

Bsp.: *A nimmt dem B gewaltsam seinen Haustürschlüssel weg, den er zu behalten gedenkt (§ 249 I StGB), und räumt dank dieser Erleichterung dessen dauerhaft genutzte Privatwohnung leer (§§ 242 I, 244 I Nr. 3, IV StGB).*

2. Teilidentität von Ausführungshandlungen

Teilidentität von Ausführungshandlungen

Als Unterfall der natürlichen Handlungseinheit oder als eigene Fallgruppe wird auch die Teilidentität von Ausführungshandlungen diskutiert. Eine solche liegt vor, wenn die zweite Tat zumindest schon ins Versuchsstadium gelangt ist, bevor die erste beendet (vgl. oben, Rn. 182) ist. 255a

Bsp.: *A stiehlt im Haus des B einen Bauernschrank und transportiert ihn im angetrunkenen Zustand (ca. 1,2 Promille BAK) mit dem Auto ab. Hier wird die Wegnahme des großen, sperrigen Gegenstandes erst mit dem Abtransport beendet, in dem bereits eine erneute Straftat (§ 316 I StGB) liegt.*

3. Tatbestandliche Handlungseinheit

tatbestandliche Handlungseinheit

Eine Handlung im Rechtssinne ist schließlich auch gegeben, wenn mehrere Handlungen im natürlichen Sinne durch den Tatbestand des Gesetzes zu einer Bewertungseinheit verknüpft werden. Dies gilt insbesondere bei mehraktigen oder zusammengesetzten Delikten, die auf mehrere Einzelakte im natürlichen Sinne aufbauen, sowie bei den Dauerdelikten. 256

Bspe.:

- Für ein mehraktiges Delikt: Raub (§ 249 I StGB), bestehend aus qualifiziertem Nötigungsmittel und Wegnahme.

- Für ein Dauerdelikt: langandauerndes Fahren im fahruntüchtigen Zustand (§ 316 StGB).

III. Fortgesetzte Tat

Richterrecht: fortgesetzte Tat

Die *fortgesetzte Tat* wurde im Wege der richterlichen Rechtsfortbildung geschaffen mit der Intention, den Anwendungsbereich der Realkonkurrenz (§ 53 StGB) bei Serientätern einzuschränken. Voraussetzung für die Annahme der fortgesetzten Tat ist, dass die Einzelakte der Handlungsreihe sich gegen das *gleiche Rechtsgut* richten, in der *Begehungsweise gleichartig* sind und von einem *Gesamtvorsatz* getragen werden. 257

***Bsp.:** A stiehlt, wie von vornherein beabsichtigt, Stück für Stück drei neue Mountainbikes während eines Semesters aus dem Fahrradkeller seines Studentenwohnheims.*

Verwerfung durch den BGH

Der BGH hat jedoch durch eine Entscheidung aus dem Jahre 1994[142] diese mehr als hundert Jahre zurückreichende Rechtsprechung für die ihm vorgelegten Fälle des Betrugs (§ 263 StGB) und des sexuellen Missbrauchs (§§ 174, 176 StGB) verworfen und auch in Folgeentscheidungen diese Linie bestätigt. Hauptargumente für diese Verwerfung waren die fehlende gesetzliche Grundlage, sowie die ausufernde Anwendungspraxis durch die Gerichte. Außerdem wäre bei einer Zusammenfassung als eine Tat die erste Tatverwirklichung faktisch nicht verjährbar.[143] 258

C. Gesetzeskonkurrenz

I. Allgemeines

Gesetzeskonkurrenz (= unechte Konkurrenz)

Bevor man nach der bisher getroffenen Differenzierung den Schluss auf Tateinheit oder -mehrheit ziehen kann, sind noch die Fälle auszusondern, bei denen zwar mehrere Straftatbestände erfüllt sind, das *primär* anzuwendende Strafgesetz jedoch die übrigen *verdrängt (sog. unechte Konkurrenz)*. 259

---

142 Vgl. BGH, NStZ 1994, 383-388 = **juris**byhemmer.

143 Zu der näheren Argumentation vgl. Hemmer/Wüst, Strafrecht AT II, Rn. 378 ff.

II. Voraussetzungen und Untergruppen

1. Bereich der Handlungseinheit

Im Bereich der *Handlungseinheit* werden als Fälle der unechten Konkurrenz die *Spezialität*, *die Subsidiarität* und die *Konsumtion* angesehen.

Spezialität

a) Von Spezialität spricht man, wenn eine Strafvorschrift begriffsnotwendig alle Merkmale einer anderen enthält. Dies ist z.B. der Fall beim Verhältnis von unselbständigen (qualifizierenden oder privilegierenden) Abwandlungen zum Grunddelikt. **260**

Subsidiarität

b) *Subsidiarität* ist dann anzunehmen, wenn ein Gesetz nur hilfsweise, also nur für den Fall anwendbar ist, dass nicht schon ein anderes Gesetz Geltung beansprucht. Teilweise ist die Subsidiarität bereits im Gesetz ausdrücklich geregelt (z.B. §§ 145 II, 145d, 246, 248b, 265, 265a, 316 StGB). Häufig ergibt sie sich auch aus dem Sinnzusammenhang (z.B. im Verhältnis konkretes Gefährdungsdelikt zum Erfolgsdelikt, § 221 StGB zu den §§ 211 f. StGB). **261**

Konsumtion

c) *Konsumtion* ist dann zu bejahen, wenn ein Straftatbestand in einem anderen nicht notwendig enthalten ist, die eine Tat aber regelmäßig und typischerweise mit der Begehung der anderen zusammentrifft, sodass deren Unrechts- und Schuldgehalt durch die schwerere Deliktsform erfasst und aufgezehrt wird. **262**

> ***Bsp.:*** *Der einfache Hausfriedensbruch (§ 123 I StGB), der von dem Wohnungseinbruchsdiebstahl (§ 244 I Nr. 3, IV StGB) verdrängt wird.*

hemmer-Methode: Versuchen Sie nicht, in diesem Bereich die einzelnen Meinungsstreitigkeiten einzupauken und auswendig niederzuschreiben, da fast jedes komplexere Verhältnis heftig umstritten ist. Merken Sie sich besser die Kernargumente für die Idealkonkurrenz: Die sog. Klarstellungsfunktion soll dann Berücksichtigung finden, wenn sonst der Tenor das begangene Unrecht nicht hinreichend abbilden würde, ohne den Tenor über Gebühr zu „überfrachten“.

2. Bereich der Handlungsmehrheit

a) Mitbestrafte Nachtat

mitbestrafte Nachtat

Eine mitbestrafte Nachtat in diesem Bereich liegt nur vor, soweit es sich um den Ausbau oder die Sicherung der durch die Vortat erlangten Position handelt und kein neues Rechtsgut verletzt wird. **263**

Bsp.: A stiehlt ein Gemälde. Wenig später verliert er den Gefallen daran und verbrennt es. Hier stellt die Sachbeschädigung (§ 303 I StGB) eine straflose Nachtat dar, da bei dieser nur das Rechtsgut Eigentum verletzt wird, das bereits durch § 242 I StGB erfasst ist.

b) Mitbestrafte Vortat

mitbestrafte Vortat

Bei Fällen der mitbestraften Vortat liegt der Unrechtsschwerpunkt bei der Nachtat, sodass der Gesamtkomplex nur unter dem Gesichtspunkt der Nachtat zu bewerten ist. 264

Bsp.: A stiehlt den Fahrradschlüssel des B und entwendet einige Wochen später das Fahrrad.

Als Fallgruppe der mitbestraften Vortat werden ebenfalls die sog. *selbständig strafbaren Vorbereitungshandlungen* (z.B. §§ 30, 83, 234a III StGB) angesehen. 265

D. Idealkonkurrenz

Idealkonkurrenz

Hat man beim Vorliegen einer Handlungseinheit mehrere gleichzeitig verwirklichte Straftatbestände, die auch nicht durch Gesetzeskonkurrenz verdrängt werden, so liegt ein Fall der *Idealkonkurrenz* (§ 52 StGB) vor.[144] 266

Rechtsfolgen

Sämtliche idealkonkurrierenden Delikte erscheinen im Urteilsspruch. Der Strafrahmen richtet sich nach dem sog. *Absorptionsprinzip*, d.h. die Strafe wird nach dem Gesetz bestimmt, das die höchste Strafe androht. Andererseits darf sie auch nicht milder sein, als die anderen anwendbaren Delikte es zulassen (§ 52 II StGB). 267

E. Realkonkurrenz

Realkonkurrenz

Liegen nach alledem mehrere selbständige Straftaten vor und sind auch mehrere Geld- und/oder Freiheitsstrafen verwirkt, so wird grundsätzlich eine Gesamtstrafe gebildet (§ 53 I StGB, sog. *Asperationsprinzip*), sofern nicht die Ausnahme des § 53 II S. 2 StGB eingreift. Wie eine Gesamtstrafe im Einzelnen gebildet wird, ist in § 54 StGB näher beschrieben. 268

[144] Zu beachten ist weiterhin, dass zwei an sich selbständige Handlungen über das sog. Prinzip der Verklammerung zur Tateinheit (§ 52 StGB) zusammengeführt werden können, sodass die grundsätzlich einschlägige Tatmehrheit (§ 53 StGB) nicht eingreift. Die Figur der Verklammerung ist allerdings nicht ganz unumstritten, vgl. dazu näher Hemmer/Wüst, Strafrecht AT II, Rn. 400 ff.

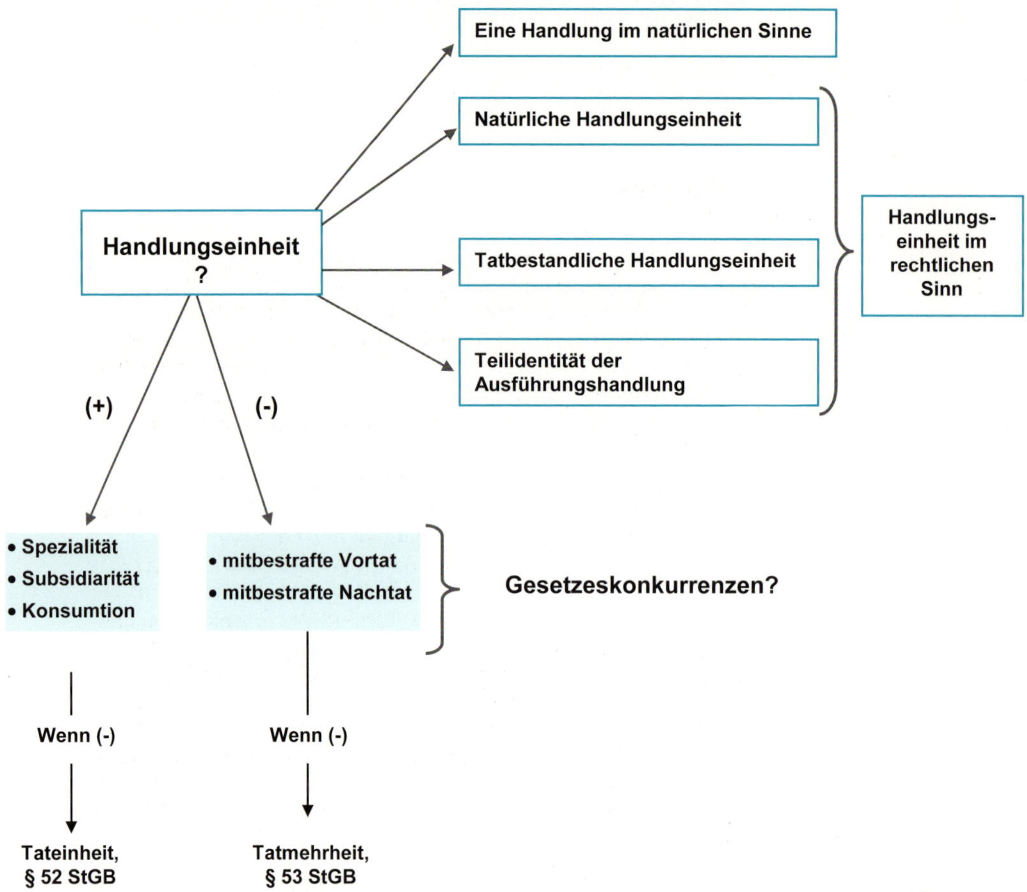
Eine Handlung im natürlichen Sinne
Natürliche Handlungseinheit
Handlungseinheit ?
Tatbestandliche Handlungseinheit
Handlungs-einheit im rechtlichen Sinn
Teilidentität der Ausführungshandlung
(+)
(-)
• Spezialität
• Subsidiarität
• Konsumtion
• mitbestrafte Vortat
• mitbestrafte Nachtat
Gesetzeskonkurrenzen?
Wenn (-)
Wenn (-)
Tateinheit, § 52 StGB
Tatmehrheit, § 53 StGB

§ 8 STRAFTATEN GEGEN LEIB UND LEBEN

A. Straftaten gegen das Leben

I. Überblick

Überblick

Die in den §§ 211 ff. StGB enthaltenen Straftaten gegen das Leben tauchen insbesondere in Klausuren auf, deren Schwerpunkt im AT-Bereich liegt. Zahlreiche Probleme, die sich im Zusammenhang mit den §§ 211 ff. StGB stellen, sind Probleme des Allgemeinen Teils. Außerdem lassen sich viele AT-Probleme (z.B. error in persona und aberratio ictus, a.l.i.c.) eindrucksvoller an Tötungsdelikten darstellen als z.B. an einem Ladendiebstahl. 269

Umstritten ist innerhalb der §§ 211 ff. StGB v.a. das Verhältnis des Mordes, § 211 StGB, zum Totschlag, § 212 I StGB: Nach der h.L.[145] stellt § 211 StGB eine unselbständige Abwandlung in Form einer *Qualifikation* zu § 212 I StGB dar. Dem widerspricht die ständige Rechtsprechung des BGH,[146] die Mord und Totschlag als zwei grundsätzlich *selbständige Tatbestände* ansieht. Von praktischer Relevanz sind die Unterschiede dieser Ansichten zum einen für Aufbaufragen. Sieht man nämlich den Mord als Qualifikation des Totschlags an, so kann man diese beiden Delikte zusammen prüfen und im Obersatz formulieren: „Strafbarkeit nach §§ 212 I, 211 StGB“. Dieser Weg bleibt verschlossen, wenn man der Ansicht des BGH folgt. Außerdem wird dieser Streit noch im Bereich der Teilnahme an § 211 StGB, namentlich im Rahmen des § 28 StGB, relevant.[147]

Ein privilegierter Fall des Totschlags ist in § 216 StGB enthalten: § 216 StGB regelt die sog. Tötung auf Verlangen: Wird der Täter „durch das ausdrückliche und ernstliche Verlangen des Getöteten zur Tötung bestimmt“, so ist auf Grund dieser inneren Haltung des Opfers der Unrechtsgehalt der Tat herabgesetzt; außerdem ist die psychische Zwangslage des so Gebetenen zu berücksichtigen, sodass diese Form der Tötung privilegiert wird. Umgekehrt macht § 216 StGB deutlich, dass in die eigene Tötung grundsätzlich nicht wirksam eingewilligt werden kann.[148] 269a

hemmer-Methode: Ein wichtiges Problem ist die Abgrenzung der Tötung auf Verlangen von der Teilnahme an einer fremden Selbsttötung. Letztere ist mangels Strafbarkeit des Suizids und auf Grund der Akzessorietät der Teilnahme nicht strafbar. Ein wichtiges Abgrenzungskriterium hierbei ist die Tatherrschaft. Vgl. dazu auch unten, Rn. 282 ff.

145 Schönke/Schröder, vor § 211 StGB, Rn. 5 m.w.N.

146 Vgl. nur BGHSt 30, 105-122 = **juris**byhemmer.

147 Ausführlich dazu Life&Law 09/2005, 603 ff.

148 Eine Ausnahme gilt für den sog. „Behandlungsabbruch“, vgl. BGHSt 55, 191-206 = **juris**byhemmer = Life&Law 10/2010, 681 ff.

Beachten Sie, dass ein „Bestimmen" im Sinne des § 216 I StGB mehr voraussetzt als die bloße Einwilligung des Opfers.[149] Vielmehr muss der Entschluss zur Tat vor allem vom Opfer ausgegangen sein. Aus Sicht des Täters muss das Begehren des Opfers „handlungsleitend" sein. Bei dem aus den Medien bekannten „Kannibalen von Rothenburg" scheidet deshalb eine Strafbarkeit gemäß § 216 I StGB aus.[150] In Betracht kommt vielmehr eine Bestrafung wegen Mordes.

II. Unterscheidung zwischen tat- und täterbezogenen Mordmerkmalen

Der Tatbestand des § 212 I StGB als (nach h.L.) Grundtatbestand 269b
der Tötungsdelikte ist äußerst einfach strukturiert und verlangt nur eine Handlung (bzw. ein garantenpflichtwidriges Unterlassen), den Tod eines Menschen und die Kausalität zwischen Handlung und Erfolg. Weitere Probleme im Rahmen von § 212 I StGB sind ausschließlich solche aus dem Allgemeinen Teil.

Tötungsdeliktsspezifische Schwierigkeiten stellen sich dagegen bei den Mordmerkmalen des § 211 StGB, die im Folgenden näher erörtert werden:

Grundlegend im Rahmen des § 211 StGB ist die Unterschei- 270
dung zwischen den im Rahmen der Beteiligung streng akzessorischen tatbezogenen Merkmalen des § 211 II Gruppe 2 StGB sowie den täterbezogenen Merkmalen (§ 211 II Gruppe 1 und 3 StGB), bei denen eine Lockerung des Akzessorietätsgrundsatzes über § 28 StGB erfolgt.

hemmer-Methode: Da die Einordnung der jeweiligen Mordmerkmale als tat- bzw. täterbezogen im Gegensatz zu den Tatbestandsmerkmalen der meisten anderen Straftatbestände von jedem Bearbeiter erwartet werden kann, wird ein Klausurersteller, der das Problem der Akzessorietät bzw. ihrer Durchbrechung durch § 28 StGB abfragen will, in den allermeisten Fällen die Tötungsdelikte als Aufhänger auswählen.

1. Tatbezogene Mordmerkmale

§ 211 II Gruppe 2 StGB = tatbezogene Merkmale

a) Die Mordmerkmale des *§ 211 II Gruppe 2 StGB* stellen sog. 271
tatbezogene Mordmerkmale dar. Diese Mordmerkmale (Heimtücke, mit gemeingefährlichen Mitteln oder grausam) betreffen eine *bestimmte Art und Weise* der Tatbegehung, die der Gesetzgeber als besonders verwerflich ansieht.

---

149 Vgl. hierzu BGH, NStZ 2011, 340-341 = **juris**byhemmer = Life&Law 08/2011, 569 ff.

150 Ausführlich zum „Kannibalen von Rothenburg" BGH, NJW 2005, 1876-1879 = **juris**byhemmer = Life&Law 08/2005, 535 ff. Vgl. thematisch hierzu auch den ähnlich gelagerten „Kannibalen-Fall" BGH, Urteil vom 06.04.2016 – 5 StR 504/15 = **juris**byhemmer = Life&Law 10/2016, 702 ff.

Aufgrund der Akzessorietät wird ein Teilnehmer nach § 211 StGB bestraft, wenn er die Umstände kennt, aus denen sich eine derartig verwerfliche Begehungsweise des unmittelbar Handelnden ergibt; unerheblich ist hierbei, ob er selbst eine derartige Begehungsweise an den Tag legt.

Kennt der Teilnehmer die entsprechenden Umstände nicht, so kommt zu seinen Gunsten § 16 I S. 1 StGB zur Anwendung.

> **Bsp.:** *T will seinen Todfeind O umbringen. Dazu lauert er ihm in einem einsamen Waldgebiet auf und erschießt ihn hinterrücks. Da T die Arg- und Wehrlosigkeit des O, wie von der h.M. im Rahmen des Heimtückemordes gefordert, in feindseliger Willensrichtung ausnutzt, ist er aus § 211 II Gruppe 2 Var. 1 StGB zu bestrafen. B, der ihm in Kenntnis dieser Vorgehensweise seine Pistole geliehen hat, ist aus §§ 211 II Gruppe 2 Var. 1, 27 StGB zu bestrafen.*

b) Eine ausführliche Darstellung der Mordmerkmale der zweiten Gruppe soll hier unterbleiben, zumal sie oft keine großen Schwierigkeiten in der Klausur bereiten. Sie sollten aber die einschlägigen Definitionen und folgende Probleme schon einmal gehört haben:[151] 272

Heimtückisch handelt, wer die Arg- und Wehrlosigkeit (d.h. die Arglosigkeit und die sich daraus ergebende Wehrlosigkeit) des Opfers bewusst in feindlicher Willensrichtung ausnutzt.

Grausam tötet, wer seinem Opfer in gefühlloser, unbarmherziger Gesinnung Schmerzen oder Qualen körperlicher oder seelischer Art über das zur Tötung erforderliche Maß hinaus zufügt.

Gemeingefährlich ist ein Mittel nach h.M., wenn es der Täter im Einzelfall nicht sicher beherrschen kann und dessen Einsatz geeignet ist, eine Vielzahl von anderen Menschen an Leib oder Leben zu gefährden. Deshalb genügt es nicht, wenn bei einem ziellosen Schuss in eine Menschenmenge der Täter nicht genau weiß, *welches Opfer* er trifft, wohl aber, dass er *jedenfalls nur einen* treffen kann.[152]

2. Täterbezogene Mordmerkmale

§ 211 II Gruppe 1 + 3 StGB = täterbez. Mordmerkmale

a) Bei den Mordmerkmalen des *§ 211 II Gruppe 1 und 3 StGB* handelt es sich um so genannte *täterbezogene Mordmerkmale*, da sie nicht eine besondere Art und Weise der Tatbegehung, sondern die *Person des Täters* charakterisieren. 273

[151] Ausführlich zu den Mordmerkmalen der zweiten Gruppe Hemmer/Wüst, Strafrecht BT II, Rn. 42 ff.

[152] Dagegen kann ein Kraftfahrzeug nach den konkreten Umständen des Einzelfalles als gemeingefährliches Mittel eingesetzt werden, nämlich bei einer sog. „Amokfahrt", vgl. dazu BGH, NStZ 2006, 167-169 = **juris**byhemmer = Life&Law 05/2006, 323 ff.

Die Merkmale des § 211 II Gruppe 1 StGB enthalten hierbei Fälle eines besonders verwerflichen Beweggrundes (Mordlust, Befriedigung des Geschlechtstriebs, Habgier oder sonstige niedrige Beweggründe), während die 3. Gruppe sich auf die besondere deliktische Zielsetzung des Täters bezieht (Verdeckung oder Ermöglichung einer anderen Straftat).

b) Auch bei den täterbezogenen Merkmalen sollen nur die Definitionen der klausurrelevantesten Mordmerkmale erwähnt werden:[153] *274*

Aus Mordlust tötet der Täter, wenn es ihm letztlich nur darauf ankommt, einen Menschen sterben zu sehen. *274a*

Zur Befriedigung des Geschlechtstriebs tötet, wer durch die Tötungshandlung selbst oder danach geschlechtliche Befriedigung sucht. Dabei genügt, wenn der Täter den Tod des Opfers mit bedingtem Tötungsvorsatz zumindest billigend in Kauf nimmt (z.B. als unbeabsichtigte Nebenfolge einer Vergewaltigung).

Habgierig handelt der Täter, wenn er einen anderen aus rücksichtslosem Streben nach Gewinn „um jeden Preis“ tötet.

Sonstige Beweggründe sind niedrig, wenn sie nach allgemeiner sittlicher Anschauung auf tiefster Stufe stehen und deshalb als besonders verachtenswert erscheinen. Bei dieser sehr wertungsoffenen Beurteilung kommt es auf eine Gesamtwürdigung aller Umstände an, die auch dem Vergleich mit den anderen Mordmerkmalen der 1. Gruppe standhalten muss.

Die *Mordmerkmale der 3. Gruppe* betreffen die Absicht, eine andere Straftat zu ermöglichen oder zu verdecken. *274b*

hemmer-Methode: Gerade zu den Merkmalen der 3. Gruppe (die sich wegen der anderen Delikte, die ermöglicht bzw. verdeckt werden sollen, gut in eine Klausur einbauen lassen) gibt es schwierige Probleme im Detail, die den Rahmen eines Basics-Skripts sprengen würden. So stellt sich z.B. die schwierige Frage, ob nach einer bedingt vorsätzlichen Totschlagshandlung noch eine Strafbarkeit wegen Verdeckungsmordes durch Unterlassen von Rettungshandlungen in Betracht kommt.[154]

c) Im Rahmen der täterbezogenen Merkmale kann es über § 28 StGB zu einer Lockerung bzw. sogar zu einer Durchbrechung der Akzessorietät kommen. Voraussetzung dafür ist, dass mehrere Personen beteiligt sind und täterbezogene Merkmale eine Rolle spielen. Dabei gewinnt der bereits angesprochene Streit um die Rechtsnatur des Mordtatbestands für die Frage der Anwendbarkeit von § 28 II StGB oder § 28 I StGB an Bedeutung. *275*

---

[153] Vgl. ausführlich in Hemmer/Wüst, Strafrecht BT II, Rn. 41 ff.

[154] Siehe dazu Freund, NStZ 2004, 123 ff., sowie Wilhelm, NStZ 2005, 177 ff.

Bsp.: A hat hohe Geldschulden bei seinem Onkel O. Um der Rückzahlung zu entgehen, überredet A den T, den O umzubringen. T, der seinem Freund A diesen Gefallen nicht abschlagen kann, bringt daraufhin O im Rahmen einer offenen Auseinandersetzung um. Strafbarkeit des T und des A?

I. Strafbarkeit des T: § 212 I StGB

T hat sich wegen Totschlags nach § 212 I StGB strafbar gemacht. Die Annahme von Mord, §§ 212 I, 211 StGB, scheitert daran, dass T das Merkmal der Heimtücke („offene Auseinandersetzung") nicht zur Last gelegt werden kann. Auch sonstige Mordmerkmale sind vorliegend nicht ersichtlich.

II. Strafbarkeit des A: §§ 212 I, 211 II Gr. 1 Var. 3, 26 StGB

Fraglich ist, wie im vorliegenden Fall der Umstand zu berücksichtigen ist, dass A handelte, um der Rückzahlung seiner Schulden zu entgehen. Es ist zunächst umstritten, ob ein, im Rahmen der Habgier erforderliches, besonders verwerfliches Gewinnstreben um jeden Preis nur bei einem Erstreben von Vermögensvorteilen oder auch bei der beabsichtigten Ersparnis von Aufwendungen zu bejahen ist.

Selbst wenn man derartige Fallkonstellationen nicht als Mord aus Habgier bewertet, so liegt zumindest ein Handeln aus niedrigen Beweggründen vor, da das Verhalten des A sittlich auf tiefster Stufe steht. Fraglich ist die dogmatische Einordnung der Mordmerkmale der 1. Gruppe.

1. Eine Ansicht sieht in den Mordmerkmalen des § 211 II Gruppe 1 und 3 StGB spezielle Schuldmerkmale. So soll z.B. das Handeln „in Habgier" nicht den Bereich des tatbestandlichen Unrechts, sondern den Bereich der Schuld betreffen. Hier handele es sich insoweit nicht um ein gesteigertes kriminelles Unrecht, sondern um eine innere Motivation des Täters und damit um einen besonderen Gesinnungsunwert der Tat. Daher ergebe sich bei diesen Merkmalen die Durchbrechung der Akzessorietät aus § 29 StGB, sodass A aus §§ 211, 26 StGB bestraft werden könne. Diese Ansicht übersieht jedoch, dass sich das Unrecht einer Tat nicht unbedingt aus objektiven Tatumständen ergeben muss; vielmehr sieht das Gesetz oft auch subjektive Tatbestandsmerkmale als unrechtssteigernd an. Daher ist diese Auffassung abzulehnen.

2. Das Mordmerkmal der „Habgier" ist vielmehr als „besonderes persönliches Merkmal" im Sinne des § 28 StGB anzusehen. Hier wird die Person des Täters in einer bestimmten Eigenschaft näher beschrieben.

Sieht man mit der Rspr. § 211 StGB als selbständigen Tatbestand an, so muss man folgerichtig § 28 I StGB anwenden. Jedoch gilt die obligatorische Strafmilderung des § 28 I StGB nur für den Teilnehmer, dem ein Mordmerkmal fehlt.

Für den hier vorliegenden umgekehrten Fall, dass ein Teilnehmer ein strafbegründendes besonderes persönliches Merkmal im Gegensatz zum Haupttäter verwirklicht, wird keine Regelung getroffen. Eine analoge Anwendung scheitert jedenfalls am strafrechtlichen Analogieverbot. A könnte demnach nur wegen Anstiftung zum Totschlag nach §§ 212 I, 26 StGB bestraft werden.

Geht man dagegen mit der h.L. davon aus, dass § 211 StGB eine Qualifikation zu § 212 I StGB darstellt, kommt § 28 II StGB zur Anwendung: A wird, da er das strafschärfende besondere persönliche Merkmal der „Habgier“ verwirklicht hat, nicht aus § 212 I StGB, sondern aus §§ 212 I, 211 StGB wegen Anstiftung zum „Mord“ bestraft. Die Ansicht der Lit. erscheint sachgerecht: Es kann dem A nicht zugute kommen, dass T selbst nicht habgierig gehandelt hat.

Im Ergebnis ist A daher wegen Anstiftung zum Mord aus Habgier nach §§ 212 I, 211 II Gr. 1 Var. 3, 26, 28 II StGB zu bestrafen.

III. Aufbaufragen

Besonderes Augenmerk wird bei strafrechtlichen Klausuren im Rahmen der Totschlagstatbestände auf den richtigen Aufbau gelegt. **276**

Auch hierbei gewinnt hinsichtlich der Einordnung der einzelnen Mordmerkmale wieder die grundlegende Differenzierung zwischen den tat- und den täterbezogenen Merkmalen Bedeutung.

1. Tatbezogene Mordmerkmale

tatbezogene Mordmerkmale = obj. Tatbestandsmerkmale

Einigkeit herrscht darüber, dass die *tatbezogenen Mordmerkmale* des § 211 II Gruppe 2 StGB objektive Tatbestandsmerkmale sind. **277**

hemmer-Methode: Ob die Mordmerkmal der „Grausamkeit“, der „Heimtücke“ oder des „gemeingefährlichen Mittels“ erfüllt sind, ist damit im *objektiven Tatbestand* zu prüfen. Im subjektiven Tatbestand ist zu erörtern, ob der Vorsatz die Umstände umfasst, die eine Einordnung als „heimtückisch“ oder „grausam“ bewirken bzw. die das eingesetzte Tatmittel zu einem „gemeingefährlichen“ machen.

2. Täterbezogene Mordmerkmale

Prüfung beim Haupttäter

Der BGH[155] und die h.L. sehen in ihnen *subjektive Unrechtsmerkmale*. Die Verwirklichung eines Mordmerkmals erhöht also das „Unrecht" der Tat im Vergleich zum Totschlag. Zu prüfen sind die täterbezogenen Mordmerkmale *beim Haupttäter* demnach im *subjektiven Tatbestand* des § 211 StGB als sonstige subjektive Tatbestandsmerkmale. 278

hemmer-Methode: Wenn Sie einen Mordversuch prüfen, haben Sie insoweit keine Probleme: Im Tatentschluss müssen dann sowohl die subjektiven Mordmerkmale als auch der Tatvorsatz hinsichtlich der objektiven Mordmerkmale geprüft werden.

Prüfung beim Teilnehmer

Für Teilnehmer gilt, wenn der „Haupttäter" ein Mordmerkmal nach § 211 II Gruppe 1 und 3 StGB verwirklicht hat, *nach dieser Ansicht § 28 StGB.*

Rspr.: § 28 I StGB

Die Rechtsprechung sieht § 211 StGB als selbständigen Tatbestand an und prüft folglich die Fallkonstellation, dass beim *Teilnehmer* ein täterbezogenes Merkmal *fehlt*, erst auf *der Strafzumessungsebene*. Der nach ihrer Ansicht einschlägige § 28 I StGB enthält nämlich lediglich eine obligatorische Strafmilderung. 279

Lit.: § 28 II StGB

Die Lit. wendet nach ihrem Verständnis des Verhältnisses zwischen § 211 StGB und § 212 I StGB folgerichtig § 28 II StGB an und bestraft den Teilnehmer, der in seiner Person keine Mordmerkmale verwirklicht, nur aus §§ 212 I, 26 bzw. 212 I, 27 StGB (§ 28 II StGB = Durchbrechung des Prinzips der Akzessorietät; der Teilnehmer wird also nicht aus dem gleichen Tatbestand wie der Täter bestraft). Folgt man dieser Ansicht, so ist sowohl das Vorliegen als auch das Nichtvorliegen des entsprechenden täterbezogenen Merkmals auf Tatbestandsebene zu prüfen. Im Falle der Verneinung ist die Bestrafung aus dem Qualifikationstatbestand abzulehnen. 280

hemmer-Methode: Zumindest im Ersten Staatsexamen sollte man dem Weg über § 28 II StGB folgen, da diese Auffassung zu überzeugenderen Ergebnissen führt.

155 BGHSt 1, 368-372 (371) = jurisbyhemmer; 6, 329-333 (331); SK-Horn, § 211 StGB, Rn. 3; Krey, BT-1, Rn. 23.

Aufbauschema zu den §§ 212 I, 211 II StGB (nach der h.L.): 281

I. Tatbestandsmäßigkeit
- **1.** Objektiver Tatbestand
  - **a)** Bezügl. § 212 I StGB
  - **b)** Bezügl. der tatbezogenen Mordmerkmale
- **2.** Subjektiver Tatbestand
  - **a)** Vorsatz bezügl. § 212 I StGB
  - **b)** Vorsatz bezügl. der tatbezogenen Mordmerkmale
  - **c)** Prüfung der täterbezogenen Mordmerkmale

II. Rechtswidrigkeit

III. Schuld

IV. Sonstiges

IV. Suizid[156]

Prüfungsrelevanz

Weitere prüfungsrelevante Problembereiche im Rahmen der Tötungsdelikte sind die Euthanasiefälle sowie die strafrechtliche Behandlung des „Selbstmordes“. Während bezüglich der Euthanasie auf das Skript Strafrecht Besonderer Teil II[157] verwiesen wird, soll im Rahmen dieser Abhandlung etwas näher auf die Selbstmordproblematik eingegangen werden. Dabei geht es vor allem um die Frage, inwieweit ein Dritter, der einen fremden Selbstmord fördert oder hervorruft, strafbar ist. 282

Teilnahme an fremder Selbsttötung grds. nicht strafbar

Zunächst besteht nahezu ausnahmslos Einigkeit darüber, dass der Selbstmord(versuch) als solcher nicht im Sinne der §§ 211 ff. StGB tatbestandsmäßig ist. Die Tötungsdelikte setzen als Tatobjekt nämlich einen anderen Menschen voraus. Daraus folgt zwangsläufig, dass auch die Teilnahme an einer fremden Selbsttötung mangels rechtswidriger Haupttat nicht nach den §§ 211 ff., 26, 27 StGB strafbar ist. Wer demnach als Dritter jemanden zum Selbstmord anstiftet oder ihm Beihilfe dazu leistet, ist grundsätzlich straflos. 283

§ 217 StGB verfassungswidrig

Eine Ausnahme statuierte der Gesetzgeber in § 217 StGB. Hiernach wurde die geschäftsmäßige Förderung der Selbsttötung unter Strafe gestellt. In einer grundlegenden Entscheidung hat das BVerfG jedoch festgestellt, dass das allgemeine Persönlichkeitsrecht gem. Art. 2 I i.V.m. 1 I GG als Ausdruck persönlicher Autonomie ein Recht auf selbstbestimmtes Sterben umfasst, das die Freiheit einschließt, sich das Leben zu nehmen. Diese Freiheit umfasst auch die Freiheit, bei Dritten Hilfe zu suchen und Hilfe, soweit sie angeboten wird, in Anspruch zu nehmen. 283

156 Vgl. dazu ausführlich in Hemmer/Wüst, Strafrecht BT II, Rn. 9 ff.

157 Vgl. dort Rn. 27 ff.

Das Verbot der geschäftsmäßigen Förderung der Selbsttötung in § 217 I StGB verengt die Möglichkeiten einer assistierten Selbsttötung in einem solchen Umfang, dass dem Einzelnen faktisch kein Raum zur Wahrnehmung seiner verfassungsrechtlich geschützten Freiheit verbleibt. § 217 StGB ist daher verfassungswidrig.[158]

mittelbare Täterschaft

Dagegen kann ein Tötungsdelikt in mittelbarer Täterschaft, **284**
§ 25 I Alt. 2 StGB, begangen werden und ist in dieser Form strafbar. Erforderlich ist eine Tatherrschaft des Hintermanns kraft einer überlegenen Position, mit der er den unmittelbar Handelnden in den Selbstmord treibt.

> ***Bsp.:*** *Der Arzt A spiegelt der O vor, sie leide an einer unheilbaren Krankheit, die zu einem äußerst qualvollen Tod führe. Durch diese Mitteilung wird die leicht beeinflussbare O in so große seelische Not gestürzt, dass sie Selbstmord begeht. Dies ist von A auch beabsichtigt, sodass er aus §§ 212 I, 25 I Alt. 2 StGB zu bestrafen ist.*

Tatherrschaft als Kriterium

Dieser Ausgangsfall zeigt, dass für derartige Fälle grundsätzlich **285**
die Frage entscheidend ist, ob der Tatbeitrag des Dritten die Schwelle von der Teilnahme zur Täterschaft überschreitet. Die hierfür nach h.M. entscheidende Tatherrschaftslehre wird im Rahmen der Selbstmordproblematik mit unterschiedlichen Nuancierungen vertreten.

BGH: Gesamtbetrachtung der Tat

Dabei ist nach Ansicht des BGH[159] eine Gesamtbetrachtung der **286**
Tat vorzunehmen. Entscheidend sei, wer nach dem Gesamtplan das tatbestandsmäßige Geschehen beherrsche.

Es komme demnach für die Tatherrschaft des Dritten darauf an, ob das Opfer insgesamt „den Tod duldend vom Täter entgegennimmt", sich also dessen Entscheidung unterordne.

Unterlassungstäterschaft

Zu beachten ist, dass dem Dritten nach früherer Rspr. die Tatherrschaft grundsätzlich schon in dem Augenblick zufallen sollte, in dem der Lebensmüde selbst die Herrschaft über das Geschehen verliert.[160] Dies sei insbesondere dann der Fall, wenn der Suizident bewusstlos werde oder sich aus anderen Gründen nicht mehr aus eigener Kraft vor dem Tod retten könne. Helfe der Dritte in diesem Fall dem Selbstmörder nicht, so komme eine Unterlassungstäterschaft in Betracht, sofern der Dritte Garant im Sinne des § 13 StGB (Ehemann, Eltern, Arzt usw.) sei.

Kritik der h.L.

Dies wird von der h.L. als nicht sachgerecht kritisiert: Konsequenz **287**
dieser Ansicht sei nämlich, dass der Dritte dem Selbstmörder zwar den Strick zum Erhängen reichen dürfe (= straflose aktive Beihilfe zum Selbstmord), ihn aber, sobald dieser sich tatsächlich erhängt habe, sofort wieder vom Strick befreien müsse.

---

158 BVerfG, Urteil vom 26.02.2020 – 2 BvR 2347/15 u.a. = Life&Law 05/2020, 313 ff. = **juris**byhemmer.

159 BGHSt 19, 135-140 (138) = **juris**byhemmer.

160 BGHSt 32, 367-381 (374); BGH, NJW 1960, 1821-1822; BGHSt 13, 162-169 (166); vgl. auch BGHSt 2, 150-157: **alle Entscheidungen = juris**byhemmer.

Daher solle in derartigen Fällen zusätzlich als entscheidendes Wertungskriterium darauf abgestellt werden, ob der Selbstmord auf einem freiverantwortlich gefassten Entschluss des Lebensmüden beruhe.

Rechtsprechungsänderung

Diesem Ansatz folgt nun auch der BGH. Zu Recht verweist das Gericht darauf, dass es die Würde des Menschen gebietet, sein in einwilligungsfähigem Zustand ausgeübtes Selbstbestimmungsrecht auch dann noch zu respektieren, wenn er zu eigenverantwortlichem Entscheiden nicht mehr in der Lage ist. Mit der gesetzlichen Regelung der Patientenverfügung in § 1901a BGB hat der Gesetzgeber die Verbindlichkeit des Willens des Patienten für Behandlungsentscheidungen über den Zeitpunkt des Eintritts seiner Einwilligungsunfähigkeit hinaus klarstellend anerkannt. Diese Wertung gilt es auch im Strafrecht entsprechend zu berücksichtigen („Einheit der Rechtsordnung“).[161]

hemmer-Methode: Der BGH hat insoweit hinsichtlich eines behandelnden Arztes festgestellt, dass dessen Garantenstellung für das Leben des Patienten endet, wenn er vereinbarungsgemäß nur noch dessen freiverantwortlichen Suizid begleitet.

Einschränkung im Bereich der Unterlassungstäterschaft

Entsprechend der h.L. und der Rechtsprechung wird damit die Strafbarkeit des Dritten im Bereich der Unterlassungstäterschaft eingeschränkt. Als Unterlassungstäter nicht strafbar ist hiernach, wer den freiverantwortlich gefassten Entschluss des Selbstmörders respektiert und deshalb nicht tätig wird. 288

wann freiverantwortlicher Entschluss?

Umstritten ist, wann der Entschluss des Selbstmörders als (nicht) freiverantwortlich bezeichnet werden kann: 289

Eine Ansicht[162] greift hierfür sinngemäß auf die §§ 19, 20, 35 StGB und § 3 JGG zurück. Dagegen spricht jedoch, dass die Kriterien für die Verantwortlichkeit für eine Fremdschädigung sich nicht ohne weiteres auf eine Selbstschädigung übertragen lassen.

Richtigerweise sind daher die Grundsätze, die für eine Einwilligung gelten, sinnentsprechend heranzuziehen.[163] Dafür spricht, dass bezüglich einer Verfügung über das eigene Leben keine geringeren Anforderungen an die Mangelfreiheit der Willensbildung gestellt werden dürfen als bei einer Einwilligung in eine Körperverletzung.

161 BGH, Urteil vom 03.07.2019 – 5 StR 393/18 = Life&Law 02/2020, 101 ff. = **juris**byhemmer.

162 Vgl. nur Bottke, GA 83, 30 ff.

163 SK-Horn, § 212 StGB, Rn. 15; Schönke/Schröder, vor § 211 StGB, Rn. 36.

B. Körperverletzungsdelikte[164]

I. Überblick

Überblick

I.R.d. Körperverletzungsdelikte ist es von großer Bedeutung, sich einen Überblick über die zahlreichen Tatbestände und ihr Verhältnis zueinander zu verschaffen. Die §§ 223 ff. StGB enthalten nämlich sowohl unselbständige Abwandlungen (Qualifikationen zum Grundtatbestand des § 223 StGB) als auch verselbständigte Abwandlungen wie § 231 StGB. Letztere stehen vollkommen selbständig neben § 223 StGB und werden von diesen daher nicht auf Konkurrenzebene verdrängt. **290**

1. Grundtatbestand des § 223 I StGB

Grundtatbestand

Den *Grundtatbestand* der Körperverletzung enthält § 223 I StGB. **291** Die Körperverletzung nach § 223 I StGB ist ein *Erfolgs- bzw. Verletzungsdelikt*. Der Täter muss sein Opfer entweder *körperlich misshandeln* oder *an der Gesundheit schädigen.*

körperliche Misshandlung

Unter einer körperlichen Misshandlung versteht die h.M.[165] jede üble, unangemessene Behandlung, durch die das körperliche Wohlbefinden oder die körperliche Unversehrtheit nicht nur unerheblich beeinträchtigt wird.

Gesundheitsschädigung

Eine Gesundheitsschädigung ist dagegen jedes *Hervorrufen oder Steigern eines krankhaften Zustandes,*[166] wobei dieser Zustand auch vorübergehend sein kann. Der pathologische Zustand kann hierbei körperlicher oder seelischer Natur sein. **292**

> **Bsp.:** *Verursachung von Volltrunkenheit oder die Herbeiführung eines Schocks oder Nervenzusammenbruchs.*

2. Unselbständige Abwandlungen

besondere Täterqualität

a) Durch eine besondere Tätereigenschaft ist die Qualifikation des § 340 StGB gekennzeichnet. Wird die Körperverletzung durch einen Amtsträger begangen, so verdrängt diese Vorschrift den Grundtatbestand als lex specialis. § 340 III StGB verweist allgemein auf die §§ 224-229 StGB (vgl. dazu nun Rn. 294 ff.). Bei der Amtsträgereigenschaft handelt es sich um ein besonderes persönliches Merkmal i.S.d. § 28 II StGB. **293**

---

164 Vgl. dazu ausführlich Hemmer/Wüst, Strafrecht BT II, Rn. 83 ff.

165 BGHSt 14, 269-179 (269) = **juris**byhemmer; Schönke/Schröder, § 223 StGB, Rn. 2 m.w.N.

166 Schönke/Schröder, § 223 StGB, Rn. 5.

hemmer-Methode: Bei § 340 StGB ist auf die Amtsträgereigenschaft ausnahmsweise § 28 II StGB anwendbar, weil die Körperverletzung auch als solche strafbar ist (§ 340 StGB ist also ein sog. unechtes Amts- bzw. Sonderdelikt). In den (häufigeren) Fällen der echten Amts- bzw. Sonderdelikte (z.B. § 348 StGB) ist die Amtsträgereigenschaft ein strafbegründendes Merkmal i.S.d. § 28 I StGB (vgl. auch oben, Rn. 175).

gefährliche Begehungsweise

b) Durch den Tatbestand der gefährlichen Körperverletzung, § 224 I StGB[167], werden besonders gefährliche Begehungsweisen unter eine erhöhte Strafandrohung gestellt. Besonders häufig eine Rolle spielen in der Klausur die Varianten „mittels einer Waffe oder eines anderen gefährlichen Werkzeugs“ und „mittels einer das Leben gefährdenden Behandlung“. Leicht übersehen wird vor allem das Qualifikationsmerkmal „mit einem anderen Beteiligten gemeinschaftlich“: Grund für die Strafschärfung ist die Tatsache, dass das Opfer sich mehreren Angreifern gegenüber sieht. Erforderlich ist damit nicht zwingend, dass alle Beteiligten an der Köperverletzung unmittelbar teilhaben. Es genügt, dass eine Eingriffsbereitschaft besteht und demonstriert wird.[168] 294

§ 225 StGB

c) § 225 StGB ist eine Qualifikation zu § 223 StGB; sein selbständiger Anwendungsbereich bei rein seelischen Einwirkungen ist nur von untergeordneter Bedeutung (h.M.). 295

Die Vorschrift schützt Minderjährige und Personen, die wegen Gebrechlichkeit oder Krankheit wehrlos sind, gegen bestimmte Formen der Misshandlung. Täter kann hier nur derjenige sein, zu dem das Opfer in einem bestimmten Abhängigkeitsverhältnis steht (Nr. 1-4).

Dieser Umstand ist für den Täter ein besonderes persönliches Merkmal im Sinne des § 28 II StGB (bei rein seelischen Einwirkungen, bei denen § 225 StGB keine Qualifikation zu § 223 StGB darstellt: § 28 I StGB).

§ 226 StGB

d) Die erhöhte Strafdrohung des § 226 StGB rechtfertigt sich aus der *Schwere des Taterfolges.* Das Opfer wird hier durch die beigebrachte Verletzung in seiner Lebensqualität dauernd und empfindlich beeinträchtigt. 296

§ 226 I StGB stellt ein *erfolgsqualifiziertes Delikt* dar, sodass (neben dem Vorsatz hinsichtlich des Grunddeliktes, §§ 223, 224 StGB) bezüglich des Eintritts des schweren Verletzungserfolges bloße Fahrlässigkeit grundsätzlich ausreichend ist (vgl. § 18 StGB).

§ 226 II StGB = Erfolgsdelikt

e) Im Rahmen des § 226 II StGB muss der Eintritt der schweren Folge dagegen vom Täter mit dolus directus 1. oder 2. Grades verursacht worden sein. 297

---

[167] Vgl. zu dem sehr prüfungsrelevanten § 224 StGB auch Hemmer/Wüst, Strafrecht BT II, Rn. 90 ff.

[168] Fischer, § 224 StGB, Rn. 11.

hemmer-Methode: Der BGH hat in einer Entscheidung seine Rechtsprechung zu der Frage geändert, ob ein solcher Vorsatz vorliegen kann, wenn der Täter mit direktem Tötungsvorsatz handelt. Der BGH hat dies bejaht.[169] Es reiche zur Erfüllung des § 226 II StGB aus, dass der Täter die schwere Körperverletzung als sichere Folge seines Handelns voraussieht.

§ 227 I StGB = erfolgsqualifiziertes Delikt

f) Auch die Körperverletzung mit Todesfolge, § 227 I StGB, ist ein *erfolgsqualifiziertes Delikt*. Voraussetzung für eine Strafbarkeit ist die vorsätzliche Verwirklichung des Grunddelikts und die Verursachung der schweren Folge. Hinsichtlich des Todeseintritts muss dem Täter wenigstens Fahrlässigkeit zur Last fallen, § 18 StGB. 298

Umstritten ist, ob im Rahmen des § 227 I StGB die tatbestandsspezifische Gefahr von der *Körperverletzungshandlung* (so die mittlerweile wohl h.M.) oder vom *Körperverletzungserfolg ausgeht*.[170]

hemmer-Methode: § 227 I StGB ist das Standardbeispiel für das Erfordernis des sog. „Unmittelbarkeitszusammenhangs“ bei erfolgsqualifizierten Delikten. Nach diesem ungeschriebenen Tatbestandsmerkmal muss die schwere Folge über die Voraussetzungen des § 18 StGB hinaus nicht nur kausal verursacht und mindestens fahrlässig verwirklicht worden sein, sondern in ihr muss sich gerade das Risiko manifestieren, vor dem das Grunddelikt spezifisch schützen soll.

3. Verselbständigte Abwandlungen

Beteiligung an einer Schlägerei, § 231 StGB

Eine selbständige Abwandlung stellt die Beteiligung an einer Schlägerei, § 231 StGB, dar. Erforderlich hierbei ist, dass durch eine Schlägerei bzw. einen Angriff mehrerer eine (beteiligte oder unbeteiligte) Person entweder zu Tode kommt oder eine schwere Körperverletzung im Sinne des § 226 StGB davonträgt. Letzteres ist als eine *objektive Strafbarkeitsbedingung* außerhalb des objektiven Tatbestands (etwa nach dem subjektiven Tatbestand) zu prüfen. 299

Nicht erforderlich ist in diesem Zusammenhang, dass die schwere Folge bei einem Tatbeteiligten eintritt. Es genügt, dass ein Zuschauer, ein herbeieilender Polizeibeamter oder ein Friedensstifter verletzt wird.[171]

169 Vgl. BGH, NJW 2001, 980-981 = **juris**byhemmer = Life&Law 05/2001, 337 ff.

170 BGH, NJW 2003, 150-155 = **juris**byhemmer = Life&Law 03/2003, 185 ff.

171 BGH, NJW 1961, 1732.

Unerheblich ist weiterhin, ob die Folge selbst durch eine strafbare Handlung eintritt.[172] Demnach ist § 231 StGB auch dann erfüllt, wenn z.B. die Tötung der betreffenden Person durch Notwehr gerechtfertigt ist. 300

Die im objektiven Tatbestand zu prüfende Tathandlung ist die Beteiligung an einer Schlägerei oder an einem von mehreren verübten Angriff.[173]

II. Problem der ärztlichen Heilbehandlung

strafr. Behandlung

Ein klausurträchtiges Problem stellt die strafrechtliche Behandlung von ärztlichen Heileinwirkungen dar.

Die Rechtsprechung[174] sieht in jedem ärztlichen Heileingriff, der die körperliche Integrität nicht nur unerheblich beeinträchtigt, eine *tatbestandsmäßige Körperverletzung.* Nach dieser Ansicht kommt es nicht darauf an, ob der Eingriff aus medizinischen Gründen angezeigt ist und ob er „lege artis" durchgeführt wird. 301

Die Rechtswidrigkeit der Körperverletzung entfällt jedoch, sofern eine *wirksame (wenn auch nur mutmaßliche) Einwilligung* des Patienten vorliegt.

a.A.: keine tatbestandsmäßige Körperverletzung

Die Gegenansicht[175] sieht dagegen in jeder zu Heilzwecken vorgenommenen Behandlung schon keine tatbestandsmäßige Körperverletzung, wenn die Behandlung *medizinisch angezeigt ist* und *„lege artis"* vorgenommen wird. 302

Dies gelte auch dann, wenn der Heileingriff im Ergebnis misslingt, da es dem Arzt hier bereits am Körperverletzungsvorsatz fehle.

So sei die ärztliche Heilbehandlung gerade nicht auf eine Verletzung des Körpers, sondern auf eine Verbesserung des Gesundheitszustandes gerichtet. Insoweit sei es ungerechtfertigt, den Arzt mit dem „Messerstecher" auf eine Stufe zu stellen.

hemmer-Methode: Vorzugswürdig erscheint die Auffassung der Rechtsprechung. Andernfalls bestünde die Gefahr, dass das Selbstbestimmungsrecht der Patienten leerläuft.

---

172 BGHSt 33, 100-104 (103) = **juris**byhemmer.

173 Zu den Einzelheiten vgl. Hemmer/Wüst, Strafrecht BT II, Rn. 111 ff.

174 BGHSt 11, 111-116 = **juris**byhemmer; 12, 379-386 = **juris**byhemmer; 16, 309-316 = **juris**byhemmer.

175 Krey, BT/1, Rn. 215 m.w.N.

III. Verhältnis zu den Tötungsdelikten

Verhältnis zu Tötungsdelikten

Gegenüber den *Tötungsdelikten* treten die Körperverletzungsdelikte grds. im Wege der Gesetzeskonkurrenz (Spezialität) zurück: Nach der sog. *Einheitstheorie*[176] der h.M. enthält jedes Tötungsdelikt als notwendiges Durchgangsstadium eine Körperverletzung. Subjektiv umfasst daher jeder Tötungsvorsatz auch einen Körperverletzungsvorsatz. 303

str. bei versuchter Tötung und vollendeter Körperverletzung

Nach h.M. liegt jedoch Idealkonkurrenz vor, wenn es bei einem versuchten Tötungsdelikt zu einer vollendeten Körperverletzung kommt. Nur so wird durch den Tenor des Urteils deutlich, dass es bei der versuchten Tötung auch zu einer Körperverletzung kam (sog. „Klarstellungsfunktion der Idealkonkurrenz“).[177]

Dieser vorzugswürdigen Meinung hat sich auch der BGH angeschlossen. 304

[176] BGHSt 16, 122-124; SK-Horn, § 212 StGB, Rn. 30 m.w.N.

[177] BGH, NJW 1999, 69-72 = **juris**byhemmer = Life&Law 03/1999, 175.

§ 9 DIEBSTAHL UND UNTERSCHLAGUNG

A. Diebstahl, §§ 242 ff. StGB

Bedeutung des Diebstahls

Der Diebstahl ist nicht nur in der kriminologischen Realität das am häufigsten verübte Delikt, sondern auch in der Klausur sehr oft Prüfungsgegenstand. Nicht selten wird gerade am Beispiel des § 242 I StGB das Prüfungsvorgehen und die Subsumtion im Strafrecht abgefragt. Deshalb sollte man die Tatbestandsprüfung besonders sicher beherrschen und sorgfältig durchführen. Grundlegende Fehler wirken hier besonders anfängerhaft. 305

I. Prüfungsschema

Prüfungsschema zum Diebstahl

Aus dem Gesetzeswortlaut des § 242 I StGB kann man folgendes Prüfungsschema ableiten: 306

Prüfungsschema zu § 242 I StGB:

I. Objektiver Tatbestand

1. Fremde bewegliche Sache

2. Wegnahme

3. Ggf. Qualifikationsmerkmale des § 244 I, IV StGB

II. Subjektiver Tatbestand

1. Vorsatz hinsichtlich der Merkmale des objektiven Tatbestands (ggf. Vorsatz hinsichtlich der Qualifikationsmerkmale)

2. Absicht der rechtswidrigen Zueignung

III. Rechtswidrigkeit

IV. Schuld

V. Ggf. besonders schwerer Fall (Regelbeispiele) i.S.d. § 243 StGB

II. Tatbestandsmerkmale des § 242 I StGB[178]

1. Objektiver Tatbestand

a) Fremde bewegliche Sache

fremde bewegliche Sache: i.d.R. unproblematisch

Genau genommen könnte man im tauglichen Tatobjekt des Diebstahls, der fremden beweglichen Sache, auch drei Tatbestandsmerkmale sehen. Allerdings werfen diese in der Klausur meist keine besonderen Schwierigkeiten auf und können dann gemeinsam in einem Satz bejaht werden. Sollte es doch einmal bei einem Merkmal zu Problemen kommen, sind die anderen beiden kurz festzustellen und das dritte dann näher zu untersuchen. 307

> **Typische Formulierung:** *„Bei dem Buch handelt es sich um eine bewegliche Sache. Fraglich ist jedoch, ob es für den T fremd i.S.d. § 242 I StGB war ...“.*

Im Einzelnen sollte man dazu folgendes wissen:

Sache ähnlich wie § 90 BGB, aber selbständiger strafrechtlicher Sachbegriff

Der Begriff der *Sache* ist ähnlich zu verstehen wie in § 90 BGB. Es muss also auch ein *körperlicher Gegenstand* vorliegen, wobei der Aggregatzustand keine Rolle spielt. Allerdings ist der strafrechtliche Sachbegriff vom Zivilrecht unabhängig, sodass insbesondere Tiere Sachen i.S.d. § 242 StGB (und auch i.S.d. § 303 StGB) sind, ohne dass es auf § 90a S. 3 BGB ankommt. Dafür spricht insbesondere, dass Tiere nicht weniger schutzwürdig sind, als sonstige bewegliche Gegenstände. 308

keine eigentumsfähige Sache: lebendiger menschlicher Körper

Keine eigentumsfähigen Sachen sind der lebendige menschliche Körper und (nach wohl h.M.) die mit ihm verbundenen therapeutischen Hilfsmittel, z.B. Zahnbrücken und Herzschrittmacher. Streitig ist die Eigentumsfähigkeit von Leichen. Nach h.M. ist diese grundsätzlich zu verneinen. Diebstahl und Unterschlagung müssen aus diesem Grund ausscheiden. Etwas anderes gilt aber für Leichen z.B. in Museen oder anatomischen Instituten. Insoweit kann ausnahmsweise Eigentum originär kraft Aneignung gemäß § 958 I BGB entstanden sein.

hemmer-Methode: Lesen Sie in diesem Zusammenhang auch § 168 I StGB, der die durch die h.M. entstehende Strafbarkeitslücke teilweise schließt.[179]

Beweglichkeit im natürlichen Sinne

Die *Beweglichkeit* der Sache ist im rein natürlichen Sinne zu verstehen. Ausreichend ist, dass die Sache zur Wegnahme „beweglich gemacht“ wird. 309

---

178 Vgl. dazu auch Hemmer/Wüst, Strafrecht BT I, Rn. 2 ff.

179 Vgl. BGH, Beschluss vom 30.06.2015 – 5 StR 71/15 = Life&Law 12/2015, 909 ff. = jurisbyhemmer.

Bsp.: *A pflückt Äpfel vom Baum des B.*

Fremdheit: grds. nach zivilrechtlicher Eigentumslage

Die *Fremdheit* der Sache beurteilt sich grds. streng nach der zivilrechtlichen Eigentumslage. Danach ist eine Sache für den Täter fremd, wenn sie wenigstens im Miteigentum eines anderen steht. Grenzen der Abhängigkeit vom Zivilrecht ergeben sich aber bei Rückwirkungsfiktionen des BGB wie z.B. §§ 142 I, 1953 II BGB; für die Beurteilung gilt nur die tatsächliche Rechtslage zur Zeit der Tat. 310

hemmer-Methode: Hier kann es durchaus sein, dass in der Klausur einmal zivilrechtliche Vorfragen zu klären sind, so z.B. im Zusammenhang mit einem (mit Tötungsdelikten naturgemäß leicht zu verbindenden) Erbfall.
Denken Sie auch daran, dass Tiere, die „Wild“ im Sinne des BJagdG darstellen, grundsätzlich „herrenlos“ sind (vgl. § 960 I S. 1 BGB). Erst wenn gemäß § 958 BGB Eigentum an diesen begründet wird, kommt ein Schutz über §§ 242 ff. StGB in Betracht. Bis zu diesem Zeitpunkt wird das Aneignungsrecht des Jagdberechtigten über die Vorschriften zur Jagd- und Fischwilderei der §§ 292, 293 StGB geschützt. Hier können sich interessante Abgrenzungsprobleme ergeben. Lesen Sie dazu unser Skript Strafrecht BT I, Rn. 105 ff.

b) Wegnahme

Wegnahme: Bruch fremden und Begründung neuen Gewahrsams

Häufig problematisch ist der Prüfungspunkt der Wegnahme. Diese wird definiert als „Bruch fremden und Begründung neuen, nicht notwendig eigenen Gewahrsams“, wobei Gewahrsam die „von einem natürlichen Herrschaftswillen getragene tatsächliche Sachherrschaft unter Berücksichtigung der Verkehrsauffassung“ ist. 311

hemmer-Methode: Hierbei handelt es sich um eine der Definitionen, die Sie sich schon zu Beginn des Studiums einprägen sollten.

Gewahrsam: grds. rein tatsächlich zu bestimmen

aa) Der strafrechtliche Gewahrsambegriff ist grds. rein tatsächlich zu bestimmen, sodass es z.B. auf eine Berechtigung zur Sachherrschaft nicht ankommt. Erforderlich ist allerdings ein entsprechender Wille, die Sachherrschaft auszuüben. 312

aber u.U. Verkehrsauffassung zu beachten

Allerdings kann seine Bestimmung auch durch die Verkehrsauffassung, also durch die Anschauungen des täglichen Lebens, beeinflusst werden.

So ist z.B. der Gewahrsam des Landwirtes an einem Pflug zu bejahen, wenn dieser auf dem einige Kilometer vom Hof entfernten Feld liegt. Ebenso der Gewahrsam des Studenten an den Büchern in seiner Wohnung am Studienort, auch wenn er in den Semesterferien gerade bei seinen Eltern zu Hause ist.

Gerade bei Gegenständen, die der Gewahrsamsinhaber nicht unmittelbar in der Hand hat, ist zu beachten, dass kein aktueller Gewahrsamswille vorhanden sein muss. Vielmehr genügt ein *genereller Herrschaftswille* (z.B. über Postsendungen, die in den Briefkasten geworfen werden).

bei mehreren Personen: gemeinschaftlicher (gestufter) Gewahrsam möglich

bb) Probleme ergeben sich, wenn mehrere Personen gemeinsam Gewahrsam an einer Sache haben. Ein nach § 242 I StGB relevanter Gewahrsamsbruch liegt nur dann vor, wenn gleichrangiger oder übergeordneter, also nicht nur untergeordneter Mitgewahrsam gebrochen wird. *313*

hemmer-Methode: Der Begriff der Wegnahme ist problematisch, wenn diese durch einen Mitgewahrsamsinhaber erfolgt. Wenn ein Dritter die Sache an sich nimmt, ist die Frage des Gewahrsamsbruchs grds. unabhängig davon zu beantworten, ob der Gewahrsam mehrerer oder eines Einzelnen gebrochen wird. Folglich müssen Sie beim Ladendiebstahl durch einen Kunden keine breiten Ausführungen dazu machen, ob der Inhaber der Ladenkette, der Filialleiter oder der einzelne Kassierer Gewahrsam hat.

Ob überhaupt Mitgewahrsam – und gegebenenfalls in welchem Rangverhältnis – vorliegt, regelt sich nach den Anschauungen des täglichen Lebens.

Z.B. wird in kleinen Ladengeschäften, in denen der Inhaber mitarbeitet, von dessen Alleingewahrsam ausgegangen, während man in größeren Läden einen untergeordneten Mitgewahrsam der Angestellten im Verhältnis zum Geschäftsinhaber annimmt. Bei Lkw-Fahrern wird ein Alleingewahrsam des Geschäftsherrn angenommen, solange der Lkw sich im Ortsbereich befindet, dagegen regelmäßig Alleingewahrsam des Fahrers auf Fernfahrten.

hemmer-Methode: Wichtige Abgrenzungskriterien sind einerseits die Kontroll- und Einwirkungsmöglichkeiten des übergeordneten, andererseits die Reichweite der Eigenverantwortlichkeit des untergeordneten Gewahrsamsinhabers.

Vollendung der Wegnahme erst mit neuem Gewahrsam

cc) Vollendet ist die Wegnahme (und damit auch der Tatbestand des § 242 I StGB) erst, wenn neuer Gewahrsam begründet wird. Dies ist der Fall, wenn der Täter die tatsächliche Sachherrschaft derart erlangt, dass ihrer Ausübung keine wesentlichen Hindernisse mehr entgegenstehen. *314*

Dies kann gerade bei kleinen Gegenständen selbst in der Sphäre des Berechtigten schon der Fall sein, wenn sie eng an den Körper gebracht werden (sog. Gewahrsamsenklave).[180]

> **Bsp.:** *Der Ladendieb, der eine Schachtel Zigaretten in die Innentasche seiner Jacke steckt.*

Da der Diebstahl kein „heimliches Delikt" ist, wird die Vollendung 314a
in solchen Fällen auch nicht dadurch ausgeschlossen, dass der Täter – z.B. vom Ladendetektiv – beim Einstecken beobachtet wird.

Nach einer Entscheidung des BayObLG[181] steht einer Vollendung auch nicht entgegen, dass der Gegenstand, der in die Gewahrsamsenklave gelangt, mit einem elektronischen Sicherungsetikett versehen ist.

Einverständnis wirkt tatbestandsausschließend

dd) Da dem Begriff der Wegnahme bzw. des Gewahrsamsbru- 315
ches immanent ist, dass der Gewahrsamswechsel ohne den Willen des Berechtigten erfolgt, wirkt beim Diebstahl ein Einverständnis tatbestandsausschließend (vgl. oben, Rn. 57). Ob mangels Einverständnisses eine Wegnahme und damit ein Diebstahl gem. § 242 I StGB vorliegt, oder ob eine irrtumsbedingte Vermögensverfügung und damit ein Betrug gem. § 263 I StGB gegeben ist, kann im Einzelfall schwer zu beurteilen sein (vgl. unten, Rn. 393 ff.).

2. Subjektiver Tatbestand

a) Vorsatz

Vorsatz hinsichtlich der Merkmale des objektiven Tatbestands

Der Täter muss Vorsatz hinsichtlich der Merkmale des objekti- 316
ven Tatbestands haben. So schließen z.B. ein Irrtum über die Fremdheit der Sache oder die Annahme eines Einverständnisses nach § 16 I S. 1 StGB den Vorsatz aus. Im erstgenannten Fall ist zu beachten, dass es beim normativen Tatbestandsmerkmal der Fremdheit ausreichend ist, wenn der Täter die Bedeutung dieses Merkmals nach Art einer „Parallelwertung in der Laiensphäre" erfasst.

b) Absicht der rechtswidrigen Zueignung

Absicht der rechtswidrigen Zueignung

Der Täter muss die Absicht haben, die Sache sich oder einem 317
Dritten rechtswidrig zuzueignen. Da es für § 242 I StGB gerade nicht erforderlich ist, dass objektiv eine Zueignung stattfindet, es also für diese Absicht kein Pendant im objektiven Tatbestand gibt, wird der Diebstahl auch als „Delikt mit *überschießender Innentendenz*" bezeichnet.

---

180 Zu den einzelnen Theorien im Bereich der Gewahrsamsbegründung vgl. Hemmer/Wüst, Strafrecht BT I, Rn. 14 f.

181 BayObLG, NJW 1995, 3000-3001 = **juris**byhemmer.

Zueignung: dauernde Enteignung und zumindest vorübergehende Aneignung

aa) Die Zueignung, auf welche sich die Absicht beziehen muss, 318
besteht aus zwei Elementen, nämlich der *Enteignung*, also der Verdrängung des Eigentümers aus seiner bisherigen Eigentumsposition, und der *Aneignung*, also der Anmaßung einer eigentümerähnlichen Stellung, um die Sache oder den in ihr verkörperten Sachwert (vgl. dazu unten, Rn. 319) dem eigenen Vermögen bzw. dem eines Dritten zuzuführen.

Dabei muss die *Enteignung* als *dauerhaft* und mit zumindest *bedingtem Vorsatz* gewollt sein (sie muss also nicht beabsichtigt sein; dem Dieb muss es nicht auf die Schädigung des Opfers ankommen).

Die *Aneignung* muss als *zumindest vorübergehend beabsichtigt* sein. Außerdem muss die beabsichtigte Zueignung objektiv und subjektiv rechtswidrig sein.

Gegenst. d. Zueignung

bb) Gegenstand der Zueignung ist zumeist die Sache selbst. 319

> ***Bspe.:*** *T nimmt dem O eine Tafel Schokolade weg, um sie am Wochenende aufzuessen. T nimmt O einen Fernseher weg, um ihn in seinem Wohnzimmer aufzustellen.*

u.U. aber auch in der Sache verkörperter Sachwert

Während die sog. *Substanztheorie* immer die Sache selbst als Zueignungsgegenstand fordert, ist nach der *Sachwerttheorie* darauf abzustellen, ob der Täter sich den in der Sache verkörperten Wert zueignet. Die h.M. kombiniert die Substanz- und die Sachwerttheorie (sog. *Vereinigungsformel*), folgt also insoweit einem weiten Zueignungsbegriff, der sowohl Substanz als auch Sachwert umfasst:[182]

> ***Bsp.:*** *T nimmt dem O dessen Sparbuch weg, um dieses „abzuräumen", es dann aber dem O zurückzugeben. Da hier keine dauernde Enteignung des O hinsichtlich des Sparbuchs selbst beabsichtigt ist, kann auf dieses alleine nicht abgestellt werden. Allerdings verkörpert das Sparbuch das Sparguthaben, da die Auszahlung desselben durch den spezifischen Gebrauch des Sparbuchs erlangt wird. Da hinsichtlich des Guthabens eine dauernde Enteignung des O geplant ist und das Sparbuch gleichsam als „wertentleerte Hülle" zurückgegeben wird, ist ein Diebstahl am Sparbuch nach der h.M. zu bejahen.*
>
> *Dies gilt dagegen nicht, wenn eine ec-Karte weggenommen wird, um damit an Geldautomaten unberechtigt Geld abzuheben. Die ec-Karte verkörpert nämlich nicht wie das Sparbuch ein bestimmtes Guthaben, sondern ist in ihrer Funktion als Codekarte nur gleichsam ein „Schlüssel" zu einer entsprechenden Auszahlung.*

[182] Zu einem interessanten Grenzfall zwischen Diebstahl und (strafloser) Sachentziehung vgl. OLG Köln, NJW 1997, 2611 f. = JuS 1997, 1140 (mit Anm. Martin).

Exkurs

Exkurs: Strafbarkeit beim Geldautomatenmissbrauch

Der Täter, der eine ec-Karte wegnimmt, um diese nach dem unberechtigten Abheben von Geld wieder zurückzugeben, macht sich nicht wegen eines Diebstahls an der Karte strafbar. Problematisch und umstritten ist dagegen die Frage, wie er wegen des Abhebens des Geldes bestraft werden kann. Eine ausführliche Darstellung dieser Problematik würde den Rahmen dieses Basics-Skripts sprengen.[183] Sie sollten aber zumindest folgende Konstellationen auseinanderhalten: 320

(1) Benutzt der Täter seine eigene Karte für eine Abhebung bei *seiner eigenen* Bank, überschreitet er dabei aber bewusst den ihm von der Bank gesetzten Kreditrahmen, scheidet eine Strafbarkeit nach § 266b I StGB aus, da dieser eine Drei-Personen-Konstellation voraussetzt. Bei der Abhebung von einem *institutsfremden Automaten* (mithin einer Drei-Personen-Konstellation) ist eine Anwendung des § 266b I StGB strittig. Diskutiert wird, ob in einem solchen Fall die ec-Karte als „Scheckkarte“ zum Einsatz kommt. Stellt man hier begrifflich darauf ab, dass das fremde Institut die Begleichung des ausgezahlten Geldbetrags von der kartenausgebenden Bank garantiert bekommt, lässt sich eine Anwendung von § 266b I StGB mit der Rechtsprechung gut vertreten.[184]

Auch die Anwendung des § 263a I StGB wird von der h.M. verneint, weil das Merkmal der „Unbefugtheit“ und damit die Strafbarkeit nicht von der Formulierung der AGB der jeweiligen Bank abhängig sein könne. § 265a I StGB scheidet ebenfalls aus, da es jedenfalls am Merkmal der Entgeltlichkeit fehlt. § 266 I StGB scheitert daran, dass den Kunden gegenüber seiner Bank keine Vermögensbetreuungspflicht trifft, § 263 I StGB schließlich daran, dass gegenüber einem Automaten keine Täuschung möglich ist.

Dadurch, dass das Geld entnommen wird, könnte schließlich noch ein Diebstahl oder eine Unterschlagung am Geld in Betracht kommen. Der BGH[185] lehnt § 242 I StGB mangels Gewahrsamsbruchs ab. § 246 I StGB scheitert schließlich daran, dass die Bank grundsätzlich an den Karteninhaber das Geld übereignet, so dass es sich dabei nicht um eine fremde Sache handelt.

(2) Benutzt der Täter eine fremde ec-Karte, die ihm zwar freiwillig vom Karteninhaber ausgehändigt wurde, mit der er aber kein (bzw. nicht so viel) Geld abheben sollte, scheiden *§§ 263, 265a, 266 und 242 StGB* aus den oben genannten Gründen aus, § 246 StGB ist hingegen gegeben. *§ 266b StGB* scheidet hier aus, da Täter nur der berechtigte Karteninhaber (dem die Karte von der Bank ausgestellt wurde) sein kann. 320

---

183 Vgl. zu einer speziellen Konstellation Hemmer/Wüst, Strafrecht BT I, Rn. 182 ff.

184 Vgl. Fischer, § 266b StGB, Rn. 9.

185 Vgl. BGH, NJW 1988, 979-981 = **juris**byhemmer.

Auch *§ 263a StGB* greift nach wohl h.M. nicht ein, da die mangelnde (bzw. nicht so weit gehende) Befugnis im Innenverhältnis zum Karteninhaber nicht zu einer Unbefugtheit gegenüber der Bank führen könne.

(3) Wenn sich schließlich der Täter die Karte eigenmächtig verschafft und damit Geld abhebt, scheiden zwar die *§§ 263, 265a, 266, 266b und 242 StGB* aus den oben genannten Gründen aus. Allerdings kommt neben *§ 246 StGB* hier nach h.M. auch *§ 263a StGB* in Betracht, da die Daten auf der ec-Karte unbefugt verwendet werden.

hemmer-Methode: Instruktiv zum Computerbetrug und zum Missbrauch von Scheck- und Kreditkarten vgl. BGH, NJW 2002, 905 ff. = Life&Law 06/2002, 386 ff.

Exkurs Ende

Enteignung problematisch

cc) Problematisch kann – wie schon angedeutet – die Enteignungskomponente sein, wenn der Täter die Sache nicht andauernd behalten, sondern sie dem Opfer zurückgeben will. Allerdings wird die Enteignung nur ausgeschlossen, wenn das Opfer die realistische Möglichkeit hat, die Sache wiederzubekommen. 321

Bsp.: *T möchte mit dem Auto seines Chefs O eine Spritztour machen. Wenn er vorhat, dieses danach wieder vor O's Haus abzustellen, scheidet ein Diebstahl aus, es kommt allenfalls eine Strafbarkeit nach § 248b I StGB in Betracht. Gleiches gilt, wenn T vorhat, das Auto vor dem Polizeipräsidium abzustellen, da er auch dann davon ausgehen kann, dass der O wieder an sein Auto kommen wird.*

Stellt T dagegen das Auto – wie von Anfang an geplant – weit von O's Wohnort entfernt im Wald nahe der Grenze ab, über die Autoschieberbanden gestohlene Wagen ins Ausland verbringen, muss er davon ausgehen, dass O auch nach dem Ende der Spritztour nur schwer wieder an sein Auto kommen wird, sodass dolus eventualis hinsichtlich der dauerhaften Enteignung zu bejahen ist.

Selbst- oder Drittzueignung

dd) Der Täter muss die Sache sich selbst oder einem Dritten zueignen wollen. Die Abgrenzung kann hier im Einzelnen schwierig sein, wenn z.B. der Täter die Sache wegnimmt, um sie einem anderen zu schenken: Einerseits steht der Erwerb beim anderen im Vordergrund, andererseits schwingt sich der Täter selbst durch das Verschenken zu einer eigentümerähnlichen Stellung auf. 322

Rechtswidrigkeit der angestrebten Zueignung

ee) Die angestrebte Zueignung muss *rechtswidrig* sein, was nach der objektiven Rechtslage zu bestimmen ist. Die Rechtswidrigkeit der beabsichtigten Zueignung ist von der Rechtswidrigkeit als allgemeinem Verbrechensmerkmal zu unterscheiden. 323

Nicht rechtswidrig ist die Zueignung dann, wenn dem Täter ein fälliger und einredefreier Anspruch auf genau diese Sache gegen das Opfer zusteht. Dies ist der Fall z.B. bei einer fälligen und einredefreien Stückschuld, nicht aber bei einer Gattungsschuld, da hier gerade kein Anspruch auf die konkrete Sache besteht.

Streitig ist in diesem Zusammenhang die Behandlung von Geldschulden.[186] Die Rechtsprechung behandelt diese wie Gattungsschulden; ein großer Teil der Literatur nimmt dagegen eine Wertsummenschuld mit der Folge an, dass eine Zueignung des betreffenden Geldbetrages nicht rechtswidrig ist. Das bei Gattungsschulden bestehende Auswahlrecht des Schuldners (aus § 243 I BGB) sei nämlich bei der Geldschuld für diesen ohne Interesse.

hemmer-Methode: Folgt man der Rechtsprechung, muss man beachten, dass dann ein den Vorsatz ausschließender Tatbestandsirrtum in Betracht kommt („Parallelwertung in der Laiensphäre“).

Der Täter muss hinsichtlich der Rechtswidrigkeit (zumindest bedingt) vorsätzlich handeln. Wenn er also irrtümlich Umstände annimmt, die einen fälligen, einredefreien Anspruch auf die Sache begründen würden, hat er den subjektiven Tatbestand nicht erfüllt.

Prüfungsschema zum subjektiven Tatbestand des § 242 I StGB:

I. Vorsatz bezügl. den objektiven Tatbestandsmerkmalen

II. Absicht der rechtswidrigen Zueignung

1. Vorsatz bezüglich der dauerhaften Enteignung
2. Absicht bezüglich der zumindest vorübergehenden Aneignung
3. Rechtswidrigkeit der erstrebten Zueignung
4. Vorsatz bezüglich der Rechtswidrigkeit

hemmer-Methode: Die Rechtswidrigkeit der erstrebten Zueignung ist zwar objektiv zu bestimmen, jedoch muss sich der Vorsatz des Täters darauf beziehen. Da die Rechtswidrigkeit hier einerseits Tatbestandsmerkmal ist, andererseits ihr Vorliegen stark von (z.T. außer-)strafrechtlichen Aspekten abhängt, stellen sich bei Irrtümern über die Rechtswidrigkeit schwierige Abgrenzungsprobleme zwischen Tatbestands- und Verbotsirrtum bzw. zwischen untauglichem Versuch und Wahndelikt.[187]

[186] Vgl. dazu und zur möglichen Irrtumsproblematik näher mit Beispielsfall und m.w.N. Hemmer/Wüst, Strafrecht BT I, Rn. 25 ff.

[187] Vgl. dazu Kudlich, NStZ 1997, 423 ff.

III. Qualifikationen zu § 242 StGB

Qualifikationen der §§ 244, 244a StGB

Die §§ 244 und 244a StGB enthalten unselbständige Qualifikationen zu § 242 StGB. Aufbaumäßig sind deren objektive Voraussetzungen zweckmäßig im objektiven Tatbestand des § 242 StGB mitzuprüfen. Im subjektiven Tatbestand ist festzustellen, ob sich auch der Vorsatz auf diese bezieht (vgl. das Prüfungsschema oben, Rn. 306). 324

Wichtigste Problemkreise für die Klausur aus diesem Bereich sind folgende:

1. § 244 StGB[188]

§ 244 I Nr. 1 lit. a StGB: Beisichführen einer Waffe

a) Im Rahmen des § 244 I Nr. 1 StGB stellen sich die gleichen Probleme wie bei § 250 I Nr. 1 StGB, sodass auf die Ausführungen zu dieser Vorschrift verwiesen wird (vgl. Rn. 370). 325

§ 244 I Nr. 2 StGB: Bandendiebstahl (mindestens drei Personen für „Bande" erforderlich)

b) § 244 I Nr. 2 StGB erfasst den Diebstahl durch ein Mitglied einer Bande unter Mitwirkung eines anderen Bandenmitglieds. Waren früher zwei Personen ausreichend, so müssen es jetzt mindestens drei Personen sein. Begründen lässt sich dies damit, dass die besondere Gefahr gerade im spezifisch arbeitsteiligen Vorgehen liegt („Organisationsgefahr"). Dagegen ist nicht Voraussetzung, dass die Bandenmitglieder den Diebstahl örtlich und zeitlich zusammen begehen. Ein in irgendeiner Weise geartetes Zusammenwirken entsprechend der Bandenabrede reicht aus.[189] 326

Wohnungseinbruchsdiebstahl

c) § 244 I Nr. 3 StGB enthält den Einbruchsdiebstahl in Wohnungen. § 244 I Nr. 3 StGB bestimmt als qualifizierte Begehungsweisen: 327

- das Einbrechen (d.h. das gewaltsame Öffnen von Umschließungen, die dem Eintritt entgegenstehen)
- das Einsteigen (d.h. das Betreten auf einem nicht regelmäßig dafür vorgesehenen Weg, z.B. das geöffnete Fenster)
- die Verwendung falscher Schlüssel (d.h. solcher Schlüssel, die zur Tatzeit vom Berechtigten nicht – mehr – zum Öffnen des Verschlusses bestimmt sind) oder anderer nicht zur ordnungsgemäßen Öffnung bestimmter Werkzeuge (vor allem sog. Dietriche)
- das Sich-Verborgenhalten in der Wohnung zur späteren Begehung eines Diebstahls

---

188 Vgl. dazu auch Hemmer/Wüst, Strafrecht BT I, Rn. 36 ff.

189 Vgl. dazu BGH, NJW 2001, 2266-2270 = **juris**byhemmer = Life&Law 09/2001, 634 ff. sowie BGH, NStZ 2011, 637-638 = **juris**byhemmer = Life&Law 08/2011, 561 ff.

qualifizierter Wohnungseinbruchsdiebstahl

Eine zweite Qualifikationsstufe zu § 244 I Nr. 3 StGB stellt § 244 IV StGB dar, wenn Tatobjekt eine dauerhaft genutzte Privatwohnung ist. Aufgrund der besonderen Schutzwürdigkeit dieses privaten Lebensbereichs hat der Gesetzgeber diese weitere Qualifikation nachträglich ergänzt. Es handelt sich hierbei um ein Verbrechen, so dass z.B. insoweit der Anwendungsbereich von § 30 StGB eröffnet ist.

☑

hemmer-Methode: Vor allem hat der Gesetzgeber damit die strafprozessualen Ermittlungsmöglichkeiten deutlich erweitert, um möglichst effektiv gegen diese spezifische Kriminalitätsform vorgehen zu können.

2. § 244a StGB

§ 244a StGB: schwerer Bandendiebstahl

§ 244a StGB wurde als Tatbestand v.a. zur Bekämpfung der organisierten Kriminalität eingeführt. Er ist erfüllt, wenn eine der Varianten des § 244 I Nr. 1 bzw. 3 StGB oder ein Regelbeispiel des § 243 StGB im Wege des Bandendiebstahls begangen wird. 328

☑

hemmer-Methode: Beachten Sie, dass die Regelbeispiele des § 243 I S. 2 StGB, auf die in § 244a I StGB verwiesen wird, in dessen Rahmen echte Qualifikationsmerkmale darstellen. Das hat z.B. zur Folge, dass bei einem Irrtum § 16 I StGB direkt anwendbar ist und dass es auch unproblematisch einen Versuch des § 244a StGB gibt.

IV. Regelbeispiele des § 243 StGB[190]

§ 243 StGB: Regelbeispiele eines besonders schweren Falles

1. § 243 I S. 1 StGB enthält eine Strafzumessungsregel für besonders schwere Fälle des Diebstahls. § 243 I S. 2 StGB beinhaltet eine nicht abschließende, aber auch nicht zwingende (vgl. den Wortlaut „in der Regel") Aufzählung von Umständen, wann ein besonders schwerer Fall normalerweise vorliegt. 329

keine Qualifikation

Es handelt sich also nur um sog. Regelbeispiele, nicht dagegen um Qualifikationsmerkmale. Allerdings werden diese z.T. wie Qualifikationsmerkmale behandelt. So muss sich z.B. ein Quasi-Vorsatz auf sie beziehen, und auch Teilnehmer können danach bestraft werden. Vom Prüfungsaufbau her ist allerdings (anders als bei echten tatbestandlichen Qualifikationen, vgl. oben, Rn. 324, und das Schema oben, Rn. 306) eine Prüfung im Anschluss an die Schuldfeststellung vorzunehmen.

---

190 Vgl. auch Hemmer/Wüst, Strafrecht BT I, Rn. 29 ff.

<u>Aufbauschema zur Prüfung der Strafzumessungsregel eines besonders schweren Falls am Beispiel der §§ 242 I, 243 StGB</u> (vgl. auch Rn. 306):

I. Grundtatbestand, hier § 242 I StGB

- **1.** objektiver Tatbestand
- **2.** subjektiver Tatbestand

II. Rechtswidrigkeit

III. Schuld

IV. Strafzumessung: besonders schwerer Fall, § 243 StGB

- **1.** objektive Merkmale des Regelbeispiels (z.B. Einsteigen)
- **2.** Quasi-Vorsatz hinsichtlich der objektiven Merkmale
- **3.** evtl. subjektive Merkmale des Regelbeispiels (z.B. zur Ausführung der Tat)
- **4.** evtl. Widerlegung der Regelvermutung (⇨ bei § 243 StGB an zwingenden Ausschluss nach Abs. 2 denken!)
- **5.** wenn kein benanntes Regelbeispiel vorliegt, evtl. an unbenannten besonders schweren Fall denken

Regelbeispiele mit Klausurbedeutung

2. Eine genauere Darstellung aller Regelbeispiele würde den Rahmen dieses Basics-Skripts sprengen; die meisten lassen sich mit sauberer Subsumtion gut erschließen. **330**

Nr. 1: Einbruchsdiebstahl (außer bei Wohnungen)

Für die Klausur (und auch die Praxis) die größte Bedeutung hat § 243 I S. 2 Nr. 1 StGB[191] (Einbrechen, Einsteigen und Eindringen), der regelmäßig beim Einbruchsdiebstahl Anwendung findet, soweit keine Wohnungen betroffen sind (⇨ dann § 244 I Nr. 3, IV StGB).

Nr. 2 / 3 StGB

Nicht selten spielt auch § 243 I S. 2 Nr. 2 bzw. Nr. 3 StGB in Klausuren eine Rolle (Sicherung der Sache durch ein verschlossenes Behältnis und gewerbsmäßiges Stehlen).

Nr. 6: Ausnutzen der Hilflosigkeit eines anderen

Zu beachten ist weiterhin § 243 I S. 2 Nr. 6 StGB (Ausnutzen der Hilflosigkeit eines anderen, eines Unglücksfalls oder einer gemeinen Gefahr) in der Variante des Ausnutzens der Hilflosigkeit in einer besonderen Konstellation.

str. Versuchsstrafbarkeit:

3. Schwierig im Zusammenhang mit § 243 StGB ist die Frage nach der Versuchsstrafbarkeit. Da es sich um keinen Tatbestand handelt, ist *ein Versuch des § 243 StGB nicht möglich*. Denkbar ist dagegen, dass ein versuchter Diebstahl in einem besonders schweren Fall vorliegen kann. Wann dies der Fall ist, insbesondere ob das Regelbeispiel dazu tatsächlich verwirklicht worden sein muss, ist im Einzelnen umstritten.[192] **331**

---

191 Dazu näher Hemmer/Wüst, Strafrecht BT I, Rn. 29.

192 Vgl. dazu näher Hemmer/Wüst, Strafrecht BT I, Rn. 30 f.

Problematisch ist vor allem, wie zu bestrafen ist, wenn der Täter einen Diebstahl vollendet und eigentlich einen besonders schweren Fall gemäß § 243 I StGB verwirklichen wollte.

Bsp.: *A möchte eine Kasse aufbrechen und das darin befindliche Geld an sich nehmen. Gerade als er mit einem Brecheisen ansetzt, bemerkt er, dass die Kasse offen ist und entnimmt das Geld.*

h.L.

Nach der h.L. ist § 243 I S. 2 Nr. 2 StGB nicht vollendet und damit nicht einschlägig. Eine Bestrafung wegen Versuchs des § 243 I S. 2 Nr. 2 StGB ist nicht möglich, da § 22 StGB nur von Tatbeständen spricht, § 243 StGB aber eine Strafzumessungsregel darstellt. A ist im Beispiel damit allein nach § 242 I StGB zu bestrafen.

BGH

Der BGH verneint ebenfalls eine Bestrafung wegen Versuchs bei Regelbeispielen. Jedoch hält er es für möglich, dass bei einem versuchten Diebstahl die Indizwirkung des § 243 I S. 2 Nr. 2 StGB bereits dann ausgelöst wird, wenn der Täter ein Regelbeispiel verwirklichen will und dazu unmittelbar ansetzt.[193]

hemmer-Methode: Von der Frage, wann beim „Versuch" des Regelbeispiels die Regelwirkung des § 243 I S. 2 StGB eingreift, ist das Problem zu unterscheiden, wann überhaupt der Versuch beginnt. Nach h.M. ist hier nur auf das Grunddelikt (d.h. die Wegnahme i.S.d. § 242 I StGB) abzustellen. Ein Ansetzen zur Verwirklichung des Regelbeispiels (z.B. der Beginn des Einstiegs) genügt nur, wenn darin – wie freilich häufig – gleichzeitig ein unmittelbares Ansetzen zur Wegnahme liegt.

§ 243 II StGB: § 243 I StGB (-), wenn geringwertige Sache

4. Denken sollte man auch an § 243 II StGB: Beim Diebstahl einer geringwertigen Sache i.S.d. § 248a StGB (durch den an sich ein Strafantragserfordernis konstituiert wird) ist ein besonders schwerer Fall nach § 243 I S. 2 Nr. 1-6 StGB ausgeschlossen. **332**

Geringwertigkeit ungefähr bis 25 €

Die Geringwertigkeit der Sache wird bis zu einem Wert von ungefähr 25 € angenommen, wobei sich auch der Vorsatz des Täters i.R.d. § 243 II StGB auf die Geringwertigkeit beziehen muss. Hier können sich interessante Probleme bei Irrtum und Vorsatzwechsel ergeben.[194]

Gegenstände, die keinen objektiv messbaren Verkehrswert haben, sind dann nicht geringwertig, wenn ihre Bedeutung für den Dieb in dem mit der Sachherrschaft verknüpften Wert funktioneller Möglichkeiten liegt.

Bsp.: *Entwendete Strafakten, Führerscheine, Personalausweise, auch codierte Bankkarten und einzelne Briefbögen mit Firmenbriefköpfen.*

---

193 Instruktiv hierzu BGH, NStZ 2011, 167-168 = jurisbyhemmer = Life&Law 05/2011, 323 ff.

194 Vgl. dazu Hemmer/Wüst, Strafrecht BT I, Rn. 33 f.

§§ 123, 303 StGB werden i.d.R. von §§ 242, 243 StGB konsumiert

5. Wenn ein Regelbeispiel nach § 243 I S. 2 Nr. 1 oder 2 StGB verwirklicht wird, liegt regelmäßig auch ein Delikt nach § 303 I StGB (Sachbeschädigung, so an der aufgebrochenen Tür oder dem „geknackten" Tresor) und/oder § 123 I StGB (durch das Eindringen) vor. 333

Umstritten ist, ob die §§ 303, 123 StGB hinter § 243 I S. 2 Nr. 1 StGB zurücktreten. Die mittlerweile wohl h.M. verneint dies mit dem Argument, dass § 243 StGB als Strafzumessungsregel im Rahmen der Konkurrenzen keine Bedeutung haben und damit eigenständige Straftatbestände nicht verdrängen kann.[195]

hemmer-Methode: Anders sieht es beim Wohnungseinbruchsdiebstahl aus. Da § 244 I Nr. 3 StGB einen Straftatbestand darstellt und beim Wohnungseinbruch typischerweise § 123 I StGB mitverwirklicht wird, tritt der Hausfriedensbruch hinter § 244 I Nr. 3 StGB zurück. Anders verhält es sich wiederum im Verhältnis von § 244 I Nr. 3 StGB und § 303 StGB. Insoweit hat der BGH seine Rechtsprechung geändert und geht von Tateinheit gem. § 52 StGB aus. Dies vermag zu überzeugen, wenn man bedenkt, dass die Schäden beim Einbruch häufig sehr hoch liegen und die betroffenen Eigentümer nicht typischweise identisch sind.[196]

B. Unterschlagung, § 246 StGB[197]

I. Abgrenzung zum Diebstahl

Unterschlagung / Diebstahl: Diebstahl richtet sich auch gegen Gewahrsam

Im Unterschied zum Diebstahl setzt der Tatbestand der Unterschlagung keine Wegnahme voraus. Die Unterschlagung fordert aber im objektiven Tatbestand eine rechtswidrige Zueignung, welche beim Diebstahl nur beabsichtigt sein muss. Der Zueignungsbegriff deckt sich mit dem des § 242 StGB. Da es sich um ein objektives Tatbestandsmerkmal handelt, wird aber zusätzlich verlangt, dass die Zueignung sich in irgendeiner Weise nach außen sichtbar manifestiert. 334

hemmer-Methode: Die Zueignung darf nicht so verstanden werden, dass der Unterschlagende tatsächlich *Eigentümer* werden muss, dies kann er i.d.R. gar nicht. Die Manifestation der Zueignungsabsicht bedeutet vielmehr, dass die Anmaßung der eigentümerähnlichen Stellung (lat.: se ut dominum gerere) nach außen sichtbar wird. Dies geschieht z.B. dadurch, dass der Unterschlagende die Sache seiner privaten Kunstsammlung zuführt oder seinerseits im eigenen Namen zum Verkauf anbietet, mit anderen Worten Handlungen vornimmt, die gewöhnlich nur dem dinglich Berechtigten zustehen.

195 BGH, NJW 2002, 150-152 = **juris**byhemmer.

196 BGH, Beschluss vom 27.11.2018 – 2 StR 481/17 = Life&Law 2019, 391 ff. = **juris**byhemmer.

197 Vgl. dazu auch Hemmer/Wüst, Strafrecht BT I, Rn. 43 ff.

So hat z.B. das OLG Hamm entschieden, dass allein das Einbehalten bzw. die Nichtrückgabe einer gemieteten Sache über die im Mietvertrag vereinbarte Zeit hinaus i.d.R. noch nicht für die Bejahung der Zueignung ausreicht.[198] Denn die Nichtrückgabe könnte genauso gut auch auf einer bloßen Nachlässigkeit beruhen.

Während sich der Diebstahl sowohl gegen den Gewahrsam als auch (zumindest beabsichtigt) gegen das Eigentum richtet, wird durch die Unterschlagung „nur" die Eigentümerposition, nicht aber der Gewahrsam beeinträchtigt.

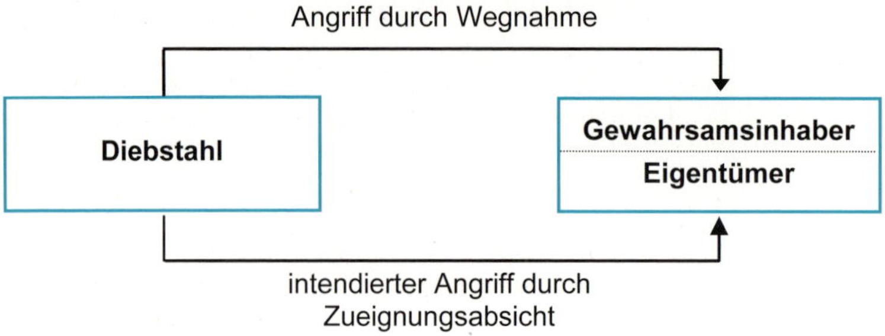

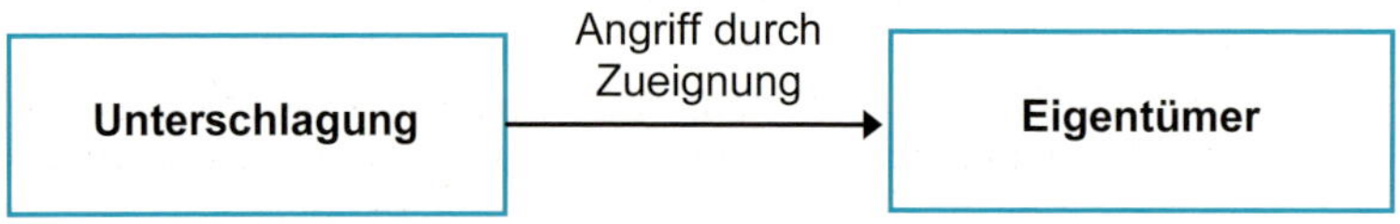

II. Tatbestandsmerkmale des § 246 StGB

fremde bewegliche Sache

1. Tatobjekt der Unterschlagung ist eine *fremde bewegliche Sache*; insoweit kann auf die Ausführungen zum Diebstahl verwiesen werden. 335

keine Anforderungen an Gewahrsam, also anwendbar, wenn…

2. § 246 StGB stellt keine Anforderungen an die Gewahrsamsverhältnisse. Damit ist tatbestandlich jede objektive Zueignungshandlung an einer fremden Sache – unabhängig von den Gewahrsamsverhältnissen – erfasst. Diese weite Tatbestandsfassung macht die gesetzliche Subsidiaritätsklausel in § 246 I StGB („... wenn die Tat nicht in anderen Vorschriften mit Strafe bedroht ist.") erforderlich. 336

[198] OLG Hamm, wistra 1999, 112-113 = **juris**byhemmer.

Im Einzelnen sind damit verschiedene Konstellationen denkbar:

- Gewahrsam bei Zueignung schon besteht

a) Zunächst ist § 246 StGB anwendbar, wenn der Gewahrsam 337
zum Zeitpunkt der Unterschlagungshandlung, d.h. des Zueignungsaktes, bereits besteht.

- Zueignung und Gewahrsamserlangung zusammenfallen

b) Des Weiteren können Gewahrsamserlangung (ohne Ge- 338
wahrsamsbruch, sonst § 242 I StGB) und Zueignungshandlung zeitlich zusammenfallen. Dies ist insbesondere in der Fallgruppe der *Fundunterschlagung* der Fall.

Bsp.: *Der T sieht auf der Straße eine Geldbörse liegen und beschließt, diese mitzunehmen und für sich zu behalten. Um sicher zu gehen, dass er von niemandem gesehen wird, blickt er sich misstrauisch um. Während er so tut, als ob er sich die Schuhe bindet, nimmt er die Geldbörse an sich und steckt sie schnell in seine Jackentasche.*

Die Manifestation der Zueignung liegt hier bereits darin, dass T die Börse einsteckt. Durch sein auffälliges Verhalten nach außen wird nämlich sichtbar, dass er sie nicht etwa mitnehmen möchte, um sie beim Fundbüro abzugeben, sondern um sie zu behalten. Zu diesem Zeitpunkt hat T aber noch keinen Gewahrsam, sondern hat ihn erst zeitgleich mit der Zueignungsmanifestation begründet.

- Zueignung ohne jeden Gewahrsam des Täters

c) Eine Zueignung ist aber auch denkbar, ohne dass der Täter 339
im Zusammenhang mit dem Zueignungsakt überhaupt Gewahrsam hat. Auch hier kommt § 246 StGB in Betracht.

Bsp.: *T hat eine Sache des O gemietet und verleiht diese an den Dritten D weiter. Um sich dem D gegenüber gönnerhaft zu zeigen, entschließt er sich später, ihm mitzuteilen, dass er die Sache ruhig behalten dürfe, er (T) brauche sie nicht mehr.*

Hier hat T beim Zueignungsakt, dem „Erlass" der Rückgabe, überhaupt keinen Gewahrsam. Da § 246 StGB dies aber auch nicht (mehr) verlangt, liegt trotzdem eine Unterschlagung vor.

- Zueignung mit Gewahrsamsbruch (i.d.R. subsidiär zu § 242 StGB)

d) Schließlich erfasst § 246 StGB tatbestandlich auch eine Zu- 339a
eignung, die durch einen Gewahrsamsbruch erfolgt. Hier tritt § 246 StGB aber auf Grund der gesetzlich angeordneten Subsidiarität hinter § 242 StGB zurück. In der Klausur würde es in der Regel genügen, dies nach der Prüfung und Bejahung des § 242 StGB im Ergebnissatz bzw. bei der Darstellung der Konkurrenzen kurz zu erwähnen (vgl. auch oben, Rn. 31).

nach außen manifestierte Zueignung

3. Schließlich muss der Täter sich die Sache zueignen, also 340
nach außen sichtbar den Berechtigten aus seiner Position verdrängen und sich selbst eine eigentümerähnliche Stellung anmaßen.

Problem der mehrfachen Zueignung

Umstritten ist dabei die Frage, ob eine wiederholte Zueignung durch einen Täter möglich ist, so wenn der Täter hinsichtlich einer gestohlenen oder auch einer unterschlagenen Sache später immer wieder neue Zueignungsmanifestationen vornimmt.

Eine Ansicht hält eine mehrfache Zueignung für möglich, da der Eigentümer sein Eigentum durch die erste Zueignung gerade nicht verliert, und lässt die späteren Strafbarkeiten erst auf der Konkurrenzebene entfallen. Die h.M. geht aber davon aus, dass spätere Zueignungsmanifestationen schon nicht mehr tatbestandsmäßig sind. Unterschiede ergeben sich v.a. hinsichtlich der bei der Konkurrenzlösung möglichen Teilnahmestrafbarkeit an der Nachtat sowie bei der durch die Konkurrenzlösung drohenden Hinauszögerung, wenn nicht gar völligen Umgehung der Strafverfolgungsverjährung.[199]

§ 246 II StGB: veruntreuende Unterschlagung

4. § 246 II StGB enthält eine höhere Strafdrohung für die sog. veruntreuende Unterschlagung, also wenn dem Täter das Tatobjekt anvertraut worden ist. 341

hemmer-Methode: Das Qualifikationsmerkmal „Anvertrautsein“ ist nach h.M. ein besonderes persönliches Merkmal, so dass § 28 II StGB zur Anwendung kommen kann.

[199] Vgl. dazu auch Hemmer/Wüst, Strafrecht BT I, Rn. 45 ff.

§ 10 RAUB UND RÄUBERISCHE ERPRESSUNG

Einordnung von Raub und räuberischer Erpressung

Dogmatisch gesehen ist es nicht ganz richtig, die Raubdelikte (§ 249 StGB mit seinen Qualifikationen und § 252 StGB als raubähnliches Sonderdelikt) und die räuberische Erpressung (§§ 253, 255 StGB) in einem Kapitel darzustellen. Bei ersteren handelt es sich nämlich um Delikte gegen das Eigentum, während letztere eine Straftat gegen das Vermögen als Ganzes darstellt. Allerdings ergeben sich gerade zwischen dem Raub und der räuberischen Erpressung typische Abgrenzungsprobleme. Auch sind die Qualifikationen der §§ 250 f. StGB sowohl auf die §§ 249, 252 StGB als auch auf die §§ 253, 255 StGB anwendbar, was eine Darstellung in einem Kapitel unter Gesichtspunkten der Klausurtypik nahe legt. 342

A. Raub, § 249 StGB[200]

Raub: zweiaktiges Sonderdelikt aus Diebstahl und qualifizierter Nötigung

Beim Raub handelt es sich um ein zweiaktiges Sonderdelikt, das aus den Tatbestandsmerkmalen des Diebstahls und einer qualifizierten Nötigung (Gewalt oder Drohung mit gegenwärtiger Gefahr für Leib oder Leben) zu einem eigenständigen Delikt zusammengesetzt ist. Erforderlich ist dabei, dass die qualifizierten Nötigungsmittel gerade eingesetzt werden, um die Wegnahme einer fremden beweglichen Sache zu ermöglichen (sog. „Finalität"). 343

hemmer-Methode: Es handelt sich beim Raub um keine unselbständige Diebstahlsqualifikation, wie z.B. bei § 244 StGB (vgl. oben, Rn. 325 ff.), sondern um ein eigenständiges Delikt. In der Klausur ist der Raub grds. vor Diebstahl oder Nötigung zu prüfen, welche bejahendenfalls nur kurz als ebenfalls erfüllt, aber verdrängt erwähnt werden können.

I. Prüfungsschema zu § 249 I StGB

Prüfungsschema zu § 249 I StGB

Aus dem Gesetzeswortlaut lässt sich folgendes Prüfungsschema ableiten: 344

<u>Prüfungsschema zum Raub, § 249 I StGB:</u>

I. Objektiver Tatbestand

 1. Qualifizierte Nötigung, also
    - Gewalt gegen eine Person oder
    - Drohung mit gegenwärtiger Gefahr für Leib oder Leben
 2. Wegnahme einer fremden beweglichen Sache
 3. Finalzusammenhang zwischen 1. und 2.
 4. ggfs. Qualifikationsmerkmale nach § 250 StGB

[200] Vgl. dazu näher Hemmer/Wüst, Strafrecht BT I, Rn. 51 ff.

II. Subjektiver Tatbestand

1. Vorsatz hinsichtlich der Merkmale des objektiven Tatbestands

2. ggfs. Vorsatz hinsichtlich der Qualifikationsmerkmale

3. Absicht der rechtswidrigen Zueignung

III. Rechtswidrigkeit

IV. Schuld

II. Tatbestandsmerkmale des § 249 I StGB

1. Objektiver Tatbestand

a) Qualifizierte Nötigung

qualifizierte Nötigungshandlung

Der Täter muss nach § 249 I StGB eine qualifizierte Nötigungs- 345
handlung ausüben, nämlich entweder Gewalt gegen eine Person oder Drohung mit gegenwärtiger Gefahr für Leib oder Leben.

aa) Gewalt gegen eine Person

Gewalt = körperlich wirkender Zwang

Unter Gewalt gegen eine Person i.S.d. § 249 I StGB versteht man 346
körperlich wirkenden Zwang, der zumindest mittelbar gegen eine Person wirkt. Nicht erforderlich ist, dass der Täter Kraft aufwendet, vielmehr kommt es auf die Wirkung beim Opfer an.[201]

> **Bsp.:** *So liegt Gewalt nicht nur vor, wenn dem Opfer ein Knüppel über den Kopf geschlagen wird, sondern auch, wenn es mit „K.O.-Tropfen“ außer Gefecht gesetzt wird.*

Die Gewalt kann sich gegen das Opfer oder einen Dritten richten.

bb) Drohung

Drohung mit gegenwärtiger Gefahr für Leib oder Leben

Zweite Alternative der qualifizierten Nötigung i.S.d. § 249 I StGB 347
ist die Drohung mit gegenwärtiger Gefahr für Leib oder Leben. *Drohen* bedeutet dabei das Inaussichtstellen eines zukünftigen empfindlichen Übels.

---

201 Vgl. zum (z.T. vergeistigten) Gewaltbegriff in § 240 StGB Hemmer/Wüst, Strafrecht BT II, Rn. 124.

Abgrenzung zur Warnung: Täter gibt vor, Einfluss zu haben

Dabei muss der Täter – in Abgrenzung zur bloßen Warnung – vorgeben, auf dessen Verwirklichung Einfluss zu haben. Dagegen ist nicht erforderlich, dass der Täter dieses Übel tatsächlich verwirklichen bzw. auf seine Abwendung Einfluss nehmen kann. Ausreichend ist vielmehr, dass der Anschein der Ernstlichkeit erweckt wird und der Bedrohte die Verwirklichung für möglich hält.

b) Wegnahme einer fremden beweglichen Sache

Wegnahme

Der Täter muss eine fremde bewegliche Sache wegnehmen. Insofern kann auf die Ausführungen zum Diebstahl (vgl. oben, Rn. 307 ff. und 311 ff.) verwiesen werden. 348

c) Finale Verklammerung von Nötigung und Wegnahme

finale Verklammerung von Nötigung und Wegnahme

Die Nötigung muss „*mit* Gewalt gegen eine Person oder *unter* Androhung gegenwärtiger Gefahr für Leib oder Leben“ erfolgen. Das Nötigungsmittel muss als Mittel zur Wegnahme benutzt werden, es muss also eine sog. *finale Verknüpfung* zwischen Nötigung und Wegnahme bestehen. 349

hemmer-Methode: Dieses, im Wortlaut des § 249 I StGB durch die Präpositionen „mit“ und „unter“ angedeutete Verhältnis zwischen Nötigungshandlung und Wegnahme wird häufig unproblematisch sein und muss dann nur kurz erwähnt und bejaht werden. Probleme können sich aber z.B. ergeben, wenn der Entschluss zur Wegnahme erst nach völligem Abschluss der Nötigungshandlung gefasst wird.

dagegen nach h.M. keine Kausalität erforderlich

Nach h.M. ist aber keine Kausalität der Nötigungshandlung für die Wegnahme erforderlich. Es reicht aus, wenn der Täter die Nötigung subjektiv dazu einsetzt, die Wegnahme zu erleichtern. 350

> **Bsp.:** *T möchte auf einem Parkplatz das Auto des O stehlen. Als er gerade dabei ist, das Schloss aufzubrechen, kommt D vorbei, der von T gar keine Notiz nimmt. T denkt aber in der Dunkelheit, es handle sich um den O. Um das Auto trotzdem zu bekommen, schlägt er den D kurzerhand mit seinem Brecheisen nieder.*
>
> Hier hat sich T nach § 249 I StGB (und sogar nach § 250 II Nr. 1 Alt. 2 StGB) strafbar gemacht. Zwar wäre es objektiv in keiner Weise erforderlich gewesen, den D niederzuschlagen. Nach Auffassung des T erfolgte die Gewaltanwendung aber zur Ermöglichung der Wegnahme.

raubspezifische Einheit

Über die finale Verknüpfung von Nötigungshandlung und Wegnahme hinaus müssen beide den Raubtatbestand konstituierenden Elemente in einem zeitlichen und örtlichen Zusammenhang stehen. Für diesen Zusammenhang ist allerdings nicht erforderlich, dass der Ort der Nötigungshandlung und der Ort des Gewahrsamsbruchs identisch sind. Auch lassen sich verbindliche Werte zu einem zeitlichen Höchstmaß zwischen Einsatz des Nötigungsmittels und Wegnahme nicht benennen.[202]

2. Subjektiver Tatbestand

Vorsatz hinsichtlich objektivem TB sowie Absicht der rechtswidrigen Zueignung

Der Täter muss Vorsatz hinsichtlich der Merkmale des objektiven **351**
Tatbestands sowie die Absicht der rechtswidrigen Zueignung haben. Insofern kann auf das zum Diebstahl Ausgeführte verwiesen werden (vgl. oben, Rn. 316 ff.).

B. Räuberischer Diebstahl, § 252 StGB[203]

§ 252 StGB: bei räuberischem Diebstahl Strafe gleich einem Räuber

Nach § 252 StGB ist „gleich einem Räuber zu bestrafen“, wer, **352**
„bei einem Diebstahl auf frischer Tat betroffen, gegen eine Person Gewalt verübt oder Drohungen mit gegenwärtiger Gefahr für Leib oder Leben anwendet, um sich im Besitz des gestohlenen Gutes zu erhalten.“

⇨ Strafrahmen und Qualifikationsmöglichkeiten der §§ 250 f. StGB

Der Verweis auf die Strafbarkeit „gleich einem Räuber“ bezieht **353**
sich zum einen auf den Strafrahmen, nach h.M. aber auch auf die Qualifikationsmöglichkeiten der §§ 250, 251 StGB.

keine Qualifikation, sondern eigenständiges raubähnliches Sonderdelikt

Dabei bildet § 252 StGB keine Qualifikation zu Diebstahl oder **354**
Raub, sondern ein raubähnliches Sonderdelikt. Es unterscheidet sich in der Struktur vom Raub insoweit, als die Nötigungshandlungen nicht Mittel zur Wegnahme, sondern zur Erhaltung des Besitzes an der Beute sind. Daraus ergibt sich folgendes Prüfungsschema:

Prüfungsschema zum räuberischen Diebstahl, § 252 StGB:

I. Objektiver Tatbestand

1. Vortat (Diebstahl, nach h.M. auch Raub)
2. Betroffensein auf frischer Tat
3. Qualifizierte Nötigung, also
   - Gewalt gegen eine Person oder
   - Drohung mit gegenwärtiger Gefahr für Leib oder Leben
4. Ggfs. Qualifikationsmerkmale nach § 250 StGB

[202] Siehe hierzu BGH, Urteil vom 22.06.2016 – 5 StR 98/16 = Life&Law 12/2016, 863 ff. sowie BGH, Beschluss vom 20.01.2016 – 1 StR 398/15 = Life&Law 09/2016, 627 ff. = **juris**byhemmer.

[203] Vgl. dazu näher Hemmer/Wüst, Strafrecht BT I, Rn. 79 ff.

II. Subjektiver Tatbestand

1. Vorsatz hinsichtlich der Merkmale des objektiven Tatbestands

2. Ggfs. Vorsatz hinsichtlich der Qualifikationsmerkmale

3. Absicht der Besitzerhaltung („Besitzerhaltungsabsicht“)

III. Rechtswidrigkeit

IV. Schuld

Hinsichtlich der Tatbestandsmerkmale ist folgendes zu beachten:

I. Objektiver Tatbestand

1. Vortat

Vortat: Diebstahl, aber nach h.M. auch Raub möglich

Der Täter muss eine Vortat begangen haben, wobei § 252 StGB nur den Diebstahl nennt. Nach h.M. wird hiervon aber auch die Begehung eines Raubes als Vortat erfasst. Dies verstößt nicht gegen § 1 StGB, Art. 103 II GG, da der Täter des Raubes alle Tatbestandsmerkmale eines Diebstahls verwirklicht und dieser nur hinter dem Raub zurücktritt. **355**

Vollendung der Vortat

Die Vortat muss bereits vollendet sein, insbesondere muss also die Wegnahme i.S.d. §§ 242 I, 249 I StGB schon stattgefunden haben. **356**

hemmer-Methode: Hier unterscheidet sich § 252 StGB wesentlich von § 249 StGB. Die Nötigungshandlung dient nicht der Wegnahme, sondern der Sicherung der Beute. Wegen des Erfordernisses des Betroffenseins auf frischer Tat (vgl. unten, Rn. 358) wird die Nötigungshandlung also häufig in der Phase zwischen Vollendung und materieller Beendigung der Tat stattfinden (vgl. dazu oben, Rn. 182).
Findet die Nötigung dagegen erst nach Beendigung des Diebstahls statt (so etwa, wenn das Opfer zufällig die Beute einige Tage nach dem Diebstahl in der Wohnung des Diebes findet und von diesem gewaltsam daran gehindert wird, sich seine Sachen wieder zu holen), kommt nur § 242 I StGB in Tatmehrheit mit § 240 I, II StGB in Betracht.

tauglicher Täter des § 252 StGB

Täter des § 252 StGB kann nur sein, wer schon an der Vortat beteiligt war. Dies ist unproblematisch bei Tätern. Die Möglichkeit einer Begehung durch einen Gehilfen an der Vortat wird dagegen z.T. abgelehnt oder auf solche Gehilfen beschränkt, die Gewahrsam an der Diebesbeute erlangt haben.[204] **357**

[204] So der BGH, z.B. BGHSt 6, 248-251 (250); vgl. zum Ganzen Fischer, § 252 StGB, Rn. 11, 11a und 11b.

2. Betroffensein auf frischer Tat

Betroffensein auf frischer Tat: enger raum-zeitlicher Zusammenhang

Weitere Voraussetzung ist, dass der Täter auf frischer Tat betroffen wird: Dafür ist ein enger örtlicher und zeitlicher Zusammenhang zu Tat und Tatort erforderlich. Dies ist zeitlich gesehen v.a. der Zeitraum zwischen Vollendung und Beendigung der Vortat. 358

Nach h.M. soll § 252 StGB aber auch dann eingreifen, wenn der Dieb nach der Tat während der Nacheile aufgespürt und – u.U. erst nach längerer Verfolgungsjagd – Nötigungsmittel einsetzt. Erforderlich ist nur, dass der Dieb noch im ungesicherten Besitz der Beute ist und die Verfolgung im engen raum-zeitlichen Zusammenhang mit der Tat aufgenommen wurde.

ausreichend: Täter hält sich für betroffen oder kommt dem zuvor

Ausreichend für ein Betroffensein ist außerdem, dass der Täter sich für entdeckt hält. Es ist also auch hier nicht nötig, dass das Opfer dem Täter tatsächlich den Besitz streitig macht. Es soll sogar ausreichen, wenn der Täter einer Entdeckung durch das Opfer mittels der Nötigungshandlung zuvorkommen will.

3. Qualifizierte Nötigungshandlung

qualifizierte Nötigungshandlung

Der auf frischer Tat betroffene Täter muss zur Erhaltung des Besitzes eine qualifizierte Nötigungshandlung vornehmen: Insoweit kann auf die Ausführungen zum Raub verwiesen werden (vgl. oben, Rn. 345 ff.). 359

II. Subjektiver Tatbestand

Vorsatz und Beutesicherungsabsicht

Der Täter muss zum einen Vorsatz hinsichtlich aller Merkmale des objektiven Tatbestands haben, zum anderen handeln, „um sich im Besitz des gestohlenen Gutes zu erhalten", also um die Beute zu sichern. 360

hemmer-Methode: Lebensnah betrachtet kommt in entsprechenden Konstellationen zum einen die Absicht der Beutesicherung, zum anderen aber auch die der Verdeckung der Straftat bzw. der Entziehung der Strafverfolgung in Betracht. Die Beutesicherungsabsicht muss nicht der einzige Beweggrund sein.[205] Jedoch müssen hinreichende Anhaltspunkte dafür bestehen, dass der Täter jedenfalls auch zur Sicherung der Beute die qualifizierten Nötigungsmittel eingesetzt hat. Heißt es im Sachverhalt, dass der Täter „an die Beute gar nicht mehr denkt", wird § 252 StGB ausscheiden. Es bleibt „nur" eine Nötigung nach § 240 StGB, die zur Vortat hinzutritt.

205 Vgl. BGH, NStZ-RR 2008, 201 ff. = Life&Law 09/2008, 605 ff.

Handelt es sich bei dieser Vortat um einen Raub (vgl. oben, Rn. 355), kann allerdings nach Ansicht des BGH auch im Stadium zwischen Vollendung und Beendigung direkt über § 249 StGB und ohne den Weg über § 252 StGB die Erfolgsqualifikation des § 251 StGB Anwendung finden, wenn das Opfer zu Tode kommt, vgl. Rn. 377.

III. Konkurrenzen

Konkurrenzen: §§ 249 – 252 StGB

Der Diebstahl als Vortat wird von § 252 StGB auf der Konkur- 361
renzebene verdrängt. Dagegen soll ein Raub als Vortat[206] dem räuberischen Diebstahl grds. vorgehen, wenn nicht *nur* der räuberische Diebstahl in qualifizierter Form, z.B. in Form des § 250 StGB, begangen wird.

C. Räuberische Erpressung, §§ 253, 255 StGB[207]

räuberische Erpressung: Qualifikation der Erpressung

I. Die räuberische Erpressung gem. §§ 253, 255 StGB ist eine 362
Qualifikation des Erpressungstatbestands des § 253 StGB. Während für eine einfache Erpressung der Einsatz einfacher Nötigungsmittel ausreicht, handelt es sich um eine räuberische Erpressung, wenn qualifizierte Nötigungsmittel eingesetzt werden.

Strafbarkeit „gleich einem Räuber" wie bei § 252 StGB

Der Verweis auf die Strafbarkeit „gleich einem Räuber" bezieht sich zum einen auf den Strafrahmen, nach h.M. aber auch auf die Qualifikationstatbestände der §§ 250, 251 StGB.

II. Folgendes Prüfungsschema zu §§ 253, 255 StGB können Sie 363
sich einprägen:

Prüfungsschema zur räuberischen Erpressung:

I. Objektiver Tatbestand

1. Nötigung zu Handlung, Duldung oder Unterlassung
2. Nötigungsmittel: Gewalt gegen eine Person oder Drohung mit gegenwärtiger Gefahr für Leib oder Leben
3. Vermögensverfügung (strittig)
4. Herbeiführung eines Vermögensnachteils
5. ggfs. Qualifikation des § 250 StGB

---

206 Zum Raub als Vortat des § 252 StGB vgl. ausführlich Zöller, JuS 1997, L 89 ff.

207 Vgl. dazu näher Hemmer/Wüst, Strafrecht BT I, Rn. 199 ff.

II. Subjektiver Tatbestand

1. Vorsatz hinsichtlich der Merkmale des objektiven Tatbestands

2. Ggfs. Vorsatz hinsichtlich der Qualifikationsmerkmale

3. Absicht der unrechtmäßigen, stoffgleichen Bereicherung

III. Rechtswidrigkeit, vgl. § 253 I, II StGB, aber bei § 255 StGB indiziert

IV. Schuld

Abgrenzung zu § 249 StGB

III. Klausurrelevant ist insbesondere die Abgrenzung zu § 249 StGB, d.h. die Frage, ob die Nötigung zu einer Duldung auch die Nötigung zur „Duldung der Wegnahme“ erfasst, sodass bei einer gewaltsamen Wegnahme immer neben einem Raub auch eine räuberische Erpressung gegeben wäre.[208] 364

BGH: auch „Duldung der Wegnahme“ erfasst

1. Der BGH bejaht dies mit Hinweis auf den Wortlaut, geht aber davon aus, dass in Fällen, in denen auch § 249 StGB eingreift, dieser als lex specialis den §§ 253, 255 StGB vorgehen soll, wenn nach dem äußeren Erscheinungsbild ein „Nehmen“ vorliegt. 365

h.L.: wechselseitiger Ausschluss von § 249 StGB und §§ 253, 255 StGB

2. Dagegen sieht die ganz h.L. das Verhältnis zwischen § 249 StGB und §§ 253, 255 StGB wie das zwischen § 242 StGB und § 263 StGB und fordert deswegen als zusätzliches, ungeschriebenes Tatbestandsmerkmal bei der räuberischen Erpressung eine Vermögensverfügung. 366

Dies begründet sie zum einen damit, dass sonst in den Fällen einer gewaltsamen Gebrauchsanmaßung ohne Zueignungsabsicht die vorgesehene Straflosigkeit bzw. Privilegierung (vgl. den Strafrahmen der – nur ausnahmsweise bei Fahrzeugen strafbaren – Gebrauchsanmaßung (lat.: furtum usus) nach § 248b StGB im Vergleich zu dem des § 242 StGB) durch den hohen Strafrahmen der §§ 253, 255, 249 StGB unterlaufen würde. Außerdem sei es gesetzessystematisch völlig ungewöhnlich, dass die lex generalis der §§ 253, 255 StGB in ihrem Strafrahmen auf die vermeintliche lex specialis des § 249 StGB verweise.

3. Ein weiterer Unterschied zwischen Rechtsprechung und Literatur besteht darin, dass die Abgrenzung (also die Frage nach Wegnahme oder Verfügung) vom BGH aufgrund des äußeren Erscheinungsbildes (Geben oder Nehmen) getroffen wird, während die h.L. – mit Unterschieden im Einzelnen – auf den Willen des Opfers abstellt. 367

[208] Vgl. dazu näher Hemmer/Wüst, Strafrecht BT I, Rn. 200 ff.

Eine Erpressung liegt also nach der Literatur nur vor, wenn eine Willensbeugung dergestalt stattfindet, dass das Opfer die Sache letztlich noch „willentlich" herausgibt. Gemeint ist damit, dass aus Sicht des Opfers der Täter auf die Mitwirkung des Opfers angewiesen sein muss, um im vermögensrechtlichen Sinne Erfolg zu haben.

Bsp.: *A bedroht B mit der Waffe und fordert diesen auf, den Tresor zu öffnen. Nur B kennt den Code.*

hemmer-Methode: Der Streit kann offen bleiben und entsprechend knapp dargestellt werden, wenn § 249 StGB eingreift und somit im Ergebnis jedenfalls alleine zur Anwendung kommt. Entschieden werden muss er nur in Fällen, in denen § 249 StGB (v.a. mangels Zueignungsabsicht) nicht zur Anwendung kommt, z.B. bei gewaltsamer Gebrauchsanmaßung oder Pfandkehr.

Abgrenzung zum Betrug

IV. Im Übrigen hat die räuberische Erpressung gewisse strukturelle Ähnlichkeiten mit dem Betrug, was die Merkmale des Vermögensschadens und der Bereicherungsabsicht angeht. Abgrenzungsprobleme können sich v.a. ergeben, wenn der Täter zur Unterstützung seiner Drohung ein Übel ankündigt, das er gar nicht herbeiführen kann, insofern also auch eine Täuschung i.S.d. § 263 I StGB verübt. Nach h.M. scheidet eine Strafbarkeit nach § 263 StGB aus, wenn die Täuschung die Drohung nur verstärken oder ermöglichen soll. Tateinheit ist möglich, wenn die Täuschung selbständig neben die Drohung tritt. **368**

D. Qualifikationstatbestände der §§ 250, 251 StGB

Qualifikationen der §§ 250, 251 StGB

Die Qualifikationstatbestände der §§ 250, 251 StGB sind nicht nur auf den Raub, sondern auch auf den räuberischen Diebstahl und die räuberische Erpressung anwendbar. **369**

§ 251 StGB = erfolgsqualifiziertes Delikt

Dogmatisch unterscheiden sie sich v.a. dadurch voneinander, dass es sich bei § 251 StGB um ein sog. erfolgsqualifiziertes Delikt handelt. Das qualifizierende Merkmal besteht nicht in einer bestimmten Verhaltensmodalität, sondern darin, dass eine besonders schwere Folge, hier der Tod eines anderen, eintritt. Aufbaumäßig führt dies dazu, dass vorzugswürdigerweise § 250 StGB direkt in den Tatbestand integriert geprüft wird, während § 251 StGB zweckmäßig nach der vollständigen Prüfung des Grunddelikts angeschlossen wird.

hemmer-Methode: Probleme stellen sich bei erfolgsqualifizierten Delikten oft auf Konkurrenzebene. So hatte der BGH darüber zu befinden, welches Konkurrenzverhältnis zwischen einem versuchten Raub mit Todesfolge und einer vollendeten Körperverletzung mit Todesfolge besteht. Dabei folgte er dem Ansatz, wegen der Klarstellungsfunktion des Tenors Tateinheit anzunehmen.[209]

[209] BGH, NJW 2000, 1878-1880 = jurisbyhemmer = Life&Law 10/2000, 727.

I. § 250 StGB (bzw. § 244 StGB)

1. § 250 I Nr. 1 lit. a StGB

Waffe oder anderes gefährliches Werkzeug

a) § 250 I Nr. 1 lit. a StGB (bzw. § 244 I Nr. 1 lit. a StGB) setzt voraus, dass der Täter oder ein anderer Beteiligter eine Waffe oder ein anderes gefährliches Werkzeug bei sich führt. 370

Waffe

Der Waffenbegriff ist im technischen Sinne zu verstehen und umfasst Schusswaffen nach § 1 I WaffenG, sowie weitere Waffen im technischen Sinne wie Hieb- und Stoßwaffen (z.B. Dolche, Springmesser). Keine Waffen sind z.B. Äxte, Schlachtmesser und Taschenmesser. Diese können aber unter Umständen ein anderes gefährliches Werkzeug sein.

Nach der Rechtsprechung ist für das Vorliegen einer Waffe im Sinne der o.g. Vorschrift zudem erforderlich, dass es sich um ein gefährliches Werkzeug handelt, das nach der Art seiner Beschaffenheit und nach seinem Zustand zur Zeit der Tat bei bestimmungsgemäßer Verwendung geeignet ist, erhebliche Verletzungen zuzufügen.[210] Ausgangspunkt ist der „Zustand zum Zeitpunkt der Tat". Dies bedeutet, dass eine ungeladene Pistole, sowie Attrappen und Spielzeugpistolen keine Waffen i.d.S. darstellen.

hemmer-Methode: Nach einer Entscheidung des Großen Senats des BGH sind auch Schreckschusspistolen, bei denen der Explosionsdruck nach vorn austritt, als Waffen einzustufen.[211] Dafür spricht unter anderem, dass nach einer Änderung des Waffengesetzes auch für diese ein „kleiner Waffenschein" erforderlich ist.

gefährliches Werkzeug

b) Ein gefährliches Werkzeug kann jeder Gegenstand sein, der nach seiner objektiven Beschaffenheit und der Art der beabsichtigten Benutzung erhebliche Verletzungen hervorrufen kann. 371

Das Problem ist, dass das bloße Beisichführen solcher Gegenstände diese noch nicht als gefährliche Werkzeuge charakterisiert. Sie werden es nur und erst dann, wenn sie dem Täter zugleich als „gefährliche Tatmittel" – und sei es auch nur als Mittel zu einer Drohung – dienen sollen. Hier sind zwei Wege vorstellbar:

---

[210] BGH, StV 1999, 151-153 = jurisbyhemmer.

[211] BGHSt 48, 197-206 = jurisbyhemmer = Life&Law 06/2003, 409 ff.

Man könnte daran denken, *subjektiv* eine Art „Verwendungsvorbehalt" zu fordern. Da hier freilich die Grenzen zur Verwendungsabsicht nach Nr. 1 lit. b zu verschwimmen drohen, spricht viel für eine *objektive* Beschränkung auf „grundsätzlich", „regelmäßig" gefährliche Gegenstände (also selbstgebastelte Handgranate ja, Zahnstocher nein, Baseballschläger als Grenzfall, sog. „Waffenähnlichkeit").[212]

Beisichführen

c) Voraussetzung ist, dass der Täter oder ein anderer Beteiligter die Waffe oder das gefährliche Werkzeug bei sich führt. Dafür genügt es nach h.M., dass in irgendeinem Zeitpunkt während des Tathergangs bis zur Beendigung der Wegnahme die Waffe/das gefährliche Werkzeug sich in Griffweite befindet oder der Täter sich ihrer jederzeit ohne nennenswerten Zeitaufwand bedienen kann. Der BGH hat z.B. das Beisichführen verneint, wenn der Täter ein feststehendes Stiefelmesser während eines Ladendiebstahls in seinem verschlossenen Rucksack trägt.[213]

Berufswaffenträger

Nach der Rechtsprechung und wohl auch herrschenden Lehre genügt es auch, wenn ein berufsmäßiger Waffenträger, z.B. ein Polizist oder ein Soldat seine Dienstwaffe bei der Begehung der Tat gerade „zufällig" bei sich trägt. Auch hier kann nämlich die abstrakt höhere Gefahr, z.B. bei einer Entdeckung und anschließender Eskalation, eintreten.[214]

d) Es ist zu beachten, dass sich der Vorsatz des Täters auch auf die qualifizierenden objektiven Umstände erstrecken muss, d.h. er muss die tatsächlichen Umstände erkennen, aus denen sich ergibt, dass das Tatmittel eine Waffe / gefährliches Werkzeug ist. Ferner muss sich sein Bewusstsein auch auf das Beisichführen erstrecken. Ein Verwendungsvorsatz ist – anders als bei Abs. 1 Nr. 1 lit. b – nicht erforderlich.

2. § 250 I Nr. 1 lit. b StGB (bzw. § 244 I Nr. 1 lit. b StGB)

§ 250 I Nr. 1 lit. b StGB: Beisichführen, um evtl. Widerstand zu überwinden

a) § 250 I Nr. 1 lit. b StGB (bzw. § 244 I Nr. 1 lit. b StGB) betrifft den Fall, dass der Täter oder ein anderer Beteiligter ein Werkzeug oder Mittel bei sich führt, um einen eventuellen Widerstand eines anderen durch Gewalt oder Drohung mit Gewalt zu verhindern oder zu überwinden. **372**

Scheinwaffenproblematik

Auch Scheinwaffen werden von § 250 I Nr. 1 lit. b StGB (§ 244 I Nr. 1 lit. b StGB) erfasst. Zum einen ging der Gesetzgeber ausweislich der Gesetzesmaterialien davon aus; zum anderen ist in § 250 I Nr. 1 lit. a StGB (§ 244 I Nr. 1 lit. a StGB) nicht mehr nur das bloße Mitführen von Schusswaffen, sondern von allen Waffen und gefährlichen Werkzeugen aufgrund der erhöhten abstrakten Gefährlichkeit unter Strafe gestellt.

212 Vgl. Kudlich, JR 1998, 358; Fischer, § 244 StGB, Rn. 6 ff.

213 BayObLG, NStZ 1999, 460-461 = **juris**byhemmer.

214 Vgl. dazu BVerfG, NStZ 1995, 76 = **juris**byhemmer ; sowie Fischer, § 244 StGB, Rn. 12 m.w.N.

Dann spricht viel dafür, dass die sonstigen Werkzeuge i.S.d. § 250 I Nr. 1 lit. b StGB (§ 244 I Nr. 1 lit. b StGB) gerade auch objektiv ungefährliche, z.B. Scheinwaffen, Fesselungs- oder Knebelungswerkzeuge, sind.

Verwendungsabsicht

b) Subjektiv ist erforderlich, dass der Täter den Gegenstand bei sich führt, um eventuellen Widerstand zu verhindern oder zu überwinden.

hemmer-Methode: Aufgrund der hohen Strafandrohung legt der BGH jedoch den Begriff „Gegenstand" in diesem Sinne eng aus: Erforderlich ist, dass der Gegenstand als solcher objektiv geeignet ist, den Widerstand des Opfers zu überwinden (sog. „Scheinwaffen-Eigenschaft"). Verneint hat dies der BGH etwa bei einem Labello-Stift, welchen der Täter dem Opfer in den Rücken drückte, um den Eindruck einer geladenen Schusswaffe zu erwecken.[215]

3. § 250 II Nr. 1 StGB

§ 250 II Nr. 1 StGB: Verwendung von Waffe oder gefährlichem Werkzeug

a) Die Vorschrift stellt sich quasi als Kombination von Abs. 1 Nr. 1 lit. a und Nr. 1 lit. b dar: Die Waffe oder das gefährliche Werkzeug müssen objektiv gefährlich sein und der Täter setzt den Gegenstand mindestens zur Einschüchterung des Opfers ein. Aufgrund der konkreten Gefährdung des Opfers rechtfertigt sich der gegenüber Abs. 1 erhöhte Strafrahmen. 373

b) Ein Verwenden liegt immer schon dann vor, wenn die Waffe oder das Werkzeug als Drohmittel eingesetzt werden, ein Gewalteinsatz ist nicht erforderlich.[216] Allerdings besteht eine Einschränkung: Aufgrund der hohen Strafandrohung kann nur eine solche Drohung genügen, welche die an sich abstrakte Gefährlichkeit des Tatmittels bei dem in Frage stehenden Einsatz in der Weise zum Tragen bringt, dass unter Berücksichtigung aller Umstände des Einzelfalls eine konkrete Leibes- und/oder Lebensgefahr festgestellt werden kann.

hemmer-Methode: Ein Sonderproblem stellt sich, wenn es trotz Einsatzes einer objektiv gefährlichen Waffe zu einer konkreten Gefährdung einer Person nicht kommen kann, weil in der Schalterhalle der Bank gerade keine Kunden anwesend sind und sich der Kassierer hinter schusssicherem Glas befindet.
Für eine Anwendbarkeit des § 250 II Nr. 1 StGB spricht, dass zum einen der Wortlaut für eine Einschränkung nichts hergibt. Zum anderen können jederzeit Kunden kommen, sodass eine konkrete Gefahr eintreten kann. Das Ausbleiben einer konkreten Gefahr kann auch über § 250 III StGB berücksichtigt werden.[217]

---

215 Ausführlich hierzu vgl. Fischer, § 250 StGB, Rn. 9 ff. m.w.N.

216 BGH, StV 1999, 151-153 = **juris**byhemmer.

217 Zur Vertiefung Life&Law 11/1998, 746 ff., Life&Law 12/1998, 812 ff. sowie Life&Law 04/1999, 265 ff. und Life&Law 10/1999, 667 ff.

4. Sonstige Fälle

§ 250 I Nr. 2 StGB: Bandenraub

a) Für den Bandenraub des § 250 I Nr. 2 StGB gelten die Ausführungen zu § 244 I Nr. 2 StGB weitgehend entsprechend (vgl. oben, Rn. 327). 374

§ 250 II StGB

b) § 250 II StGB enthält vier weitere Fälle des schweren Raubes. Diese sind mit einer Mindestfreiheitsstrafe von fünf Jahren bedroht: 375

- Nr. 1 betrifft die *Verwendung* einer Waffe oder eines gefährlichen Werkzeugs, also den Einsatz eines der in § 250 I Nr. 1 lit. a StGB genannten Tatmittel mindestens zur Drohung (vgl. oben, Rn. 373).
- Nr. 2 erfasst den Bandenraub (vgl. § 250 I Nr. 2 StGB), bei dem der Täter oder ein anderer Beteiligter eine Waffe bei sich führt.
- Nr. 3 lit. a regelt den Fall, in dem ein Täter einen anderen beim Raub körperlich schwer misshandelt.
- Nr. 3 lit. b findet Anwendung, wenn eine Person durch den Raub in die (konkrete) Gefahr des Todes kommt; damit ist § 250 II Nr. 3 lit. b StGB keine Erfolgsqualifikation, da die Todesgefahr genügt. Tritt der Tod ein, ist u.U. § 251 StGB (vgl. Rn. 376 ff.) einschlägig.

Hinsichtlich der Konkurrenzen ist zu beachten, dass Fälle des § 250 II StGB – wie auch der höhere Strafrahmen zeigt – oft solche des § 250 I StGB verdrängen (so z.B. Abs. 2 Nr. 1 den Abs. 1 Nr. 1 lit. a).

II. § 251 StGB[218]

§ 251 StGB: Raub mit Todesfolge

Nach § 251 StGB tritt eine Strafschärfung ein, wenn der Täter durch den Raub den Tod eines anderen wenigstens leichtfertig verursacht. 376

Tod „durch den Raub“ nach h.M.

1. *Durch den Raub* ist nach h.M. der Tod nicht nur verursacht, wenn der Tod durch die Gewaltanwendung nach § 249 I StGB eintritt. Ausreichend ist vielmehr, dass der Tod des anderen, der nicht das Opfer des Raubes sein muss, irgendwie in der Phase zwischen Versuchsbeginn und Beendigung der Tat herbeigeführt wird. 377

[218] Vgl. dazu näher Hemmer/Wüst, Strafrecht BT I, Rn. 72 ff.

hemmer-Methode: Dass selbst eine Tötung zwischen Vollendung und Beendigung der Tat zur Strafbarkeit aus § 251 StGB führen kann, ist nach dem Wortlaut („durch den Raub“) jedenfalls nicht zwingend.
Kriminalpolitischer Grund für diese auch vom BGH vertretene Ansicht ist, dass nur so auch Fälle erfasst werden können, in denen mangels Beutesicherungsabsicht bei der zum Tode führenden Gewaltanwendung der Weg zu § 251 StGB über § 252 StGB versperrt ist.[219]

Außerdem muss sich, wie bei allen erfolgsqualifizierten Delikten, im Tod die tatbestandsspezifische Gefährlichkeit realisieren. 378

Bsp.: *Bei einem bewaffneten Bankraub beinhaltet die tatbestandsspezifische Gefährlichkeit auch Risiken durch die bewaffnete Flucht.*

Eine Strafbarkeit aus § 251 StGB ist also möglich, wenn ein Passant vom Täter bei einem Schusswechsel mit der Polizei auf der Flucht getroffen wird. Ebenso könnte man bei einer leichtfertig verursachten Tötung dadurch, dass der Täter einen anderen auf der Verfolgungsjagd mit dem Auto überfährt, noch von der tatbestandsspezifischen Gefährlichkeit ausgehen.[220]

Dagegen fehlt dieser spezifische Zusammenhang, wenn der Passant (und sei es auch leichtfertig) bei der Anfahrt zum Tatort oder bei der Abfahrt nach bereits gesicherter Wegnahme getötet wird.

grobe Fahrlässigkeit nach BGB

2. Die in § 251 StGB vorausgesetzte *Leichtfertigkeit* ist ein gesteigerter Grad der Fahrlässigkeit, welcher der zivilrechtlichen groben Fahrlässigkeit entspricht. 379

Handelt der Täter deshalb „nur“ fahrlässig, scheidet § 251 StGB aus, eine Strafbarkeit kann sich je nach den weiteren Umständen aus §§ 249 I, 250 II Nr. 3 lit. b; 227 I bzw. 222; 52 StGB ergeben.

auch bei Vorsatz

Nach dem insoweit eindeutigen Wortlaut („wenigstens leichtfertig“) kann § 251 StGB auch eingreifen, wenn der Täter mehr als leichtfertig, also z.B. mit dolus eventualis gehandelt hat. 380

Versuch des § 251 StGB

Konsequenterweise wird von der h.M. auch ein Versuch des § 251 StGB für die Konstellation anerkannt, dass der Täter bei der Gewaltanwendung mit bedingtem Tötungsvorsatz handelt (also bei „versuchter Erfolgsqualifikation“),[221] der Tötungserfolg aber nicht eintritt. 383

---

219 Zu diesem und zahlreichen anderen Problemkreisen im Rahmen der §§ 249 ff. StGB siehe Hauburger in Life&Law 08/2010, 550 ff.

220 BGH, StV 2000, 74-76; Life&Law 06/2000, 404 ff. = **juris**byhemmer.

221 Vgl. dazu näher mit Beispielsfall Hemmer/Wüst, Strafrecht BT I, Rn. 76 ff.

hemmer-Methode: Denken Sie in der letztgenannten Konstellation auch an das Problem des sog. Teilrücktritts. Tritt der Täter vom mit dolus eventualis versuchten Tötungsdelikt strafbefreiend zurück, bestünde ein gewisser Wertungswiderspruch, wenn § 251 StGB mit seinem ebenfalls extrem hohen Strafrahmen bestehen bliebe. Deswegen erscheint es (auch im Interesse eines verbesserten Opferschutzes) vorzugswürdig, einen (Teil-)Rücktritt vom Versuch der Erfolgsqualifikation zuzulassen, sodass der Täter nur nach § 249 (und ggfs. § 250) StGB strafbar ist.[222]

Eine Versuchsstrafbarkeit besteht aber auch in der umgekehrten Konstellation des „erfolgsqualifizierten Versuchs", d.h. wenn z.B. die Wegnahme im Versuchsstadium stecken bleibt, es aber zum Tod des Opfers gekommen ist. Ein solcher ist nach der h.M. möglich, weil die durch § 251 StGB pönalisierte Todesgefahr typischerweise der Tathandlung (= Gewaltanwendung bzw. Drohung mit gegenwärtiger Gefahr für Leib oder Leben) und nicht dem Taterfolg (= Vollendung der Wegnahme) anhaftet.

[222] Instruktiv hierzu vgl. BGH, Beschluss vom 05.06.2019 – 1 StR 34/19 = Life&Law 02/2020, 107 ff. = jurisbyhemmer.

§ 11 BETRUG UND VERWANDTE DELIKTE

A. Betrug, § 263 StGB[223]

Betrug, § 263 StGB

Nach § 263 I StGB wird bestraft, wer in der Absicht, sich oder einem Dritten einen rechtswidrigen Vermögensvorteil zu verschaffen, bei einem anderen durch Täuschung einen Irrtum hervorruft und dadurch dessen Vermögen schädigt. Alleine durch einen Irrtum entsteht aber noch kein Vermögensschaden. Daher wird allgemein als ungeschriebenes, den Zusammenhang zwischen Irrtum und Vermögensschaden herstellendes Tatbestandsmerkmal das Erfordernis einer Vermögensverfügung durch den Getäuschten gefordert, sodass sich für § 263 I StGB folgendes Prüfungsschema ergibt: 384

<u>Prüfungsschema zum Betrug, § 263 I StGB:</u>

I. Objektiver Tatbestand

   1. Täuschung, dadurch veranlasster

   2. Irrtum, dadurch bedingte

   3. Vermögensverfügung, dadurch entstandener

   4. Vermögensschaden

II. Subjektiver Tatbestand

   1. Vorsatz hinsichtlich der Merkmale des objektiven Tatbestands

   2. Absicht der Verschaffung eines rechtswidrigen und stoffgleichen Vermögensvorteils

III. Rechtswidrigkeit

IV. Schuld

Kausalität

Wie im Prüfungsschema angedeutet, muss dabei zwischen den Merkmalen des objektiven Tatbestands jeweils Kausalität vorliegen. Im Einzelnen ist zu den Tatbestandsmerkmalen folgendes zu beachten:

223 Vgl. dazu auch Hemmer/Wüst, Strafrecht BT I, Rn. 113 ff.

I. Objektiver Tatbestand

1. Täuschung[224]

Täuschung (= Verhalten, das irreführen oder Irrtum aufrechterhalten soll)

a) Die Täuschung ist ein Verhalten, d.h. positives Tun (ausdrücklich oder konkludent) oder pflichtwidriges Unterlassen, das irreführen, also einen Irrtum erregen, oder auch einen bestehenden Irrtum aufrechterhalten und damit auf die Vorstellungen eines anderen einwirken soll.[225] 385

Bei der konkludenten Täuschung ist entscheidend, welcher Erklärungswert dem Gesamtverhalten des Täters nach der Verkehrsanschauung zukommt. Die Täuschung durch Unterlassen setzt eine Aufklärungspflicht aufgrund Garantenstellung voraus. Aus Vertrag ergibt sich die Garantenstellung nur bei Vorliegen eines besonderen Vertrauensverhältnisses; ausnahmsweise kann sich auch aus § 242 BGB eine Aufklärungspflicht ergeben.[226]

Täuschung über Tatsachen (⇨ Meinungsäußerungen/Werturteile)

b) Dabei ist eine nach § 263 I StGB relevante Täuschung ausweislich des klaren Wortlauts nur eine solche über Tatsachen, d.h. über vergangene oder gegenwärtige Verhältnisse, Zustände oder Geschehnisse, die dem Beweis zugänglich sind. Auch über innere Tatsachen kann getäuscht werden, also z.B. über die Zahlungs- und Erfüllungswilligkeit. 386

Dagegen liegt keine Täuschung vor bei bloßen Werturteilen[227] sowie bei allgemeinen Redensarten und reklamehaften Anpreisungen. 387

2. Irrtum[228]

Irrtum: Abweichung der Vorstellung von der Wirklichkeit

Durch die Täuschung muss ein Irrtum erregt oder unterhalten werden. Ein solcher liegt in jeder Abweichung der Vorstellung des Getäuschten von der Wirklichkeit. Diese kann auch darin gesehen werden, dass die Vorstellung in einem wesentlichen Punkt lückenhaft ist. Dagegen kann dann, wenn man sich überhaupt gar keine Vorstellungen macht (lat.: *ignorantia facti*), auch kein Irrtum vorliegen. 388

falsches „sachgedankliches Mitbewusstsein" ausreichend

Erforderlich ist auch nicht, dass der Irrtum als konkretes Ergebnis eines detaillierten Überlegungsvorgangs entsteht. Vielmehr genügt es, wenn der Getäuschte als Irrender ein sog. *„sachgedankliches Mitbewusstsein" in Bezug auf* eine bestimmte Tatsache hat, so z.B. dass in einer bestimmten Hinsicht „alles in Ordnung" sei. 389

---

224 Vgl. dazu Hemmer/Wüst, Strafrecht BT I, Rn. 119 ff.

225 Vgl. Fischer, § 263 StGB, Rn. 14.

226 BGH, NStZ 1994, 544-546 = **juris**byhemmer.

227 Denken Sie an die ähnliche Abgrenzung zwischen Meinungs- und Tatsachenäußerung beim Schutzbereich zu Art. 5 I GG, vgl. Hemmer/Wüst/Christensen, Staatsrecht I, Rn. 200 sowie Hemmer/Wüst/Mielke, Basics Öffentliches Recht, Rn. 157.

228 Vgl. dazu Hemmer/Wüst, Strafrecht BT I, Rn. 127 ff.

Zweifel schließen Irrtum nicht aus

Ebenfalls nicht erforderlich ist, dass der Irrende von der unzutreffenden Tatsache restlos überzeugt ist. Zweifel an der Richtigkeit einer Aussage schließen also einen Betrug nicht aus. Ausreichend ist, wenn das „Für-Möglich-Halten" so stark ist, dass es zur Vermögensverfügung (vgl. sogleich unten) führt. 390

hemmer-Methode: Meist macht der Irrtum keine großen Schwierigkeiten und kann mit der Formel der „von der Realität abweichenden Vorstellung" bejaht werden. Der Schwerpunkt liegt dann eher bei der Täuschung, wobei beide Tatbestandsmerkmale z.T. nicht leicht auseinandergehalten werden können. Die möglichen Probleme des (im Interesse eines wirksamen strafrechtlichen Schutzes i.d.R. weit verstandenen) Irrtumsbegriffs (z.B. „sachgedankliches Mitbewusstsein", „bloßes Für-Möglich-Halten") sollten Sie aber kennen.

3. Vermögensverfügung[229]

ungeschriebenes Merkmal der Vermögensverfügung (Bindeglied zwischen Irrtum und Schaden)

a) Das ungeschriebene Tatbestandsmerkmal der Vermögensverfügung bildet das Bindeglied zwischen Irrtum und Vermögensschaden: Kausal durch den Irrtum muss die Vermögensverfügung herbeigeführt werden, kausal durch diese wiederum der Vermögensschaden eingetreten sein. 391

Vermögensverfügung ist dabei jedes Handeln, Dulden oder Unterlassen, das sich bei dem Verfügenden oder einem Dritten unmittelbar vermögensmindernd auswirkt.

auch unbewusste Verfügung ausreichend

b) Die h.M. geht dabei davon aus, dass diese Vermögensverfügung grundsätzlich auch unbewusst vorgenommen werden kann. Ein Verfügungsbewusstsein ist also grds. nicht erforderlich. 392

> ***Bsp.:*** *Wenn die Kassiererin T dem Kunden O bewusst zu wenig Wechselgeld herausgibt, scheitert eine Strafbarkeit der T nach h.M. nicht etwa daran, dass der O hinsichtlich der von ihm durch Unterlassen der Geltendmachung der restlichen Wechselgeldforderung getätigten Verfügung kein aktuelles Verfügungsbewusstsein hat.*

Etwas anderes gilt nur beim sog. Sachbetrug (vgl. dazu sogleich unten, Rn. 394), bei dem das Bewusstsein, eine Verfügung zu treffen, gerade Abgrenzungskriterium zu einer (u.U. durch Täuschung erleichterten) Wegnahme i.S.d. § 242 I StGB ist.

Abgrenzungspunkt zu § 242 StGB

c) Am Kriterium der Vermögensverfügung findet in den Problemfällen auch die Abgrenzung zum Diebstahl, § 242 StGB, statt. Hierbei ist zu beachten, dass die h.M. grds. zwischen Diebstahl und Betrug hinsichtlich desselben Gegenstandes ein Ausschlussverhältnis annimmt. 393

---

229 Vgl. dazu Hemmer/Wüst, Strafrecht BT I, Rn. 131 ff.

hemmer-Methode: Vereinfacht gesagt nimmt der Dieb eigenmächtig Zugriff auf die Sache, während der Betrüger sie sich durch Verfügung „verschaffen" lässt.

Eine ausführliche Darstellung aller Fallgruppen würde den Rahmen dieses Skripts sprengen, es sollen nur drei typische Probleme kurz angesprochen werden.[230]

a) Trickdiebstahl und Sachbetrug

Trickdiebstahl ↔ Sachbetrug

Manchmal kann zweifelhaft sein, ob der Täter eine Sache durch eine irrtumsbedingte Verfügung und damit durch einen Betrug erlangt hat oder er die Täuschung nur zur Unterstützung der Wegnahme beim Diebstahl eingesetzt hat. Hier ist je nach der Konstellation im Einzelfall zu prüfen, ob die Täuschung schon zu einer Vermögensverfügung oder nur zu einer Gewahrsamslockerung geführt hat. 394

> **Bsp.:** *T bietet dem O am Bahnhof seine Dienste als angeblicher Gepäckträger an und will dem O behilflich sein, dessen Koffer auf den entfernten Bahnsteig zu O's Anschlusszug zu tragen. T und O laufen nebeneinander her. Plötzlich rennt T los und entkommt, da er mit dem Koffer schneller ist als O ohne den Koffer.*
>
> *Hier liegt kein Betrug vor, weil in der Aushändigung des Koffers an T noch keine Vermögensverfügung, sondern eine bloße Gewahrsamslockerung zu sehen ist. Nach der Anschauung des täglichen Lebens besteht nämlich noch Gewahrsam des O, wenn er neben T herläuft. Diesen (gelockerten) Gewahrsam bricht T durch das Weglaufen.*
>
> *Anders dagegen, wenn T einen Stand in der Bahnhofshalle aufstellt und sich dort als Gepäckaufbewahrer ausgibt, bei dem man sein Gepäck abstellen kann, während man bis zur Weiterfahrt einen Stadtbummel macht. Hier ist in der Abgabe bei der vermeintlichen Aufbewahrungsstelle und dem anschließenden Entfernen vom Bahnhof durchaus schon eine Vermögensverfügung in Form einer Gewahrsamsübertragung zu sehen. Macht sich T – wie von vornherein geplant – mit den Gepäckstücken aus dem Staub, liegt kein Diebstahl, sondern ein Betrug vor.*

b) Passieren der Kasse ohne zu bezahlen

Eine klausurrelevante Konstellation betrifft das Passieren der Kasse mit unbezahlten Waren. 394 a

[230] Instruktiv hierzu die Übersicht betrugsspezifischer Probleme von Berberich/Hauburger in Life&Law 07/2011, 515 ff.

Bsp.:[231] *A legt in einem Kaufhaus mehrere CDs flach auf den Boden seines Einkaufswagens, darüber alte Prospekte und darauf schließlich diverse Lebensmittel. Letztere bezahlt er ordnungsgemäß an der Kasse, die CDs unter den Prospekten bleiben unentdeckt.*

Fraglich ist hier, ob A beim Passieren der Kasse einen Betrug oder einen Diebstahl hinsichtlich der CDs begangen hat. Abgrenzungspunkt ist wieder die Frage, ob die Kassiererin bezüglich der CDs eine Verfügung getroffen oder aber A diese weggenommen hat. Das OLG Düsseldorf[232] hatte in einem vergleichbaren Fall einen Betrug angenommen, da der Kassierende eine Verfügung über alle im Einkaufswagen befindlichen Gegenstände treffen wolle. Der BGH[233] lehnte dagegen einen solchen „generellen Verfügungswillen" als bloße Fiktion ab. Der Schaden sei hier vielmehr durch die eigenmächtige Handlung des A entstanden, eine Konkretisierung des Verfügungsbewusstseins erfolge erst durch das Eintippen des Preises in die Kasse. Ergänzend argumentierte der BGH noch damit, dass es hinsichtlich des (nur bei Annahme eines Diebstahls anwendbaren) § 252 StGB für den Fall einer anschließenden gewaltsamen Verteidigung der „Beute" zu wenig überzeugenden Unterschieden käme, wenn man hier einen Betrug, beim Einstecken der Beute in die Jackentasche dagegen einen Diebstahl annähme.

hemmer-Methode: Ähnlich gelagert ist der Fall, in dem der Täter zusätzliche Waren in einem – grds. bezahlten – Karton versteckt, also z.B. die CDs mit in den Karton eines Mini-Stereoturms steckt und dann nur den Preis für diesen bezahlt.
Im Ergebnis erscheint es überzeugend, auch hier von einem Diebstahl auszugehen, da letztlich die Verfügung „juristisch konkretisiert" auf solche Gegenstände beschränkt sein dürfte, über die auch der Kaufvertrag geschlossen wurde.

c) Dreiecksbetrug und Diebstahl in mittelbarer Täterschaft

Dreiecksbetrug ↔ Diebstahl in mittelbarer Täterschaft

Bedient sich der Täter eines Dritten, um an die Sache des Geschädigten zu gelangen, so kann es sich entweder um einen Diebstahl in mittelbarer Täterschaft oder um einen sog. Dreiecksbetrug handeln. Die Möglichkeit eines Dreiecksbetrugs ergibt sich daraus, dass der Verfügende und der Geschädigte i.S.d. § 263 I StGB nicht identisch sein müssen. **395**

hemmer-Methode: Beachten Sie aber, dass der Getäuschte und der Verfügende identisch sein müssen.

[231] Nach BGH, NStZ 1995, 593-595 = **juris**byhemmer.

[232] OLG Düsseldorf, NJW 1993, 1407-1408.

[233] BGH, NStZ 1995, 593-595 = **juris**byhemmer.

h.M.: wechselseitige Exklusivität zw. § 242 StGB und § 263 StGB

Auch hier besteht nach herrschender Ansicht ein Exklusivitätsverhältnis zwischen § 242 StGB und § 263 StGB.[234] Liegt im Handeln des Dritten eine Verfügung, die dem Geschädigten zuzurechnen ist, handelt es sich um einen Dreiecksbetrug. Ist in dem Handeln des Dritten ein einer Wegnahme entsprechendes eigenmächtiges Handeln zu sehen, liegt ein Diebstahl in mittelbarer Täterschaft vor. Zur Verdeutlichung folgendes

Bsp.: *Martha (M) ist als Haushälterin bei dem Ehepaar Steinreich (S) angestellt. Frau S beauftragt häufig die Reinigung, ihre Kleider abzuholen und zu reinigen. Wenn S nicht zu Hause ist, händigt die M den Fahrern der Reinigung die Kleider aus. Häufig vergisst die S, der M entsprechende Anweisung zu geben, sodass M schon öfter „eigenmächtig“ ein Kleid herausgegeben hat, was der S stets auch recht war.* 396

Eines Tages entschließt sich der Gauner G, diesen Zustand auszunutzen, begibt sich zum Hause der S's, gibt sich als ein Fahrer der Reinigung aus und bittet die M, ihm das neueste Designerkleid der S auszuhändigen. M denkt sich nichts Böses und übergibt das Kleid an G. Wie hat sich dieser strafbar gemacht?

G könnte sich nach § 263 I StGB strafbar gemacht haben.

hemmer-Methode: Ob Sie in den problematischen Abgrenzungsfällen mit der Prüfung des Diebstahls oder des Betrugs beginnen, spielt grds. keine Rolle. Entweder bei der Wegnahme oder bei der Vermögensverfügung muss letztlich die Abgrenzung kommen. Um noch andere interessante Probleme unterzubringen, spricht zwar einiges dafür, mit dem Tatbestand zu beginnen, der im Ergebnis abgelehnt wird. Wichtiger ist aber, die Problematik an den Tatbestand anzuknüpfen, bei dem Sie sie besser darstellen können.

Zweifelsohne hat G die M getäuscht und dadurch einen Irrtum hervorgerufen. Problematisch ist hier alleine das Merkmal der Vermögensverfügung. Zwar reicht dazu die Besitzverschaffung grds. aus, doch besteht hier die Besonderheit, dass die M über fremdes Vermögen verfügt (i.S.d. § 263 I StGB, natürlich nicht i.S.e. Übereignung im zivilrechtlichen Sinn), da sie an dem Kleid auch besitzrechtlich keine eigenständige Rechtsposition hat.

Die Herausgabe einer fremden Sache kann zwar eine Vermögensverfügung darstellen, doch wird dazu gefordert, dass zwischen dem Verfügenden und dem Berechtigten ein Näheverhältnis besteht, welches großzügiger i.S. einer „Lagertheorie“ und strenger i.S. einer „Befugnis- oder Ermächtigungstheorie“ verstanden wird.

[234] Vgl. BGHSt 17, 205-210 (209); 18, 221-224 = **juris**byhemmer; a.A. z.B. Schönke/Schröder, § 263 StGB, Rn. 67.

Letztlich geht es dabei um die Frage, ob das Handeln des Dritten dem Geschädigten derart zuzurechnen ist, dass eine betrugsspezifische Selbstschädigung vorliegt, oder ob sich der Täter des Dritten zum eigenmächtigen Zugriff auf die Sache bedient.

Hier steht die M jedenfalls „im Lager" der S. Es ist aber auch eine (ausreichende) Befugnis (zur Besitzübertragung) gegeben, da die S immer damit einverstanden war, dass die M die Kleider herausgibt. Darin ist zumindest eine konkludente Ermächtigung zu sehen, dies auch in Zukunft wieder zu tun. Insoweit ist der Streit nicht entscheidungserheblich. Ein Diebstahl kommt dagegen nicht in Betracht. Wenn man das Handeln der M der S „zurechnet", liegt gerade keine Wegnahme vor, da man der S dann auch M's „Einverständnis" zur Gewahrsamsaufgabe „zurechnen" muss.

Etwas anderes würde gelten, wenn es nicht zu den Aufgaben der M gehören würde, irgendwelche Gegenstände an Dritte herauszugeben. Dann könnte man nach der Befugnistheorie keine Verfügung annehmen. Die M wäre dann als (vorsatzloses) Werkzeug des G anzusehen, der das Kleid als mittelbarer Täter gestohlen hätte.

4. Vermögensschaden[235]

Vermögensschaden

Letztes Merkmal des objektiven Tatbestands ist ein kausal durch die Vermögensverfügung entstandener Vermögensschaden. Zu dessen Ermittlung ist als Ausgangspunkt ein Vergleich der Vermögensmassen vor und nach der Vermögensverfügung nach dem Prinzip der Gesamtsaldierung (d.h. mit positiven und negativen Veränderungen) vorzunehmen. Dabei ergeben sich einige klausurrelevante Probleme, die hier freilich zum größten Teil nur angedeutet werden können.[236] 397

a) Vermögensbegriff

Vermögensbegriff

Die Definition des Vermögens i.S.d. § 263 StGB ist umstritten.[237] 398
Neben weiteren vereinzelten Ansichten und Modifizierungen sind v.a. drei Ansichten zum Vermögensbegriff zu unterscheiden:

- juristischer Vermögensbegriff

➲ Der *juristische Vermögensbegriff*, nach dem das Vermögen aus der Summe der einzelnen Vermögensrechte besteht, sodass z.B. nichtige oder aufgrund einer Straftat erlangte Ansprüche ebenso wenig dazu gehören wie z.B. die Arbeitskraft als solche.

---

235 Vgl. dazu Hemmer/Wüst, Strafrecht BT I, Rn. 150 ff.

236 Näher Hemmer/Wüst, Strafrecht BT I, a.a.O.

237 Näher Hemmer/Wüst, Strafrecht BT I, Rn. 151 ff.

- rein wirtschaftlicher Vermögensbegriff

➲ Der *rein wirtschaftliche Vermögensbegriff*, nach dem zum Vermögen alle wirtschaftlich wertvollen Positionen zählen. Damit können z.B. auch nichtige Ansprüche grds. Vermögenswerte darstellen, soweit sie faktisch durchsetzbar erscheinen.

- juristisch-ökonomischer Vermögensbegriff

➲ Der *juristisch-ökonomische Vermögensbegriff der heute h.L.*, der im Ausgangspunkt vom wirtschaftlichen Vermögensbegriff ausgeht, diesen aber dahingehend normativ korrigiert, dass der strafrechtliche Vermögensschutz nur solche Werte umfasst, die von der Rechtsordnung gebilligt werden.

hemmer-Methode: Das Kammergericht Berlin hat entschieden, dass ein Vermögensschaden auch bei sittenwidrigen und rechtswidrigen Geschäften zu bejahen sei. Er könne nicht deshalb verneint werden, weil das Verlorene gemäß § 817 S. 2 BGB nicht zurückverlangt werden kann. Im Gegenteil müsse derjenige, der keine Möglichkeit hat seinen Vermögensverlust auszugleichen, erst recht als geschädigt gelten.[238]

Jedenfalls wenn die Verfügung in der Übertragung des Besitzes an einer Sache besteht, kann der Streit hinsichtlich des Vermögensbegriffes unentschieden bleiben: Denn auch im Zivilrecht greifen die Besitzschutzansprüche gemäß §§ 861 ff. BGB unabhängig von der zivilrechtlichen Wirksamkeit der mit der Besitzübertragung einhergehenden Verpflichtungs- und Verfügungsgeschäfte.[239]

b) Arten und Berechnung des Vermögensschadens

Prinzip der Gesamtsaldierung

aa) Wie bereits angedeutet, findet zur Berechnung des Vermögensschadens eine Gesamtsaldierung der positiven und negativen Vermögenswerte vor und nach der Verfügung statt. Dabei gilt allerdings als Einschränkung, dass die dem Opfer gerade aufgrund des Betrugs bzw. der Täuschung zustehenden Ansprüche (z.B. aus § 826 BGB) außer Betracht bleiben, weil sonst so gut wie nie ein betrugsrelevanter Schaden entstehen würde. 399

ausreichend auch konkrete Vermögensgefährdung

bb) Zu beachten ist ferner, dass nach h.M. nicht unbedingt eine Minderung des Vermögens eintreten muss. Vielmehr genügt eine (hinreichend konkrete) Gefährdung des Vermögens. Dieses weite Verständnis ist nach dem BVerfG nur insoweit mit dem Bestimmtheitsgrundsatz (Art. 103 II GG) vereinbar, als sich ein wirtschaftlicher Mindestschaden beziffern lässt.[240] 400

---

238 Vgl. KG Berlin, NJW 2001, 86-87 = **juris**byhemmer = Life&Law 04/2001, 261.

239 Der BGH hat diesen Ansatz bestätigt. Selbst der strafbare Besitz an Betäubungsmitteln ist ein durch das Strafrecht zu schützendes Rechtsgut, vgl. Urteil vom 16.08.2017 – 2 StR 335/15 = Life&Law 04/2018, 256 ff. = **juris**byhemmer.

240 BVerfG, NJW 2012, 27-32 = **juris**byhemmer.

hemmer-Methode: Der BGH hat einen Vermögensschaden beispielsweise bejaht, wenn ein Bewerber um eine Beamtenstellung bei der Einstellung über seine frühere Stasi-Tätigkeit täuscht. Das gilt auch dann, wenn er die laufbahnrechtlichen Voraussetzungen erfüllt und nach seiner Einstellung nicht zu beanstandende Leistungen erbringt.[241]

Eingehungs- und Erfüllungsbetrug

cc) Bekannt sein sollte beim Vermögensschaden ferner die Unterscheidung zwischen Eingehungs- und Erfüllungsbetrug.

Kennzeichnend für den *Eingehungsbetrug* ist der Abschluss eines dem Opfer nachteiligen (schuldrechtlichen) Vertrages aufgrund der Täuschung. Der Vermögensschaden liegt hier darin, dass eine Leistungspflicht des Opfers besteht, hinter der der Anspruch auf Gegenleistung wertmäßig zurückbleibt. 401

Dagegen bleibt beim sog. *Erfüllungsbetrug* der Wert der tatsächlich erbrachten Leistung hinter dem der geschuldeten zurück; aufgrund der Täuschung akzeptiert das Opfer dies aber. Es liegt hier also eine Täuschung bei der Vornahme der geschuldeten Leistung vor. 402

hemmer-Methode: Beachten Sie, dass die Unterscheidung zwischen Eingehungs- und Erfüllungsbetrug nur bei Austauschverträgen eine Rolle spielt.

objektive oder individuelle Schadensberechnung?

dd) Des Weiteren kann sich die Frage stellen, ob die Schadensberechnung rein objektiv vorzunehmen ist, oder ob ein individueller Schadenseinschlag zu beachten ist. 403

Darunter versteht man z.B. den Fall, dass für den Geschädigten eine an sich brauchbare Sache individuell weniger brauchbar ist oder gerade er kein Interesse daran hat.

grds. objektiver Maßstab (kein Schutz der Dispositionsfreiheit)

Im Ausgangspunkt ist dabei der Schaden grds. objektiv zu ermitteln. Ein Schaden liegt jedenfalls dann nicht vor, wenn der Getäuschte bei Kenntnis der Tatsachen sein Geld lieber anders verwendet hätte, solange nur wirtschaftlich sein Vermögen nicht gemindert ist. 404

> **Bsp.:** *Der fliegende Händler H bietet dem Kunden K einen zwar nicht ebenfalls fliegenden, aber echt handgeknüpften Teppich zu einem Preis von 5.000,- € an, den der Teppich auch wert ist. Allerdings erklärt H dem K, der Teppich sei mindestens 8.000,- € wert, und er überlasse ihm den Teppich zu diesem Vorzugspreis nur wegen einer wirtschaftlichen Notlage. K meint, er hätte den Teppich nie gekauft, wenn er gewusst hätte, dass er doch kein Schnäppchen sei, und fühlt sich betrogen.*

[241] BGH, NJW 1999, 1485-1489 = **juris**byhemmer.

Hier hat der H den K getäuscht und dadurch einen zu einer Vermögensverfügung führenden Irrtum hervorgerufen. Fraglich ist aber ein Vermögensschaden des K. Er hat einen Teppich bekommen, der 5.000,- € wert ist, und hat dafür 5.000,- € gezahlt. Nach der Saldierung ergibt sich kein Vermögensschaden. Dass K in Kenntnis der Umstände dieses Geschäft nicht abgeschlossen hätte, spielt keine Rolle, da § 263 StGB das Vermögen in seinem Wert, nicht aber die Dispositionsfreiheit darüber schützt.

Ausnahmen

Allerdings werden von dieser Regel mehrere Ausnahmen gemacht. Nach wohl h.M. spielt hier auch eine individuelle Komponente bzw. die Vorstellung des Opfers eine Rolle. 405

bei Austauschverträgen:

Bei Austauschverträgen, die an sich eine angemessene Gegenleistung beinhalten, wird ein individueller Schadenseinschlag angenommen,[242] wenn: 406

- objektiv völlig unbrauchbare Gegenleistung

➲ die angebotene Leistung für die *individuellen Bedürfnisse des Empfängers objektiv völlig unbrauchbar* ist, z.B. eine mehrbändige Enzyklopädie für einen Analphabeten, der das Lesen lernen möchte;

- Nötigung zu vermögensschädigenden Maßnahmen

➲ der Erwerber durch die eingegangene Verpflichtung *zu vermögensschädigenden Maßnahmen genötigt* wird, z.B. zur Aufnahme eines hoch verzinsten, existenzgefährdenden Kredits;

- Gefährdung der Lebensgrundlage

➲ der Erwerber aufgrund der eingegangenen Verpflichtung nicht mehr über die Mittel verfügt, die zur ordnungsgemäßen Erfüllung seiner Verbindlichkeiten oder zu einer angemessenen Lebensführung unerlässlich sind.

bei unentgeltlichen Leistungen bei sog. sozialer Zweckverfehlung

Bei unentgeltlichen Leistungen ist die h.M. noch großzügiger mit der Annahme eines Vermögensschadens aus individuellen Gründen. Die Schädigung des Vermögens durch unentgeltliche Leistungen wird letztlich nur durch den speziellen Zweck kompensiert, den der unentgeltlich Leistende damit verfolgt. Wird er über diesen Zweck getäuscht, liegt daher ein Vermögensschaden vor, sog. „soziale Zweckverfehlung“. 407

Bsp.: *T sammelt unter Verwendung eines gefälschten Ausweises für das „Juristengenesungswerk“. O, der gerade sein Erstes Examen nach dem Besuch des Juristischen Repetitoriums Hemmer mit einer äußerst erfreulichen Note bestanden hat, möchte Herz für die Kommilitonen zeigen, die weniger Glück hatten als er, und spendet 500,- €.*

Hier ist sich O zwar der Tatsache völlig bewusst, dass er das Geld unentgeltlich hergibt. Der Vermögensschaden liegt aber darin, dass er den sozialen Zweck seiner Spende nicht erreichen konnte. Anders dagegen in folgender

[242] Die folgenden drei Fallgruppen sind vom BGH entwickelt worden, die letzten beiden stoßen allerdings in der Literatur z.T. auf Kritik, vgl. Hemmer/Wüst, Strafrecht BT I, Rn. 163.

Abwandlung: *Ein langjähriges Mitglied eines Landesjustizprüfungsamtes hat tatsächlich aus Reue über sein bisheriges Tun ein „Juristengenesungswerk" gegründet, für das T sammelt.*

Um die Spender zu höheren Spenden zu animieren, hat T die ersten Spalten seiner Spendenliste mit fiktiven Namen ausgefüllt und ebenso fiktive hohe Beträge eingetragen.

Hier kann durchaus jeder Spender den *sozialen Zweck* seines Handelns erreichen, nämlich die Unterstützung erholungsbedürftiger Juristen. Dass die Spender durch eine Täuschung zur Spende eines höheren Betrags veranlasst werden, reicht für die Annahme eines Vermögensschadens nach der h.L. nicht aus. Es liegt nämlich („nur") ein für die soziale Zwecksetzung unerheblicher Motivirrtum vor.

II. Subjektiver Tatbestand

1. Vorsatz

Vorsatz

Der Täter muss Vorsatz hinsichtlich aller Merkmale des objekti- **408**
ven Tatbestands haben.

2. Bereicherungsabsicht[243]

rechtswidriger Vermögensvorteil

Des Weiteren muss er die Absicht haben, sich oder einem Dritten **409**
einen rechtswidrigen Vermögensvorteil zu verschaffen. Es ist also nicht erforderlich, dass dieser Vorteil tatsächlich eintritt.

Rechtswidrig ist der Vermögensvorteil – insoweit ähnlich wie bei **410**
der Absicht der rechtswidrigen Zueignung beim Diebstahl –, wenn kein zivilrechtlicher Anspruch darauf besteht. Beim (Eingehungs-) Betrug darf natürlich nicht auf den (anfechtbaren) Anspruch aus eben jenem Betrug zurückgegriffen werden.

„Stoffgleichheit"

Weiterhin muss der erstrebte Vorteil stoffgleich mit dem Vermö- **411**
gensschaden sein, d.h. er muss gewissermaßen dessen Kehrseite darstellen. Dies ist dann der Fall, wenn aus Sicht des Täters die Vermögensverfügung, welche unmittelbar zum Vermögensschaden führt, unmittelbar auch die erstrebte Bereicherung auslösen soll. Wesentliche Zwischenschritte für den tatsächlichen Eintritt der Bereicherung dürfen aus Sicht des Täters nicht mehr erforderlich sein (Betrug als „Selbstschädigungsdelikt").

Bsp.: *T, der auf Provisionsbasis für einen Zeitschriftenverlag arbeitet, bringt den kontaktscheuen Repetitor O dazu, das Magazin „Anbaggern heute" zu abonnieren, indem er bei O den Eindruck erweckt, es würden Tipps zum Kontakte-Knüpfen gegeben; in Wahrheit handelt es sich um eine Zeitung für Bauarbeiter.*

243 Näher Hemmer/Wüst, Strafrecht BT I, Rn. 172 ff.

Der objektive Tatbestand des § 263 I StGB ist gegeben, da bei O durch die Täuschung ein Irrtum erregt wurde, der ihn zur Bestellung und damit zu einer Vermögensverfügung veranlasst. Da die Zeitung für O völlig unbrauchbar ist, hat er auch einen Vermögensschaden erlitten.

T handelte auch vorsätzlich. Fraglich ist jedoch, ob T mit Bereicherungsabsicht gehandelt hat:

Ein eigennütziger Betrug des T scheidet aus, da er zwar eine Provision und damit einen Vermögensvorteil erstrebte, dieser allerdings nicht die Kehrseite des Vermögensschadens des O war. Der Provisionsanspruch des T entstand nämlich nicht schon mit der Bestellung durch O. Es waren vielmehr noch wesentliche Zwischenschritte erforderlich (u.a. Prüfung des Vertrags und Beauftragung der Auszahlung der Provision durch den Zeitschriftenverlag), damit T die Provision erhielt.

Allerdings hat T einen fremdnützigen Betrug zugunsten der Verlagsgesellschaft begangen, da deren Vorteil aus dem Abonnement stoffgleich mit dem Schaden des O war. Da dieser Vorteil für T notwendiges Zwischenziel im Hinblick auf die eigene Provision war, hat T auch mit Drittbereicherungsabsicht i.S.d. § 263 I StGB gehandelt.

III. Strafzumessungsregeln und Qualifikationen

§ 263 III StGB enthält Regelbeispiele besonders schwerer Fälle, *411a*
in § 263 V StGB ist ein Qualifikationstatbestand eingefügt.

1. Besonders schwere Fälle des Betruges

Im Einzelnen erfassen die Regelbeispiele folgende Konstellationen: *411b*

- Nr. 1: Begehung gewerbsmäßig *oder* als Mitglied einer Bande
- Nr. 2: Betrügereien in großem Umfang
- Nr. 3: Verursachung wirtschaftlicher Not
- Nr. 4: Missbrauch einer Amtsstellung
- Nr. 5: Vortäuschung eines Versicherungsfalles, nachdem eine wertvolle Sache in Brand gesetzt oder ein Schiff versenkt wurde.

hemmer-Methode: Schulen Sie Ihr Assoziationsvermögen! In Fällen, in denen § 263 III S. 2 Nr. 5 StGB in Form des Inbrandsetzens eine Rolle spielt, kommen oft auch Brandstiftungsdelikte in Betracht.

Denken Sie dabei je nach der konkreten Konstellation an die Probleme, ob der Wohnzweck eines Gebäudes (vgl. § 306a I Nr. 1 StGB) durch das Inbrandsetzen aufgehoben werden kann („Entwidmung“[244]), oder ob § 306a I Nr. 1 StGB zumindest teleologisch reduziert werden kann, wenn sich der Täter vor der Tat davon überzeugt, dass sich tatsächlich niemand im Haus aufhält. Verschaffen Sie sich dazu einen Überblick im Skript Strafrecht BT II, Rn. 288 ff.

2. Gewerbsmäßiger Bandenbetrug

§ 263 V StGB, wenn gewerbsmäßige Begehung und Bandenmitgliedschaft

Ein Qualifikationstatbestand (d.h. also nicht „nur“ ein Regelbeispiel) liegt nach § 263 V StGB schließlich vor, wenn der Täter den Betrug „als Mitglied einer Bande, die sich zur fortgesetzten Begehung von Straftaten nach den §§ 263 bis 264 oder 267 bis 269 StGB verbunden hat, gewerbsmäßig begeht“ (d.h. also gewissermaßen die beiden Alternativen des § 263 III S. 2 Nr. 1 StGB kumulativ vorliegen). *411c*

B. Verwandte Delikte

Von gewisser Klausurrelevanz sind von den mit dem Betrug verwandten Delikten aus dem StGB v.a. § 263a StGB (Computerbetrug) und § 265 StGB (Versicherungsmissbrauch). Eine ausführliche Darstellung dieser Vorschriften würde freilich den Rahmen dieses Skripts sprengen;[245] zur richtigen Einordnung dieser Vorschriften sollen aber folgende kurze Bemerkungen dienen: *412*

I. Computerbetrug, § 263a StGB

§ 263a StGB: Computerbetrug

§ 263a StGB soll Strafbarkeitslücken schließen, die durch die verstärkte Verwendung elektronischer Datenverarbeitung im Wirtschaftleben entstehen. Die Anwendung von § 263 StGB ist hier nicht mehr möglich, da z.B. ein Computer nicht getäuscht werden kann. *413*

Bedeutung v.a. bei Geld- und Glücksspielautomatenfällen

Seine größte Bedeutung in der Klausur erlangt § 263a StGB zum einen beim Missbrauch von Geldautomatenkarten (vgl. den Exkurs oben, Rn. 320), zum anderen bei der Problematik des „Leerspielens von Glücksspielautomaten“.[246]

---

[244] Vgl. Fischer, § 306a StGB, Rn. 4.

[245] Vgl. zu den wichtigen Problemen auch die knappe Darstellung in Hemmer/Wüst, Strafrecht BT I, Rn. 175 ff.

[246] Etwa beim bewussten Ausnutzen des Softwarefehlers eines Glücksspielautomaten vgl. OLG Suttgart, Urteil vom 12.05.2016 – 4 StR Ss 73/16 = Life&Law 03/2017, 187 ff. = **juris**byhemmer.

II. Versicherungsmissbrauch, § 265 StGB

§ 265 StGB: Versicherungsmissbrauch

§ 265 StGB stellt eine selbständige Pönalisierung einer Vorbereitungshandlung zum Betrug dar, nämlich des Beschädigens, Zerstörens usw. einer versicherten Sache. 414

Prüfungsschema zum Versicherungsmissbrauch, § 265 I StGB:

I. Objektiver Tatbestand
 1. Versicherte Sache (im Sinne des § 265 I StGB)
 2. Tathandlung (beschädigen, zerstören etc.)

II. Subjektiver Tatbestand
 1. Vorsatz hinsichtlich der Merkmale des objektiven Tatbestands
 2. Absicht, sich oder einem Dritten Leistungen aus der Versicherung zu verschaffen

III. Rechtswidrigkeit

IV. Schuld

V. Ggfs. subsidär, soweit § 263 StGB verwirklicht

Vollendet ist § 265 I StGB bereits mit der Verwirklichung der Tathandlung, soweit zu diesem Zeitpunkt bereits die Absicht besteht, sich oder einem Dritten Leistungen aus der Versicherung zu verschaffen.

Eigenständige Bedeutung neben der Betrugsstrafbarkeit entfaltet § 265 StGB insbesondere dann, wenn ein Dritter ohne Wissen des Versicherungsnehmers diesem die Versicherungssumme verschaffen will. Selbst wenn der Versicherungsnehmer später von der bewussten Herbeiführung des Schadensfalles seitens des Dritten erfährt, scheidet regelmäßig eine Betrugsstrafbarkeit aus. Denn aus versicherungsrechtlicher Sicht besteht ein zivilrechtlicher Anspruch auf Auszahlung. In diesem Fall wird das Vermögen der Versicherung nach dem gesetzgeberischen Willen strafrechtlich allein durch § 265 StGB geschützt. Denn die Verschaffungsabsicht im Sinne des § 265 StGB muss nicht „rechtswidrig“ sein. 415

Das Konkurrenzverhältnis zu einem nachfolgenden Betrug i.S.d. § 263 StGB (zu dem z.B. durch Absendung der Schadensanzeige unmittelbar angesetzt wird) ist in § 265 I StGB ausdrücklich dahin gehend klargestellt, dass § 265 StGB zurücktritt (gesetzlich angeordnete Subsidiarität). 416

§ 12 STRASSENVERKEHRSDELIKTE

A. Überblick 417a

Straftaten im Zusammenhang mit dem Straßenverkehr spielen in der Praxis eine zentrale Rolle. Dies führt dazu, dass sie auch in Klausuren immer wieder auftauchen, zumal sie selbst einige interessante Probleme beinhalten und sich gut mit anderen Problemfeldern (z.B. Fahrlässigkeit, Unterlassen) kombinieren lassen.

Die wichtigsten Delikte, die sich auf den Straßenverkehr beziehen, sind an unterschiedlichen Stellen geregelt. Die §§ 315b ff. StGB enthalten einen Regelungskomplex, der unter dem Überbegriff der Straßenverkehrsgefährdung zusammengefasst werden kann. Daneben wird zum Teil auch die Unfallflucht gemäß § 142 StGB zu den Straßenverkehrsdelikten gezählt. Dabei ist jedoch zu beachten, dass die Unfallflucht nur in tatsächlicher Hinsicht mit den Straßenverkehrsdelikten im Zusammenhang steht. Denn anders als die §§ 315b ff. StGB schützt § 142 StGB nicht vor allem die Allgemeinheit, sondern das private Feststellungsinteresse der Geschädigten, damit diese ihre zivilrechtlichen Forderungen überhaupt nachweisen können.

Beachtenswert aus den strafrechtlichen Nebengesetzen ist schließlich § 21 StVG, der das Fahren ohne Fahrerlaubnis unter Strafe stellt.

B. Straßenverkehrsgefährdung, §§ 315b ff. StGB[247]

I. Systematische Zusammenschau

Abgrenzung §§ 315b / c StGB

Die Vorschriften des § 315b StGB und des § 315c StGB sind als *konkrete Gefährdungsdelikte* konzipiert. Die jeweils umschriebenen tatbestandsmäßigen Handlungen müssen also eine konkrete Gefährdung von Leib oder Leben eines anderen oder fremden Eigentums verursachen. Die Abgrenzung dieser beiden Vorschriften verläuft dahingehend, dass Fehlleistungen durch Verkehrsteilnehmer im fließenden und ruhenden Verkehr von § 315c StGB erfasst werden, während *verkehrsfremde* Eingriffe, die von außen auf die Sicherheit des Straßenverkehrs einwirken (z.B. Zerstörung von Verkehrsampeln), grundsätzlich in den Anwendungsbereich von § 315b StGB fallen. 417b

[247] Vgl. dazu näher Hemmer/Wüst, Strafrecht BT II, Rn. 311 ff.

hemmer-Methode: Zu beachten ist, dass § 315b StGB auch bei Verkehrsvorgängen in Betracht kommen kann, und zwar wenn ein Fahrzeug bewusst zweckentfremdet wird. Damit kommt es zu einer Überschneidung von § 315b StGB und § 315c StGB, soweit ein Verkehrsvorgang zu einem Eingriff „pervertiert" wird (Bsp.: Zufahren auf einen Polizisten).
Um eine „Überlappung" von § 315b StGB und § 315c StGB weitgehend zu vermeiden, fordert der BGH für eine solche Pervertierung des Verkehrsmittels, dass der Täter nicht lediglich mit Gefährdungs-, sondern mit Schädigungsvorsatz handelt.[248]

Fahrlässigkeitsstrafbarkeit

Leicht übersehen wird, dass im Rahmen von § 315b StGB und § 315c StGB nicht nur die vorsätzliche Tatbegehung unter Strafe gestellt wird. § 315b IV StGB enthält nämlich eine so genannte Vorsatz-Fahrlässigkeitskombination, bestraft also auch denjenigen, der die Tathandlung vorsätzlich ausführt, die Gefährdung dagegen nur fahrlässig herbeiführt. Im Rahmen des § 315b V StGB wird dann auch hinsichtlich der Tathandlung lediglich Fahrlässigkeit gefordert; es handelt sich hierbei also um ein reines Fahrlässigkeitsdelikt. Im Rahmen des § 315c StGB sind diese Varianten in Abs. 3 zusammengefasst. 418

§ 316 StGB: abstraktes Gefährdungsdelikt

§ 316 StGB ergänzt dagegen den § 315c StGB und stellt ein abstraktes Gefährdungsdelikt dar, das immer dann eingreift, wenn die alkoholbedingte Fahruntüchtigkeit nicht zu einer konkreten Gefahrensituation führt. 419

Sowohl bei § 316 StGB als auch bei § 315c StGB ist zwischen der sog. relativen und der absoluten Fahruntüchtigkeit zu unterscheiden.

Die *absolute Fahruntüchtigkeit* wird bei Kraftfahrzeugführern im Straßenverkehr unwiderleglich ab einer Blutalkoholkonzentration von 1,1 ‰ angenommen, bei Radfahrern ab 1,6 ‰.

Bei diesem Wert wird auch ohne nähere Anhaltspunkte von einer Fahruntüchtigkeit ausgegangen; ein Gegenbeweis wird nicht zugelassen (sog. unwiderlegbare prozessuale Beweislastregel).

Die *relative Fahruntüchtigkeit* wird dagegen bereits ab einer Blutalkoholkonzentration von 0,3 ‰ angenommen, wenn noch alkoholbedingte Ausfallerscheinungen (z.B. Fahrfehler, Gleichgewichtsstörungen) hinzutreten.

hemmer-Methode: Zunehmend sind Fälle illegaler Autorennen zu beobachten, bei denen Unbeteiligte getötet oder schwer verletzt werden. Die bestehenden Sanktionsmöglichkeiten (insbesondere §§ 229, 222, 315c I Nr. 2 StGB bzw. §§ 29 I, 49 II Nr. 5 StVO) haben sich als unzureichend erwiesen und erfassen das erhebliche Gefährdungspotential nach dem gesetzgeberischen Willen nicht adäquat. § 315d StGB soll dieses Defizit auflösen.[249]

[248] Vgl. BGH, NJW 2003, 1613-1615 = **juris**byhemmer = Life&Law 08/2003, 563 ff.

[249] Näher zu diesem Sondertatbestand vgl. Hemmer/Wüst, Strafrecht BT II, Rn. 329 ff.

II. Einzelprobleme[250]

1. Gefährdung des Straßenverkehrs, § 315c StGB

Häufig auftauchendes Klausurproblem ist die Frage, ob die (regelmäßig vorliegende) Gefährdung *des vom Täter geführten, aber ihm nicht gehörenden Fahrzeuges* als Gefährdungserfolg ausreicht. 420

Die überwiegende Ansicht[251] lehnt dies ab, da zwischen dem Mittel und dem Objekt der Gefährdung unterschieden werden müsse. Darüber hinaus hänge die Strafbarkeit des Täters ansonsten an dem mehr zufälligen Umstand, ob der Täter das Fahrzeug z.B. unter Eigentumsvorbehalt gekauft habe oder nicht.

Nach der Gegenansicht bezweckt § 315c StGB gerade einen wirksamen Individualrechtsschutz. Dies müsse auch dann gelten, wenn das (fremde) Fahrzeug des Täters gefährdet sei.

Problem: Gefährdung der Insassen

Fraglich ist des Weiteren, ob die *Insassen* des betreffenden Fahrzeuges bei einer *länger andauernden Trunkenheitsfahrt* bereits alleine wegen der Fahrt des Betrunkenen konkret gefährdet sind. Richtigerweise muss aber auch bei einer länger andauernden Trunkenheitsfahrt nachgewiesen werden, dass eine konkrete Gefahr bestand. So ist es durchaus denkbar, dass (etwa bei einer längeren Fahrt auf einer einsamen Landstraße) trotz der Dauer der Fahrt keine konkreten Gefährdungslagen eingetreten sind.[252] 421

Problematisch ist schließlich, wie *die Einwilligung des Gefährdeten* in die Gefährdung, die in der Regel nur bei weiteren Insassen des Fahrzeugs in Betracht kommen wird, einzustufen ist. 422

Nach vorzugswürdiger Auffassung schützt § 315c StGB allerdings vor allem die Allgemeinheit (vgl. systematische Stellung im 28. Abschnitt). Demzufolge ist das geschützte Rechtsgut nicht disponibel, so dass eine Einwilligung nicht möglich ist. § 315c StGB kommt daher grundsätzlich auch dann in Betracht, wenn der allein Gefährdete mit seiner Gefährdung einverstanden ist.[253]

---

250 Siehe hierzu die instruktive Problemzusammenfassung von Hauburger in Life&Law 09/2010, 625 ff.

251 BGHSt 27, 40-44 = **juris**byhemmer; 11, 148; Schönke/Schröder, § 315c StGB, Rn. 28; a.A. SK-Horn, vor § 306 StGB, Rn. 10 m.w.N.

252 So nun auch BGH, NStZ 1996, 83-85 (84) = **juris**byhemmer, der vorher eher zur Gegenansicht tendiert hatte. Vgl. auch OLG Köln, NJW 1991, 3291-3292 = **juris**byhemmer.

253 Vgl. hierzu BGH, NJW 2009, 1155-1158 = **juris**byhemmer = Life&Law 03/2009, 179 ff.

2. Gefährliche Eingriffe in den Straßenverkehr, § 315b StGB

von außen kommende verkehrsfremde Eingriffe

Da § 315b StGB grundsätzlich nur solche Eingriffe erfasst, die *von außen* auf die Sicherheit des Verkehrs einwirken, können sich Verkehrsteilnehmer nur dann nach § 315b StGB strafbar machen, wenn sie ihr Fahrzeug bewusst zweckentfremden, um damit andere Personen oder Sachen zu gefährden. 423

Bsp.: *A fährt auf einen Fußgänger zu, um diesen zu verletzen. Obwohl hier die Gefahr von einem Fahrzeug ausgeht, macht sich A nach h.M. in diesem Fall nach § 315b I Nr. 3 StGB strafbar, da gleichwohl ein verkehrsfremder Eingriff vorliegt.*

hemmer-Methode: Beachten Sie, dass ausnahmsweise ein äußerlich verkehrsgerechtes Verhalten das Bereiten eines Hindernisses oder einen ähnlichen, ebenso gefährlichen Eingriff darstellen kann. Dies kommt dann in Betracht, wenn das Verhalten in der Absicht erfolgt, einen Verkehrsunfall herbeizuführen, also verkehrsfeindliche Gründe vorliegen.[254]

C. Unerlaubtes Entfernen vom Unfallort, § 142 StGB[255]

I. Unfallbegriff

Unfall

Unter einem *Unfall* im Sinne des § 142 I StGB versteht die h.M.[256] 424

- ein plötzliches Ereignis, das
- im Zusammenhang mit den Gefahren des Straßenverkehrs steht und
- einen nicht ganz unerheblichen Schaden verursacht.

Verkehrsunfall im Sinne des § 142 StGB ist nicht nur die ungewollte Fremd- oder Selbstschädigung, vielmehr erfasst der Begriff auch die fahrlässige, u.U. auch die vorsätzliche Herbeiführung des Schadensereignisses.

Bsp.:[257] *T, der schlecht gelaunt von der Arbeit kommt, fährt auf dem Nachhauseweg die Leitpfosten um, um sich abzureagieren.*

---

254 BGH, NJW 1999, 3132-3133 = jurisbyhemmer = Life&Law 02/2000, 98.

255 Vgl. dazu näher Hemmer/Wüst, Strafrecht BT II, Rn. 190 ff.

256 BGHSt 8, 263-168 (264); 12, 253-258 (255); SK-Rudolphi, § 142 StGB, Rn. 11; Schönke/Schröder, § 142 StGB, Rn. 5.

257 Vgl. dazu auch BayObLG, VRS 69, 438-439.

Kein Verkehrsunfall liegt jedoch vor, wenn das Kraftfahrzeug nicht *auch* als Fortbewegungsmittel, sondern nur als Werkzeug zur Verwirklichung eines bestimmten Deliktsplans eingesetzt wird, wenn es also zweckfremd und verkehrsfeindlich i.S.d. § 315b StGB eingesetzt wird.

***Bsp.:** T sieht den frisch gestrichenen Gartenzaun seines Nachbarn N. Er hält den Wagen an und fährt rückwärts in den Gartenzaun, um diesen zu zerstören.*

II. Täter des § 142 StGB kann nur ein Unfallbeteiligter sein

Ob ein zur Zeit des Unfalls am Unfallort Anwesender „Unfallbeteiligter" ist, bestimmt sich nach der aufgrund konkreter Umstände bestehenden Verdachtslage (§ 142 V StGB). Das BayObLG hat entschieden, dass Unfallbeteiligter auch der Halter sein kann, auch wenn sich nachträglich feststellen lässt, dass er nur Beifahrer war.[258]

III. Systematischer Überblick

§ 142 StGB enthält mit Abs. 1 und Abs. 2 zwei vollständig *selbständige Tatbestände,* die einander jedoch ergänzen. 425

Sich-Entfernen vom Unfallort

Das *Sich-Entfernen* vom Unfallort ist unter den Voraussetzungen von Abs. 1 Nr. 1 oder Nr. 2 strafbar. 426

Die Tatbestandsalternativen unterscheiden sich dadurch, dass im Rahmen der Nr. 1 *feststellbereite Personen anwesend* sind, im Rahmen der Nr. 2 dagegen nicht.

Im ersteren Fall trifft den Unfallbeteiligten nach Abs. 1 Nr. 1 eine *Anwesenheits- und Vorstellungspflicht.* Die Vorstellungspflicht erfüllt der Beteiligte, indem er seine Unfallbeteiligung als solche offen legt. 427

Ist dagegen keine feststellbereite Person anwesend, so trifft den Unfallbeteiligten nach Abs. 1 Nr. 2 eine *Wartepflicht.* Die Dauer der Wartepflicht hängt dabei von den Umständen des Einzelfalles ab, d.h. insbesondere von dem Grad des Feststellungsinteresses der anderen Beteiligten bzw. der Geschädigten und von der Zumutbarkeit. 428

§ 142 II StGB

§ 142 II StGB betrifft die Fälle, in denen der Täter – obwohl er sich vom Unfallort entfernt – nicht schon nach Abs. 1 strafbar ist. Entfernt sich der Täter nach *Ablauf der Wartefrist*, so muss er nach Abs. 2 die erforderlichen Feststellungen unverzüglich nachholen. 429

---

[258] BayObLG, NStZ-RR 2000, 140-141 = **juris**byhemmer = Life&Law 09/2000, 634 ff.

Das Gleiche gilt, wenn der Täter sich *vor Ablauf der Wartefrist berechtigt oder entschuldigt* vom Unfallort entfernt. Abs. 2 Nr. 2 kommt also in Betracht, wenn beim Entfernen vom Unfallort zugunsten des Täters ein Rechtfertigungs- oder Entschuldigungsgrund eingreift.

Streitig ist v.a. der Fall des vorsatzlosen Sich-Entfernens bzw. des Entferntwerdens (z.B. wenn der Fahrer den Unfall zunächst nicht bemerkt). Lange Zeit ging die Rechtsprechung davon aus, dass ein vorsatzloses Sich-Entfernen einem berechtigten bzw. entschuldigten Sich-Entfernen im Sinne des § 142 II Nr. 2 StGB gleichgestellt werden kann. Entsprechend hat sie eine Strafbarkeit angenommen, falls der Fahrer später (nach dem Bemerken des Unfallschadens) nicht der Pflicht des § 142 II StGB nachkam. *430*

Das BVerfG ist dieser Auffassung entgegengetreten. Ein unvorsätzliches Sich-Entfernen kann begrifflich nicht unter einem berechtigten oder entschuldigten Sich-Entfernen im Sinne des § 142 II StGB subsumiert werden. Insoweit wird die äußerste Grenze des möglichen Wortsinns nicht gewahrt (Verstoß gegen das Analogieverbot i.S.d. Art. 103 II GG).[259]

hemmer-Methode: Die Folge ist, dass die Fälle des unvorsätzlichen Sich-Entfernens nach einem Unfall und des späteren Entdeckens keine Strafbarkeit mit sich bringen. Sollte dies als unbillig empfunden werden, ist es Sache des Gesetzgebers, diese Strafbarkeitslücke zu schließen.

§ 142 IV, V StGB

§ 142 IV StGB ordnet bei Unfällen außerhalb des öffentlichen Straßenverkehrs und mit ausschließlich geringen Schäden (ca. 1.300,- €) eine obligatorische Strafmilderung an (und ermöglicht auch das völlige Absehen von Strafe), wenn der Täter sich zwar tatbestandsmäßig entfernt, aber die Feststellungen binnen 24 Stunden nachträglich ermöglicht. Insoweit handelt es sich um einen Fall der tätigen Reue. § 142 V StGB enthält schließlich eine Legaldefinition des Begriffs des Unfallbeteiligten. *431*

So, Sie haben es geschafft! Wir wünschen Ihnen viel Erfolg bei den anstehenden Prüfungen im Strafrecht!

[259] Vgl. BVerfG, NJW 2007, 1666-1668 = **juris**byhemmer = Life&Law 08/2007, 540 ff.

WIEDERHOLUNGSFRAGEN ZU §§ 1/2

Randnummer

1. Wie lautet das grundlegende Schema zur Prüfung des vorsätzlichen Begehungsdelikts? ... *36*

2. Nennen Sie einige wichtige AT-Probleme und ihre Einordnung im Aufbauschema! ... *37*

3. Nennen Sie Fälle, in denen ausnahmsweise keine Handlung vorliegt! ... *39*

4. Was ist Inhalt der sog. Äquivalenztheorie? ... *42*

5. Nennen Sie einige Sonderfälle der Kausalität und erläutern Sie, wie sie im Hinblick auf die Äquivalenztheorie zu behandeln sind! ... *45 ff.*

6. Welche Funktion hat die Lehre von der objektiven Zurechnung? ... *50 ff.*

7. Was ist unter fehlendem rechtlich relevantem Risiko, was unter fehlendem Risikozusammenhang zu verstehen? ... *51 ff.*

8. Bei welchen Delikten gibt es ein sog. Einverständnis und wie unterscheidet es sich von der Einwilligung? ... *57*

9. Welche Elemente enthält der Vorsatz nach den gängigen Definitionen? ... *58*

10. Wann liegt ein Tatbestandsirrtum nach § 16 StGB vor und welche Rechtsfolge hat er? ... *60*

11. Welche Arten des Vorsatzes sind dem voluntativen Element nach zu unterscheiden? ... *65*

12. Wie erfolgt die Abgrenzung zwischen dolus eventualis und bewusster Fahrlässigkeit? ... *68*

13. Was ist unter dem Simultanitätsprinzip zu verstehen? ... *69*

14. Wie ist das Verhältnis von Tatbestandsmäßigkeit und Rechtswidrigkeit im Regelfall, welche Ausnahmen gibt es? ... *73 ff.*

15. Nennen Sie einige wichtige Rechtfertigungsgründe! ... *76*

16. Was versteht man unter dem subjektiven Rechtfertigungselement und wie wird der Fall behandelt, in dem es fehlt? ... *77 ff.*

17. Welche Voraussetzungen hat die Notwehrlage? ... *81 ff.*

18. Was bedeutet Erforderlichkeit der Notwehrhandlung? ... *88*

19. Nennen Sie einige Fallgruppen, in denen die Gebotenheit der Notwehr trotz Erforderlichkeit problematisch sein kann! ... *89 ff.*

20. Welche Fälle sind bei der sog. Notwehrprovokation zu unterscheiden? ... *95*

21. Welche Anforderungen stellt das Gesetz an die Notstandshandlung nach § 34 StGB? ... *99 ff.*

22. Wie unterscheiden sich die zivilrechtlichen Notstände nach § 228 BGB und § 904 BGB voneinander? ... *104 ff.*

23. Welche beiden Fälle der mutmaßlichen Einwilligung sind zu unterscheiden? ***107***

24. Was gilt für die Schuldfähigkeit bei Erwachsenen, was bei Kindern, was bei Jugendlichen? .... ***110 f.***

25. Was ist unter der actio libera in causa zu verstehen? .... ***112 ff.***

26. Zugunsten welcher Rechtsgüter und welcher Personen kann eine Handlung im entschuldigenden Notstand ausgeübt werden? .... ***117 ff.***

27. Was ist die Voraussetzung zwischen extensivem und intensivem Notwehrexzess, welcher wird nach h.M. von § 33 StGB erfasst? .... ***123 ff.***

28. Wie unterscheidet sich der Verbotirrtum nach § 17 StGB vom Tatbestandsirrtum nach § 16 StGB und was sind seine Rechtsfolgen? .... ***126 ff.***

29. Was ist ein Erlaubnisirrtum und wie wird er behandelt? ***132***

30. Was ist ein Erlaubnistatbestandsirrtum und welche Ansichten gibt es über seine Rechtsfolgen? .... ***133 ff.***

WIEDERHOLUNGSFRAGEN ZU § 3

1. Welche Beteiligungsformen sind zu unterscheiden? ***138***

2. Bei welchen Gruppen von Delikten ergibt sich die Abgrenzung von Täterschaft und Teilnahme schon aus der nötigen Qualifikation als Täter? .... ***140 ff.***

3. Welches sind die beiden wichtigsten Auffassungen zur Abgrenzung von Täterschaft und Teilnahme .... ***144 f.***

4. Welche Erscheinungsformen der Täterschaft gibt es? ***146***

5. Welches sind die Voraussetzungen der mittelbaren Täterschaft? ***147***

6. Nennen Sie Beispiele für Strafbarkeitsmängel, die den Tatmittler zum Werkzeug des Täters machen können! .... ***149 ff.***

7. Was versteht man unter dem "Täter hinter dem Täter" und in welchen Konstellationen wird dieser diskutiert? .... ***152 ff.***

8. Wann spricht man von Mittäterschaft und was bedeutet in diesem Zusammenhang "gegenseitige Zurechnung"? ***156***

9. Welche Konstellationen sind aufbaumäßig bei der Mittäterschaft zu unterscheiden? .... ***157 f.***

10. Welche Formen der Teilnahme kennen Sie und nach welchem Schema werden sie geprüft? .... ***160 ff.***

11. Was versteht man unter (limitierter) Akzessorietät? .... ***161 f.***

12. Welche Teilnahmehandlungen sind bei Anstiftung und Beihilfe erforderlich? .... ***164 ff.***

13. Was ist unter dem doppelten Gehilfenvorsatz zu verstehen, was in diesem Zusammenhang unter der Rose-Rosahl-Konstellation? .... ***167 f.***

14. In welchen Fällen können sich Strafbarkeitsunterschiede nach § 28 StGB, in welchen Fällen nach § 16 StGB ergeben? .... ***169 ff.***

WIEDERHOLUNGSFRAGEN ZU § 4

1. Welche Verwirklichungsstufen durchläuft die (vorsätzliche) Straftat? .... ***177 ff.***

2. Was ist der Unterschied zwischen Vollendung und Beendigung? ***182***

3. Womit beginnt die Versuchsprüfung? .... ***184 f.***

4. In welchen Fällen ist der Versuch strafbar? .... ***185 f.***

5. Was ist unter "Tatentschluss" zu verstehen und welche Anforderungen werden an ihn gestellt? .... ***187 f.***

6. Wie wird das unmittelbare Ansetzen nach § 22 StGB geprüft? .... ***190 ff.***

7. Wie ordnet die h.M. den Rücktritt dogmatisch ein? ***198***

8. Was ist unter einem fehlgeschlagenen Versuch zu verstehen, welche Rechtsfolgen hat er? ***200***

9. Wie ist zwischen beendetem und unbeendetem Versuch zu unterscheiden und welche Konsequenz hat diese Unterscheidung? ***201***

10. Wann erfolgt ein Rücktritt freiwillig i.S.d. § 24 StGB? ***203***

11. Welche Problematik stellt sich bei den sog. "Denkzettelfällen" und wie argumentiert der BGH in seiner neueren Rechtsprechung? .... ***204 ff.***

12. Welche Fälle regelt § 24 II StGB und worin unterscheidet er sich in seinen Anforderungen wesentlich von § 24 I StGB? .... ***207 ff.***

13. Welche Fälle regelt § 30 I, welche § 30 II StGB? .... ***213 ff.***

WIEDERHOLUNGSFRAGEN ZU § 5

1. Wie unterscheiden sich echte und unechte Unterlassungsdelikte? .... ***217 ff.***

2. Wonach trifft die h.M. die Abgrenzung, ob Tun oder Unterlassen vorliegt? ***221***

3. Was gilt in den sog. Rettungsfällen? ***222***

4. Was versteht man bei Unterlassungsdelikten unter der sog. Quasikausalität? ***225***

5. Welche Bedeutung hat das Erfordernis einer sog. Garantenstellung und woraus kann sich diese ergeben? .... ***226 ff.***

6. Bei welchen Delikten hat die sog. Entsprechungsklausel in § 13 StGB Bedeutung? ***229***

7. Was versteht man bei den Unterlassungsdelikten unter Pflichtenkollision und welche Rechtsfolge hat diese? ... **230**

WIEDERHOLUNGSFRAGEN ZU § 6

1. Wie lautet das Aufbauschema für das fahrlässige Begehungsdelikt? ... **233**

2. Woraus können sich Sorgfaltspflichten für den Täter ergeben? ... **238**

3. Ist im Tatbestand bei der Frage der Sorgfaltspflichtverletzung ein objektiver oder ein individueller Maßstab anzulegen? ... **239**

4. Was versteht man unter mangelndem Pflichtwidrigkeitszusammenhang? ... **242**

5. Was besagt die Risikoerhöhungstheorie? ... **243**

6. Was besagt die Lehre vom Schutzzweck der Norm i.R.d. objektiven Zurechnung? ... **244**

7. Was gilt bei Fahrlässigkeitsdelikten bei einer objektiven Rechtfertigungslage, aber fehlendem subjektiven Rechtfertigungselement? ... **245**

8. Was ist bei Fahrlässigkeitsdelikten in der Schuld zu prüfen? ... **246**

WIEDERHOLUNGSFRAGEN ZU § 7

1. Welche Funktion kommt den Konkurrenzen zu? ... **247**

2. Welche beiden grundsätzlichen Fragen sind bei der Prüfung der Konkurrenzen zu klären? ... **248 f.**

3. Welche Fälle der Handlungseinheit kennen Sie? ... **250 ff.**

4. Was ist unter iterativer, was unter sukzessiver Tatbegehung zu verstehen? ... **253 f.**

5. Was ist unter einer fortgesetzten Tat zu verstehen, was ist bei dieser Rechtsfigur zu beachten? ... **257 f.**

6. Welche Fallgruppen der Gesetzeskonkurrenz im Bereich der Tateinheit sind zu unterscheiden? ... **260 ff.**

7. Was ist unter mitbestrafter Vortat, was unter mitbestrafter Nachtat zu verstehen? Nennen Sie Beispiele? ... **263 f.**

WIEDERHOLUNGSFRAGEN ZU § 8

1. Welche Mordmerkmale sind nach h.M. tatbezogen, welche täterbezogen und welche Konsequenzen hat dies? ... **270 ff.**

2. Wann ist eine Tötung arglistig i.S.d. § 211 StGB? ... **272**

3. Wann hat ein Täter niedrige Beweggründe i.S.d. § 211 StGB ... **274**

4. Wo sind im Aufbau tatbezogene, wo nach h.M. täterbezogene Mordmerkmale zu prüfen? ... 277 ff.

5. Ist die Anstiftung zum Selbstmord strafbar? ... 283

6. Wie unterscheidet der BGH zwischen Teilnahme am Selbstmord und Tötung? ... 286

7. Was ist in diesem Zusammenhang unter Tatherrschaftswechsel zu verstehen ... 286

8. Wie trifft die Literatur die Unterscheidung zwischen Teilnahme am Selbstmord und Tötung? ... 287 ff.

9. Ist eine versuchte einfache Körperverletzung strafbar? ... 291

10. Wann liegt eine Körperverletzung nach § 223 StGB vor? ... 291

11. Verschaffen Sie sich noch einmal einen Überblick über die unselbständigen und selbständigen Abwandlungen zu § 223 StGB ... 292 ff.

12. Wie ist der Tod oder die schwere Körperverletzung in § 231 StGB dogmatisch einzuordnen? ... 299

13. Skizzieren Sie den Streit um die strafrechtliche Einordnung der ärztlichen Heilbehandlung! ... 301 f.

14. In welchem Verhältnis steht ein vollendetes Körperverletzungsdelikt zum vollendeten, in welchem zu versuchten Totschlag? ... 303 f.

WIEDERHOLUNGSFRAGEN ZU § 9

1. Was ist das Tatobjekt beim Diebstahl? ... 307

2. Wonach richtet sich die Fremdheit in § 242 StGB? ... 310

3. Was ist unter Wegnahme i.S.d. § 242 StGB zu verstehen? ... 311

4. Wie ist der Gewahrsamsbegriff beim Diebstahl zu bestimmen? ... 312

5. Was gilt bei mehreren Personen, die Gewahrsam haben? ... 313

6. Wann ist die Wegnahme vollendet? ... 314

7. Welche beiden Elemente sind im subjektiven Tatbestand des Diebstahls zu prüfen? ... 316

8. Aus welchen beiden Elementen besteht die Zueignung i.S.d. § 242 StGB? ... 317

9. Verschaffen Sie sich noch einmal einen Überblick über die Konstellationen und Probleme beim Missbrauch von Geldautomaten! ... 320

10. Wann ist die angestrebte Zueignung rechtswidrig? ... 323

11. Wann liegt eine Bande i.S.d. § 244 I Nr. 2 StGB vor? ... 327

12. Wie ist § 243 StGB dogmatisch einzuordnen und welche Konsequenzen hat dies für den Aufbau? .... ***329 f.***

13. Wie ist das Verhältnis von §§ 242, 243 StGB zu den §§ 123, 303 StGB und was gilt, wenn zugleich § 244 StGB verwirklicht ist? ***333***

14. Wie unterscheidet sich die Unterschlagung vom Diebstahl hinsichtlich der Zueignung und hinsichtlich des Gewahrsams? ***334***

15. Skizzieren Sie das Problem der mehrfachen Zueignung bei § 246 StGB! .... ***340 f.***

WIEDERHOLUNGSFRAGEN ZU § 10

1. Inwiefern kann man bei § 249 StGB von einem zweiaktigen Delikt sprechen? ***343***

2. Welche Nötigungshandlungen kommen für § 249 StGB in Betracht? .... ***345 f.***

3. Was ist unter dem Erfordernis der finalen Verklammerung zwischen Nötigung und Wegnahme zu verstehen? ***349***

4. Was bedeutet der Verweis in § 252 StGB, der Täter sei beim räuberischen Diebstahl "gleich einem Räuber zu bestrafen"? ***52***

5. Wie wird der Raub vom räuberischen Diebstahl abgegrenzt? ***356***

6. Was ist unter "Betroffensein auf frischer Tat" zu verstehen? ***358***

7. In welchem Verhältnis steht § 252 StGB zu § 249 StGB, wenn der Raub Vortat i.S.d. § 252 StGB war? ***361***

8. Skizzieren Sie den Streit zum Verhältnis der räuberischen Erpressung zum Raub! ***364***

9. Skizzieren Sie den Streit um die Anwendbarkeit des § 250 I Nr. 1b StGB auf Scheinwaffen! ***371***

10. Wann ist der Tod "durch den Raub" verursacht i.S.d. § 251 StGB? ***376***

11. Was ist unter Leichtfertigkeit i.S.d. § 251 StGB zu verstehen? ***379***

WIEDERHOLUNGSFRAGEN ZU § 11

1. Was ist unter Täuschung i.S.d. § 263 StGB zu verstehen? ***385***

2. Was ist unter Irrtum i.S.d. § 263 StGB zu verstehen? ***388***

3. Welche Funktion hat das ungeschriebene Merkmal einer Vermögensverschiebung beim Betrug? ***391***

4. Wie ist die Abgrenzung zwischen Sachbetrug und Trickdiebstahl zu treffen? ***394***

5. Wie ist die Abgrenzung zwischen Dreiecksbetrug und Diebstahl in mittelbarer Täterschaft zu treffen? ***395***

6. Welche Vermögensbegriffe sind zu unterscheiden? 398

7. Was ist i.R.d. § 263 StGB unter Gesamtsaldierung zu verstehen? 399

8. In welchen Fallgruppen kann bei Austauschverträgen bei der Schadensberechnung ausnahmsweise ein individueller Schadenseinschlag berücksichtigt werden? 403

9. Was ist unter "sozialer Zweckverfehlung" zu verstehen? 407

10. Was ist unter dem Kriterium der Stoffgleichheit von Vermögensschaden und beabsichtigter Bereicherung zu verstehen? 411

11. Welches sind die Hauptanwendungsfälle des § 263a StGB? 413

12. Wann kommt eine Strafbarkeit nach § 265 StGB in Betracht? 414

WIEDERHOLUNGSFRAGEN ZU § 12

1. Weshalb werden §§ 315b, c StGB als konkrete Gefährdungsdelikte bezeichnet? 417

2. Erklären Sie den Unterschied zwischen relativer und absoluter Fahruntüchtigkeit! 419

3. Kann das vom Täter geführte Auto taugliches Gefährdungsobjekt in § 315c StGB sein? 420

4. Ist der Beifahrer einer längeren Trunkenheitsfahrt in jedem Fall konkret gefährdet i.S.d. § 315c StGB? 421

5. Kann eine Strafbarkeit nach § 315c StGB durch Einwilligung des Beifahrers entfallen? 422

6. Was ist unter Unfall i.S.d. § 142 StGB zu verstehen? 424

7. Erklären Sie den unterschiedlichen Anwendungsbereich des § 142 I Nr. 1, Nr. 2 und II StGB! .... 425 ff.

Die Zahlen beziehen sich auf die Randnummern

A

Aufbauschema
- Betrug 384
- Diebstahl 306
- Fahrlässigkeitsdelikt 233
- Raub 344
- räuberische Erpressung 363
- räuberischer Diebstahl 354
- unechtes Unterlassungsdelikt 220
- Versuch 183
- vorsätzliches Begehungsdelikt 36

Abbruch von Rettungshandlungen 222
actio libera in causa 112 ff.
Akzessorietät der Teilnahme 161 f.
- Akzessorietätslockerungen 172 ff.

Arglist 272
ärztliche Heilbehandlung 301 f.
Aufbauhinweise, allgemeine 27 ff.

B

Bandendiebstahl 327
Bankautomatenmissbrauch 320
beendeter und unbeendeter Versuch 201
Bereicherungsabsicht 409 ff.
berichtigende Auslegung 338f.
besondere persönliche Merkmale 172 ff.
besondere subjektive Tatbestandsmerkmale 70
Beteiligung mehrerer 137 ff.
- s. auch die Einzelstichwörter
- s. auch Täterschaft und Teilnahme
- dualistisches Beteiligungssystem 138

Betrug 384 ff.
- Bereicherungsabsicht 409 ff.
- Stoffgleichheit 411
- Dreiecksbetrug 395
- Irrtum 388 ff.
  - ignoratio facti 388
  - sachgedankliches Mitbewusstsein 389
- Sachbetrug und Trickdiebstahl 394
- Täuschung 385 ff.
- Vermögensschaden 397 ff.
- Vermögensverfügung 391 ff.
  - Eingehungs- und Erfüllungsbetrug 401 ff.
  - Gesamtsaldierung 399
  - individueller Schadenseinschlag 403 ff.
  - Vermögensbegriff 398
  - Zweckverfehlung 407

betrügerische Absicht i.S.d. § 265 StGB 415

C

Computerbetrug 413

D

Definitionen 2 ff.
Diebstahl 305 ff.
- Bandendiebstahl 327
- Enteignung und Aneignung 318
- fremde, bewegliche Sache 307 ff.
- geringwertige Sache 332
- Gewahrsam 312 ff.
- mit Werkzeug oder Mittel 326
- Mitgewahrsam 313
- Regelbeispiele des § 243 StGB 329 ff.
- Sache 308
- Sachwerttheorie 319
- Scheinwaffe 326
- Wegnahme 311
- Zueignungsabsicht 317 ff.

Doppelirrtum 136

E

Eingehungs- und Erfüllungsbetrug 401 ff.
Einverständnis, tatbestandsausschließendes 57
- beim Diebstahl 315

Einwilligung 106f.
Einzelaktstheorie 200
Enteignung und Aneignung 318
Entschuldigender Notstand 115 ff.
- notstandsfähiges Rechtsgut 117
- Sympathiepersonen 118

Entsprechungsklausel (§ 13 StGB) 229
Erlaubnisirrtum 130, 132
Erlaubnistatbestandsirrtum 130, 133
- Doppelirrtum 136

Exklusivitätstheorie 381

F

Fahrlässigkeit 231 ff.
- Aufbauschema 233
- Erfolgseintritt 234 f.

Kausalität 236
objektive Zurechnung 241 ff.
Sorgfaltspflichtverletzung 237 ff.
Vorhersehbarkeit 240
Pflichtwidrigkeitszusammenhang 242
Risikoerhöhungslehre 243
Schutzzweck der Norm 244
Schuld 246
Sonderwissen 239
Fahruntüchtigkeit 419
fehlgeschlagener Versuch 200
Festnahmerecht nach § 127 StPO 105a
fortgesetzte Tat 257 f.
Freiwilligkeit des Rücktritts 202
frische Tat i.S.d. § 252 StGB 358

G

gefährliche Eingriffe in den Straßenverkehr 423
geringwertige Sache 332
Gesamtbetrachtungslehre 200
Gesetzeskonkurrenz 259 ff.
Konsumtion 262
Spezialität 260
Subsidiarität 261
Gewahrsam 312 ff.
Gewahrsam bei der Unterschlagung 337 ff.
Garantenstellung 226 ff.
Grausamkeit 272
Gutachtenstil und Urteilsstil 11 ff.

H

Handlung 39
Handlungseinheit 250 ff.
fortgesetzte Tat 257f.
Handlung im natürlichen Sinn 250
Idealkonkurrenz 266f.
iterative Begehung 253
natürliche Handlungseinheit 252 ff.
rechtliche Handlungseinheit 251
sukzessive Begehung 254
Heimtücke 272

I

Idealkonkurrenz 266f.
Irrtümer
Doppelirrtum 136
Erlaubnisirrtum 132
Erlaubnistatbestandsirrtum 133 ff.
Tatbestandsirrtum 60
Verbotsirrtum 126 ff.
iterative Begehung 253

K

Kausalität 40 ff.
Äquivalenztheorie 42
atypischer Kausalverlauf 43f.
alternative K. 46
kumulative K. 47
überholende K. 48
hypothetische K. 49
bei Unterlassungsdelikt 225
beim Fahrlässigkeitsdelikt 236
Kettenanstiftung 213
Klausurbearbeitung 23 ff.
Klausurentechnik 1 ff.
Konkurrenzen 247 ff.
s. auch die Einzelstichwörter
Konsumtion 262
Körperverletzung 290 ff.
gefährliche K. 294
K. im Amt 293
K. mit Todesfolge 298
Konkurrenz zu Tötungsdelikten 303f.
schwere K. 296

L

Leichtfertigkeit i.S.d. § 251 StGB 379 ff.

M

Meinungsstreitigkeiten 2 ff.
Mitgewahrsam 313
Mord 269 ff.
Arglist 272
Grausamkeit 272
Heimtücke 272
niedrige Beweggründe 272
tatbezogene Merkmale 271 ff., 277
täterbezogene Merkmale 273 ff., 278 ff.
mutmaßliche Einwilligung 107

N

niedrige Beweggründe 274
Notwehr 80 ff.
Notwehrlage 81 ff.
Angriff 82 f.

Gegenwärtigkeit 84
Rechtswidrigkeit 85
Notwehrhandlung 86 ff.
Erforderlichkeit 88
Gebotenheit 89 ff.
Notwehrprovokation 95
Unfugabwehr 93
Notwehrexzess **120**
extensiver und intensiver 123 ff.
sthenische und athenische Affekte 125

O

objektive Bedingungen der Strafbarkeit **72**
objektive Zurechnung
beim Vorsatzdelikt 50 ff.
atypische Kausalverläufe 53
freiverantwortliche Selbstschädigung 55 f.
rechtlich relevantes Risiko 51 f.
Risikoverringerung 52
Risikozusammenhang 53 ff.
Schutzzweck der Norm 54
beim Fahrlässigkeitsdelikt 241 ff.
s. auch unter Fahrlässigkeit

P

Pflichtenkollision **230**
Pflichtwidrigkeitszusammenhang **242**

Q

Quasikausalität **225**

R

Raub **343 ff.**
Drohung 347
finale Verklammerung 349
Gewalt 346
mit Schusswaffen 370
mit Todesfolge 376 ff.
Nötigung, qualifizierte 345 ff.
Scheinwaffen 371 ff.
Exklusivitätstheorie 381
Konkurrenzlösung 382
Leichtfertigkeit i.S.d. § 251 StGB 379 ff.
Räuberischer Diebstahl **354 ff.**
Betroffensein auf frischer Tat 358
frische Tat i.S.d. § 252 StGB 358
Konkurrenz zu § 249 StGB 361
taugliche Vortat 355
Räuberische Erpressung **362 ff.**
Abgrenzung zu § 249 StGB 364 ff.
Realkonkurrenz **268**
Rechtfertigungsgründe **76**
s. auch die Einzelstichwörter und "Rechtswidrigkeit"
Rechtfertigender Notstand **96 ff.**
Prüfungsschema 96
Notstandslage 97 ff.
Gefahr 97
Gegenwärtigkeit 98
Notstandshandlung 98 ff.
Angemessenheit 98 ff.
Erforderlichkeit 99
wesentliches Überwiegen 100
Nötigungsnotstand 102
Aggressivnotstand 105
Defensivnotstand 104
wesentliches Überwiegen 100
Rechtswidrigkeit **73 ff.**
Prüfung in der Klausur 75
s. auch die Einzelstichwörter
subjekt. Rechtfertigungselement 77 f., 245
Verhältnis zur Tatbestandsmäßigkeit 73 f.
Regelbeispiele des § 243 StGB **329 ff.**
Risikoerhöhungslehre **243**
Rücktritt
s. unter Versuch
Rücktrittshorizont **201**

S

Sache **308**
fremde, bewegliche S. 307 ff.
Sachwerttheorie **319**
Scheinwaffe **326**
Schlägerei **299**
Schuld **108 ff.**
s. auch die Einzelstichwörter
Prüfung in der Klausur 108
Schuldfähigkeit **110 ff.**
actio libera in causa 112 ff.
Schusswaffe **325, 370**
Schutzzweck der Norm **54, 244**
Selbstmord **282 ff.**
Selbstschädigung, freiverantwortliche **55f.**
Sorgfaltspflichtverletzung **237 ff.**
Spezialität **260**
Straßenverkehrsgefährdung **417 ff.**
Einwilligung 422

Fahruntüchtigkeit 419
gefährliche Eingriffe in den Straßenverkehr 423
(Straßenverkehrsgefährdung)
konkrete Gefährdung 417, 421
Stoffgleichheit 411
subjektiver Tatbestand 58 ff.
Subsidiarität 261
Suizid 282 ff.
sukzessive Begehung 254

T

Tatbestandsirrtum 60
Tatentschluss 187 ff.
Täterschaft und Teilnahme 137 ff.
s. auch Beteiligung mehrerer
s. auch die Einzelstichwörter
Abgrenzung 139 ff.
dualistisches Beteiligungssystem 138
mittelbare Täterschaft 147 ff.
Voraussetzungen und Aufbau 147 ff.
Defizite beim Tatmittler 149 ff.
Täter hinter dem Täter 152
Mittäterschaft 156 ff.
Aufbau 157 ff.
wechselseitige Zurechnung 156
Teilnahme 160 ff.
Akzessorietät 161 f.
doppelter Teilnehmervorsatz 167 f.
Prüfungsschema 163
Teilnahmehandlungen 164 ff.
Akzessorietätslockerungen 172 ff.
besondere persönliche Merkmale 172 ff.
Strafbarkeitsunterschiede zwischen Beteiligten 169 ff.
tatbezogene und täterbezogene Merkmale 172 ff.
Tatherrschaftswechsel 286
Tatplantheorie 201
Totschlag 269 ff.

U

Unerlaubtes Entfernen vom Unfallort 424 ff.
Unfallflucht 424 ff.
unmittelbares Ansetzen 190 ff.
Unterlassen 217 ff.
Abbruch von Rettungshandlungen 222
Abgrenzung U./Tun 221
Aufbauschema zum Unterlassungsdelikt 220
echte/unechte Unterlassensdelikte 217 ff.
Entsprechungsklausel (§ 13 StGB) 229
Garantenstellung 226 ff.
Kausalität beim U. 225
Pflichtenkollision 230
Unterschlagung 334 ff.
Abgrenzung zum Diebstahl 334
berichtigende Auslegung 338f.
Gewahrsam bei der Unterschlagung 337 ff.
wiederholte Zueignung 341
Zueignung 340 f.
Urteilsstil und Gutachtenstil 11 ff.

V

Verbotsirrtum 126 ff.
Behandlung des Erlaubnisirrtums als V. 132
Rechtsfolgen 126, 129
V. und mittelbare Täterschaft 155
Vermeidbarkeit des V. 128
Verbrechensverabredung 215
Vergiftung 300
Vermögensschaden 397 ff.
s. auch unter Betrug
Vermögensverfügung 381 ff.
s. auch unter Betrug
Versicherungsbetrug 414 ff.
Versuch 177 ff.
Abgrenzung zur Vorbereitungshandlung 190 ff.
Einordnung in die Verwirklichungsstufen 177 ff.
Prüfungsschema 183
Rücktritt vom V. 200
Strafbarkeit des V. 185f.
Tatentschluss 187 ff.
unmittelbares Ansetzen 190 ff.
V. der Anstiftung 213
V. der erfolgsqualifizierten Delikts 186
Vorprüfung 184 ff.
außertatbestandliche Zielerreichung 204 ff.
beendeter und unbeendeter Versuch 201
Einzelaktstheorie 200
fehlgeschlagener Versuch 200
Freiwilligkeit 202

(Versuch)
Gesamtbetrachtungslehre 200
R. bei mehreren Beteiligten 207 ff.
Rücktrittshorizont 201
Tatplantheorie 201
Verwirklichungsstufen des vorsätzlichen Delikts **177 ff.**
Vorbereitungshandlung **180**
Abgrenzung zum Versuch 190 ff.
Strafbarkeit nach § 30 II StGB 215
Vorhersehbarkeit **240**
Vorsatz **58 ff.**
bedingter V. und bewusste Fahrlässigkeit 68
deskriptive und normative Tatbestandsmerkmale 61
dolus directus und eventualis 66 ff.
intellektuelles Element 59 ff.
Simultanitätsprinzip 69
Tatbestandsirrtum 60
voluntatives Element 65 ff.
Vorsätzliches Begehungsdelikt **36 ff.**
Vorstellungspflicht nach § 142 StGB **427**

W

Wartepflicht nach § 142 StGB **428 f.**
Wegnahme **311**
wiederholte Zueignung **341**

Z

Zueignung **340 f.**
Zueignungsabsicht **317 ff.**
Zweckverfehlung **407**

„Optimieren Sie Ihre Lernzeit durch auditives Lernen!"

Jetzt in 3. Auflage erhältlich!

hemmer/wüst Verlag

[AudioCards]

by hemmer

hemmer/wüst Verlagsgesellschaft mbH
Mergentheimer Str. 44 | 97082 Würzburg
T +49 931 797 82-57 | F +49 931 797 82-40
verlag@hemmer.de | hemmer-shop.de

2020 PRODUKTLISTE - PRIN

ISBN 978-3-	Bestell-Nr.	Titel	Band-Nr.	Auflage	Pre
Grundwissen für Anfangssemester					
-86193- 888-0	10100	BGB-AT - Theorieband zu „Die 76 wichtigsten Fälle - BGB-AT"	GW10	10. Aufl. 20	9,9
-86193- 782-1	10400	SchuldR-AT - Theorieband zu „Die 55 wichtigsten Fälle - SchuldR-AT"	GW11	08. Aufl. 18	9,9
-86193- 775-3	10500	SchuldR-BT I - Theorieband zu „Die 51 wichtigsten Fälle - SchuldR-BT"	GW12	08. Aufl. 18	9,9
-86193- 694-7	10550	SchuldR-BT II - Theorieband zu „Die 51 wichtigsten Fälle - SchuldR-BT"	GW13	07. Aufl. 18	9,9
-86193- 598-8	10200	SachenR I - Theorieband zu „Die 50 wichtigsten Fälle - SachenR I"	GW14	07. Aufl. 17	9,9
-86193- 833-0	10300	SachenR II - Theorieband zu „Die 43 wichtigsten Fälle - SachenR II"	GW15	07. Aufl. 19	9,9
-86193- 770-8	10700	StrafR-AT - Theorieband zu „Die 44 wichtigsten Fälle - StrafR-AT"	GW20	08. Aufl. 18	9,9
-86193- 594-0	10800	StrafR-BT - Theorieband zu „Die 44 wichtigsten Fälle - StrafR-BT"	GW21	06. Aufl. 17	9,9
-86193- 843-9	10600	StaatsR - Theorieband zu „Die 32 wichtigsten Fälle - StaatsR"	GW30	06. Aufl. 19	9,9
-86193- 523-0	10900	VerwaltungsR - Theorieband zu „Die 44 wichtigsten Fälle VerwaltungsR"	GW31	07. Aufl. 16	9,9
Die wichtigsten Fälle - vom Fall zum Wissen					
-86193-904-7	22400	76 Fälle - BGB AT	DF1	11. Aufl. 20	12,8
-86193-849-1	22300	55 Fälle - SchuldR AT	DF2	11. Aufl. 19	12,8
-86193-828-6	22200	51 Fälle - SchuldR BT	DF3	11. Aufl. 19	12,8
-86193-808-8	21500	42 Fälle - GoA/BereicherungsR	DF4	10. Aufl. 19	12,8
-86193-889-7	22000	45 Fälle - DeliktsR	DF5	09. Aufl. 20	12,8
-86193-810-1	21700	44 Fälle - VerwaltungsR	DF6	10. Aufl. 19	12,8
-86193-632-9	20600	30 Fälle - VerwaltungsR BT Bayern	DF25	05. Aufl. 17	12,8
-86193-709-8	20800	32 Fälle - StaatsR	DF7	11. Aufl. 18	12,8
-86193-763-0	20900	34 Fälle - StrafR AT	DF8	11. Aufl. 18	12,8
-86193-825-5	21800	44 Fälle - StrafR BT I - Vermögensdelikte	DF9	11. Aufl. 19	12,8
-86193-865-1	21900	44 Fälle - StrafR BT II - Nichtvermögensdelikte	DF10	10. Aufl. 19	12,8
-86193-715-9	22100	50 Fälle - SachenR I	DF11	09. Aufl. 18	12,8
-86193-752-4	21600	43 Fälle - SachenR II - ImmobiliarsachenR	DF12	10. Aufl. 18	12,8
-86193-813-2	21400	40 Fälle - ZPO I - Erkenntnisverfahren	DF13	09. Aufl. 19	12,8
-86193-882-8	20400	25 Fälle - ZPO II - Zwangsvollstreckungsverfahren	DF14	09. Aufl. 20	12,8
-86193-919-1	21000	35 Fälle - HandelsR	DF15	09. Aufl. 20	12,8
-86193-767-8	21200	36 Fälle - ErbR	DF16	08. Aufl. 18	12,8
-86193-747-0	20500	26 Fälle - FamilienR	DF17	09. Aufl. 18	12,8
-86193-680-0	20700	32 Fälle - GesellschaftsR	DF18	07. Aufl. 18	12,8
-86193-783-8	21300	39 Fälle - ArbeitsR	DF19	08. Aufl. 18	12,8
-86193-836-1	21100	35 Fälle - StrafprozessR	DF20	07. Aufl. 19	12,8
-86193-701-2	20300	23 Fälle - EuropaR	DF21	06. Aufl. 18	12,8
-86193-880-4	20200	10 Fälle - Musterklausuren Examen ZivilR	DF22	09. Aufl. 20	14,8
-86193-894-1	20100	10 Fälle - Musterklausuren Examen StrafR	DF23	07. Aufl. 20	14,8
-86193-845-3	20000	8 Fälle - Musterklausuren Examen SteuerR	DF24	10. Aufl. 19	14,8
Die Basics - das Grundwerk für Studium und Examen					
-86193-776-0	11400	ZivilR I - BGB AT und vertragliche Schuldverhältnisse	BI/1	11. Aufl. 18	16,9
-86193-674-9	11420	ZivilR II - SachenR/gesetzliche Schuldverhältnisse	BI/2	09. Aufl. 18	16,9
-86193-914-6	11430	ZivilR III - FamilienR/ErbR	BI/3	10. Aufl. 20	16,9
-86193-605-3	11440	ZivilR IV - ZivilprozessR	BI/4	09. Aufl. 17	16,9
-86193-777-7	11450	ZivilR V - Handels- und GesellschaftsR	BI/5	09. Aufl. 18	16,9
-86193-877-4	11460	ZivilR VI - ArbeitsR	BI/6	07. Aufl. 19	16,9
-86193- 542-1	11300	StrafR	BII	07. Aufl. 17	16,9
-86193-902-3	11100	Öffentliches Recht I - VerfassungsR/StaatshaftungsR	BIII/1	08. Aufl. 20	16,9
-86193-857-6	11120	Öffentliches Recht II - VerwaltungsR	BIII/2	08. Aufl. 19	16,9
-86193-733-3	11200	SteuerR	BIV	10. Aufl. 18	16,9
-86193-846-0	11000	EuropaR	BV	10. Aufl. 19	16,9
Hauptskripte Zivilrecht - klausurorientiertes Prüfungswissen					
-86193-727-2	12400	BGB-AT I - Entstehen des Primäranspruchs	1	15. Aufl. 18	19,9
-86193-728-9	12420	BGB-AT II - Scheitern des Primäranspruchs	2	15. Aufl. 18	19,9
-86193-659-6	12430	BGB-AT III - Erlöschen des Primäranspruchs	3	14. Aufl. 17	19,9
-86193-818-7	14100	SchadensersatzR I	4	09. Aufl. 19	19,9
-86193-905-4	14120	SchadensersatzR II	5	08. Aufl. 20	19,9
-86193-867-5	14130	SchadensersatzR III - (§§ 249 ff.)	6	13. Aufl. 19	19,9

hemmer/wüstVerlagsgesellschaftmbH
Mergentheimer Str. 44 | 97082 Würzburg
T +49 931 797 82-57 | F +49 931 797 82-40
verlag@hemmer.de | hemmer-shop.de

Produktliste - Print 2020

...N 978-3-	Bestell-Nr.	Titel	Band-Nr.	Auflage	Preis
...uptskripte Zivilrecht - Fortsetzung					
193-841-5	14700	VerbraucherschutzR	7	05. Aufl. 19	19,90 €
193-830-9	14200	SchuldR AT	51	12. Aufl. 19	19,90 €
193-881-1	14210	SchuldR BT I	52	11. Aufl. 20	19,90 €
193-772-2	14220	SchuldR BT II	53	11. Aufl. 18	19,90 €
193-765-4	12300	BereicherungsR	8	16. Aufl. 18	19,90 €
193-697-8	12500	DeliktsR I	9	13. Aufl. 18	19,90 €
193-581-0	12520	DeliktsR II	10	10. Aufl. 17	19,90 €
193-863-7	14000	SachenR I	11	15. Aufl. 19	19,90 €
193-737-1	14020	SachenR II	12	12. Aufl. 18	19,90 €
193-909-2	14030	SachenR III	12A	14. Aufl. 20	19,90 €
193-803-3	13600	KreditsicherungsR	13	13. Aufl. 19	19,90 €
193-823-1	12900	FamilienR	14	14. Aufl. 19	19,90 €
193-788-3	12700	ErbR	15	14. Aufl. 18	19,90 €
193-606-0	14900	ZivilprozessR I	16	13. Aufl. 17	19,90 €
193-633-6	14920	ZivilprozessR II	17	12. Aufl. 17	19,90 €
193-922-1	12100	ArbeitsR	18	17. Aufl. 20	19,90 €
193-908-5	13100	HandelsR	19A	12. Aufl. 20	19,90 €
193-883-5	13200	GesellschaftsR	19B	15. Aufl. 20	19,90 €
193-856-9	13000	Herausgabeansprüche	31	08. Aufl. 19	19,90 €
193-871-2	13990	Rückgriffsansprüche	32	08. Aufl. 19	19,90 €
...upskripte Strafrecht - klausurorientiertes Prüfungswissen					
193-812-5	14500	StrafR AT I	20	14. Aufl. 19	19,90 €
193-671-8	14520	StrafR AT II	21	13. Aufl. 17	19,90 €
193-722-7	14600	StrafR BT I	22	13. Aufl. 18	19,90 €
193-711-1	14620	StrafR BT II	23	13. Aufl. 18	19,90 €
193-797-5	14450	Strafprozessordnung	30	13. Aufl. 20	19,90 €
...uptskripte Öffentliches Recht - klausurorientiertes Prüfungswissen					
193-734-0	14800	VerwaltungsR I	24	14. Aufl. 18	19,90 €
193-900-9	14820	VerwaltungsR II	25	14. Aufl. 20	19,90 €
193-916-0	14830	VerwaltungsR III	26	14. Aufl. 20	19,90 €
193-874-3	14400	StaatsR I	27	13. Aufl. 20	19,90 €
193-791-3	14420	StaatsR II	28	10. Aufl. 18	19,90 €
193-655-8	12800	EuropaR	29	13. Aufl. 17	19,90 €
193-729-6	14300	StaatshaftungsR	40	05. Aufl. 18	19,90 €
193-662-6	12210	BauR Bayern	33 (01)	12. Aufl. 17	19,90 €
193-505-6	12230	BauR Nordrhein-Westfalen	33 (02)	09. Aufl. 16	19,90 €
193-897-2	12200	BauR Baden-Württemberg	33 (03)	06. Aufl. 20	19,90 €
193-331-1	12220	BauR Hessen	33 (04)	02. Aufl. 14	19,90 €
634-847-0	12240	BauR Saarland	33 (06)	01. Aufl. 08	19,90 €
193-736-4	13810	PolizeiR Bayern	34 (01)	11. Aufl. 18	19,90 €
193-698-5	13830	Polizei- und OrdnungsR Nordrhein-Westfalen	34 (02)	06. Aufl. 18	19,90 €
193-824-8	13800	PolizeiR Baden-Württemberg	34 (03)	05. Aufl. 19	19,90 €
193-417-2	13820	Polizei- und OrdnungsR Hessen	34 (04)	02. Aufl. 15	19,90 €
193-028-0	13840	Polizei- und OrdnungsR Rheinland-Pfalz	34 (05)	01. Aufl. 11	19,90 €
193-719-7	13850	KommunalR Bayern	35 (01)	11. Aufl. 18	19,90 €
193-076-1	13550	KommunalR Nordrhein-Westfalen	35 (02)	08. Aufl. 11	19,90 €
193-541-4	13570	KommunalR Baden-Württemberg	35 (03)	05. Aufl. 17	19,90 €
...uptskripte Schwerpunkt					
193-801-9	13700	Kriminologie	P1	08. Aufl. 19	21,90 €
193-746-3	14850	VölkerR	P2	09. Aufl. 18	21,90 €
193-925-2	13400	KapitalgesellschaftsR	P3	06. Aufl. 20	21,90 €
193-243-7	13900	Rechtsgeschichte I - Deutsche Rechts- und Verfassungsgeschichte	P7	03. Aufl. 13	21,90 €
193-119-5	13950	Rechtsgeschichte II - Römische Rechtsgeschichte	P8	02. Aufl. 12	21,90 €
193-795-1	13980	Einführung in die Rechtsphilosophie und Rechtssoziologie	P11	03. Aufl. 19	21,90 €
193-183-6	13300	InsolvenzR	P12	03. Aufl. 12	21,90 €

hemmer/wüst Verlagsgesellschaft mbH
Mergentheimer Str. 44 | 97082 Würzburg
T +49 931 797 82-57 | F +49 931 797 82-40
verlag@hemmer.de | hemmer-shop.de

2020 PRODUKTLISTE - PRIN

ISBN 978-3-	Bestell-Nr.	Titel	Band-Nr.	Auflage	Pre
Hauptskripte Steuerrecht					
-86193-528-5	12000	Abgabenordnung	42	09. Aufl. 16	21,9
-86193-760-9	12600	EinkommensteuerR	43	09. Aufl. 18	21,9
Defintionen					
-86193-855-2	34000	Definitionen StrafR - schnell gemerkt	D1	05. Aufl. 19	19,9
Skripte für WiWi's, BWLer & Steuerberater					
-86193-430-1	15000	PrivatR f. BWL'er, WiWi's & Steuerberater	W1	08. Aufl. 15	19,9
-86193-792-0	15100	Öffentliches Recht f. BWL'er, WiWi's & Steuerberater	W2	05. Aufl. 19	19,9
-86193-472-1	22350	74 wicht. Fälle BGB AT, SchuldR AT/BT	WF1	05. Aufl. 16	19,9
-86193-247-5	21950	44 wicht. Fälle GoA, BerR, GesellschaftsR, HandelsR, SachenR	WF2	02. Aufl. 13	19,9
Basics Karteikarten ZivilR, StrafR, Ö-Recht					
-86193-899-6	30200	Basics ZivilR	BK1	07. Aufl. 20	16,9
-86193-441-7	30100	Basics StrafR	BK2	04. Aufl. 15	16,9
-86193-917-7	30000	Basics Öffentliches Recht	BK3	05. Aufl. 20	16,9
Hauptkarteikarten Zivilrecht					
-86193-840-8	31200	BGB-AT I	KK1	11. Aufl. 19	16,9
-86193-820-0	31220	BGB-AT II	KK2	09. Aufl. 19	16,9
-86193-853-8	32100	SchuldR AT I	KK3	11. Aufl. 19	16,9
-86193-869-9	32120	SchuldR AT II	KK4	09. Aufl. 19	16,9
-86193-807-1	32200	SchuldR BT I (Kauf- und WerkvertragsR)	KK5	09. Aufl. 19	16,9
-86193-852-1	32220	Schuldrecht BT II	KK6	08. Aufl. 19	16,9
-86193-895-8	31000	Arbeitsrecht	KK7	06. Aufl. 20	16,9
-86193-854-5	31100	BereicherungsR	KK8	08. Aufl. 19	16,9
-86193-862-0	31300	DeliktsR	KK9	08. Aufl. 19	16,9
-86193-755-5	31900	SachenR I	KK11	10. Aufl. 18	16,9
-86193-816-3	31920	SachenR II	KK12	09. Aufl. 19	16,9
-86193-495-0	31800	KreditsicherungsR	KK13	04. Aufl. 16	16,9
-86193-336-6	31500	FamilienR	KK14	04. Aufl. 14	16,9
-86193-699-2	31400	ErbR	KK15	05. Aufl. 18	16,9
-86193-566-7	32800	ZPO I	KK16	07. Aufl. 17	16,9
-86193-491-2	32820	ZPO II	KK17	06. Aufl. 16	16,9
-86193-358-8	31700	HandelsR	KK18	05. Aufl. 14	16,9
-86193-383-0	31600	GesellschaftsR	KK19	06. Aufl. 15	16,9
Hauptkarteikarten Strafrecht					
-86193-817-0	32500	StrafR AT I	KK20	10. Aufl. 19	16,9
-86193-673-2	32520	StrafR AT II	KK21	09. Aufl. 17	16,9
-86193-822-4	32600	StrafR BT I	KK22	10. Aufl. 18	16,9
-86193-696-1	32620	StrafR BT II	KK23	09. Aufl. 18	16,9
-86193-789-0	32400	Strafprozessordnung	KK24	07. Aufl. 17	16,9
Hauptkarteikarten Öffentliches Recht					
-86193-870-5	32700	VerwaltungsR I	KK25	10. Aufl. 19	16,9
-86193-758-6	32720	VerwaltungsR II	KK26	07. Aufl. 18	16,9
-86193-893-4	32730	VerwaltungsR III	KK27	07. Aufl. 20	16,9
-86193-839-2	32300	Staats- und VerfassungsR	KK28	11. Aufl. 19	16,9
-86193-470-7	31450	EuropaR	KK29	04. Aufl. 16	16,9
Überblickskarteikarten - über Prüfungsschemata zum Wissen					
-86193-821-7	33000	BGB im Überblick I	ÜK I	14. Aufl. 19	30,0
-86193-838-5	33100	BGB im Überblick II (Nebengebiete)	ÜK II	09. Aufl. 19	30,0
-86193-829-3	33200	StrafR im Überblick	ÜK III	11. Aufl. 19	30,0
-86193-784-5	33300	Öffentliches Recht im Überblick	ÜK IV	11. Aufl. 18	19,9
-86193-725-8	33400	Öffentliches Recht im Überblick II - Bayern	ÜK V	09. Aufl. 18	19,9
-86193-468-4	33500	Öffentliches Recht im Überblick II - NRW	ÜK VI	03. Aufl. 16	19,9
-86193-706-7	33600	EuropaR	ÜK VII	06. Aufl. 18	19,9